計算と経営実践

経営学と会計学の邂逅

國部克彦
澤邉紀生
松嶋　登 編

有斐閣

はしがき

　経済世界は無数の計算から構成されている。このような主張は，経済学から見れば違和感があろう。しかし，経済行為を分解していけば，行為を駆動するメカニズムの最小単位として，必ず計算という実践に行きつく。主流派の経済学で計算が重要な問題になっていないのは，計算のアルゴリズムをあらかじめ定義によって規定しているからであって，その定義を外せば，領域そのものが瓦解してしまう経済学派もある。しかし，現実に実践されている計算は，経済学の定義の範囲をはるかに超えた多様な計算メカニズムが複雑に重なり合って行われているものである。しかも，計算する行為主体は人間だけに限らない。人間に加えて，コンピュータに組み込まれた無数のプログラムが，さまざまな計算を自動的に行い，その総体のアレンジメントとして経済が駆動しているのである。

　このように見れば，企業の経営実践は計算の塊といってよいであろう。日々の取引，予算の編成はもちろん，投資先の決定から部下の評価まで，計算と無縁の行為を探すほうが難しい。たとえば，戦略，マーケティング，モチベーションなど，経営には計算とは一見関係のない実践があるように思えるかもしれないが，計算なき戦略，計算なきマーケティング，計算なきモチベーションというように，"without calculation" を付けてみると，どれも途端に無意味なものに見えてくるであろう。これは，私たちがそれだけ計算に無意識の信頼を寄せていることの現れでもある。そういう意味では計算こそ，企業経営を含んだ現代社会の中核であると言い換えてもよい。

　このように経済生活の中で枢要な場所を占める計算であるが，実際にどのような計算メカニズムが駆動して社会が構成されているのかについては，まだ私たちは誰もよく知らないのである。よく知らないにもかかわらず社会が動いていくことが，現代的なリスクを発生させる原因でもある。これは，人間および機械が日々行う無数の計算があまりにも多様で複雑であることと，経済学に代表されるように実際にはきわめて複雑な計算をごく単純な効用最大化計算に置

き換えて理解しようという学術的視座が優位になってしまっているためである。しかし，いよいよグローバル経済の行き詰まりが多くの人々の目に明らかになってきた現在，単純な計算式からなるアルゴリズムしか持たない既存の学問だけでは，この難局を処理することはもちろん，満足に理解することすらできないであろう。

とはいえ，複雑多様な計算の総体として駆動する現代社会のアレンジメントは，一人の人間が理解できる範囲をはるかに超えている。したがって，現代社会に織り込まれた複雑な計算メカニズムの本質を解明するためには，個別の経営実践の中に存在する固有の計算の論理を見つけ出していくというアプローチをとらざるをえない。しかし，そのようにして複雑な経営実践のブラックボックスを一つひとつこじ開けていけば，社会に対する見通しを少しでもよくし，リスクを減らし，新しい展開を考えることが可能になると思われる。

現代社会における計算の重要性については，すでに世界的には注目され，いくつかの研究潮流も生まれているが，日本ではまだまだ少数派である。しかも，このテーマは，経営学と会計学に分かれて議論されてきた。そこで本書は，経営学と会計学の視点を統合して「計算と経営実践」について多面的に議論することにより，計算という問題領域の重要性を広く理解してもらうことを目的とした。結果として，近い間柄でありながら年々疎遠になりつつある，経営学と会計学の邂逅という効果も得ることができた。また本書は，「計算と経営実践」に関して包括的に議論したというよりも，理論および実践面で問題を提起したという側面が強い。これは，計算と経営実践をめぐる研究領域が他の伝統的な分野に比べてまだ新しいためでもある。しかし，これまで見過ごされてきた計算という重要な局面を経営実践の中で蘇らせ，新しい研究潮流への流れを少しでも刺激することができれば，本書の目的は達成されたことになると考えている。

本書の発端となった研究活動は，序章でも述べているように，2011年 日本情報経営学会 第62回全国大会の「計算空間のアレンジメント」セッションにまで遡る。そこでの研究報告をベースにして，メンバーを拡充して共同研究を重ね，2016年度からは，日本学術振興会科学研究費補助金基盤研究（B）「会計研究と組織理論の接合を通じた計算実践の解明」として，さらに積極的に研

究活動を進めており，本書はその成果の一部である。

　本書の出版にあたっては有斐閣の得地道代さんに大変お世話になった。得地さんのきわめて丁寧な校正によって本書が格段に読みやすくなったことは間違いない。厚くお礼申し上げる。

　2017年1月5日

國部　克彦
澤邉　紀生
松嶋　　登

　謝　辞

　本書は，JSPS科研費JP 16H03679（上記），および神戸大学六甲台後援会学術成果公開助成事業の支援を受けたものである。

目　次

序章　計算を中核として組織化される経営実践 ... 1
「見失われていた豊饒な地平」の再発見
國部克彦・澤邉紀生・松嶋登

1. 実践という研究プログラム ... 1
2. 計算，会計，経営 ... 3
3. 本書の背景 ... 6
4. 本書の構成 ... 8

第1部　計算へのまなざし

第1章　計算が創る市場・組織・社会 ... 17
國部克彦

1. はじめに ... 17
2. 経済人から計算人へ ... 19
3. 経済活動における計算の理解 ... 23
4. 計算の社会学派——計算から市場へ ... 26
5. 計算の会計学派——計算から組織・社会へ ... 32
6. 市場・組織・社会を計算実践として開く意義 ... 38

| 7 | お わ り に ………………………………………………………… | 41 |

第2章　勘定と感情 — 43
会計実践における目的志向性と感情性
澤邉 紀生

1	は じ め に …………………………………………………………	43
2	会計実践の目的志向性と多様性 ………………………………	46
3	研究方法と調査の概要 ……………………………………………	49
4	金融機関の企業再生支援活動 ……………………………………	51
5	目的論の次元におけるジレンマの 感情論の次元における克服 ……………………………………	58
6	お わ り に …………………………………………………………	60

第3章　市場取引の神々 — 63
計算と交換を支える制度ロジックスの超越と内在
松嶋登・早坂啓

1	は じ め に …………………………………………………………	63
2	「鉄の檻」と制度派組織論 ………………………………………	66
3	ミスリードされた制度ロジックス …………………………… ——Friedland and Alford (1991)	68
4	神性制度——Friedland (2014) ……………………………………	70
5	おわりに——市場取引における計算と交換の物質的実践 ……	76

第2部 経営実践の検討

第4章 計算の銘刻としての会計 ─────── 83
組織変化の理解に向けて
北田 皓嗣

1 はじめに ……………………………………………… 83
2 計算の物質性 ………………………………………… 86
3 銘刻が指し示すもの ………………………………… 89
4 銘刻を通じた知識の遂行 …………………………… 92
5 おわりに ……………………………………………… 96

第5章 イノベーションの駆動と会計計算 ─────── 99
「計算の方程式」に着目した一考察
天王寺谷 達将

1 はじめに ……………………………………………… 99
2 計算に焦点をあてる分析視角 ……………………… 100
3 MFCAによるイノベーションの促進 ……………… 106
4 会計計算と資源動員の正当化 ……………………… 110
5 おわりに ……………………………………………… 114

第6章　可視性の創造と変容 ——————————— 117
マテリアルフローコスト会計実践の時系列分析
東田明・國部克彦・篠原阿紀

1　はじめに ……………………………………………… 117
2　A社におけるMFCAの導入と展開 ………………… 119
3　MFCAによる計算の力学 …………………………… 132
4　おわりに ……………………………………………… 136

第7章　人材を計算可能にするアレンジメント ——— 137
人材紹介を活用した中途採用の比較ケース・スタディ
矢寺顕行

1　はじめに ……………………………………………… 137
2　労働市場に関する経済学的なアプローチ ………… 139
3　市場の社会学による分析視角 ……………………… 141
4　人材紹介を介した中途採用の事例 ………………… 144
5　中途採用における人材の計算実践 ………………… 155
6　おわりに ……………………………………………… 157

第8章　金融理論の実践 ————————————————— 159
クレジット・スコアリングに基づいたアルゴリズミックな布置の日米比較
城田剛

1　はじめに ……………………………………………… 159
2　金融理論の実践を検討する理論的な視点 ………… 160

3 クレジット・スコアリングの
    アルゴリズミックな布置の日米比較 ………………… 163
  4 おわりに ……………………………………………… 178

第9章　企業者の計算実践 ──────────────── 181
事業計画の自己拡張と整合化
小川 智健

  1 はじめに ……………………………………………… 181
  2 企業者研究における計画概念の再考 ……………… 183
  3 子育て支援NPO法人Bの事例 …………………… 189
  4 事業計画の理論的意義 ……………………………… 198
  5 おわりに ……………………………………………… 201

第10章　企業間取引の物質的実践 ─────────────── 203
金属切削加工を可視化する計測機器
上西聡子・松嶋登・早坂啓

  1 はじめに ……………………………………………… 203
  2 物質的実践としての企業間取引が備える動態的側面 ……… 209
  3 おわりに ……………………………………………… 226

参 考 文 献　229

索引（人名索引，事項索引）　249

執筆者紹介 （執筆順，＊は編者）

＊ 國部 克彦（こくぶ・かつひこ）　　　　　　　　　　序章，第 *1* 章，第 *6* 章
　神戸大学大学院経営学研究科教授
　専攻　会計学，社会環境会計
　主要著作　『アメリカ経営分析発達史』（白桃書房，1994 年）；『社会と環境の会計学』（中央経済社，1999 年）；『マテリアルフローコスト会計──環境管理会計の革新的手法 第 2 版』（共著，日本経済新聞出版社，2008 年）；『環境経営・会計 第 2 版』（共著，有斐閣，2012 年）；『社会環境情報ディスクロージャーの展開』（編著，中央経済社，2013 年）；『低炭素型サプライチェーン経営──MFCA と LCA の統合』（共編，中央経済社，2015 年）

＊ 澤邉 紀生（さわべ・のりお）　　　　　　　　　　　　　序章，第 *2* 章
　京都大学経営管理大学院・大学院経済学研究科教授
　専攻　会計学
　主要著作　『国際金融規制と会計制度』（晃洋書房，1998 年）；『会計改革とリスク社会』（岩波書店，2005 年）；『次世代管理会計の構想』（共編著，中央経済社，2006 年）；『進化経済学 基礎』（共編，日本経済評論社，2010 年）；『アメーバ経営学──理論と実証』（共編著，KCCS マネジメントコンサルティング，2010 年）；『次世代管理会計の礎石』（共編著，中央経済社，2015 年）

＊ 松嶋 登（まつしま・のぼる）　　　　　　　　　　序章，第 *3* 章，第 *10* 章
　神戸大学大学院経営学研究科教授
　専攻　経営組織論，情報経営論
　主要著作　「企業家による翻訳戦略──アクターネットワーク理論における翻訳概念の拡張」（上野直樹・土橋臣吾編『科学技術実践のフィールドワーク』せりか書房，2006 年）；*Industrial Innovation in Japan*（共編，Routledge，2008 年）；「制度派組織論」（経営学史学会編『経営学史事典 第 2 版』文眞堂，2012 年）；『制度的企業家』（共編，ナカニシヤ出版，2015 年）；『現場の情報化──IT 利用実践の組織論的研究』（有斐閣，2015 年）

早坂　啓（はやさか・あきら）　　　　　　　　　　　　　　第*3*章，第*10*章
神戸大学大学院経営学研究科学術研究員
専攻　経営組織論
主要著作　「制度の象徴性と物質性に関する学説史的検討——超越論的認識論における二律背反概念を通じて」（『経営学史学会年報』第22輯，2015年）；「反省する制度派組織論の行方——制度的企業家から制度ロジックへ」（共同執筆，桑田耕太郎ほか編『制度的企業家』ナカニシヤ出版，2015年）

北田　皓嗣（きただ・ひろつぐ）　　　　　　　　　　　　　　第*4*章
法政大学経営学部准教授
専攻　会計学，社会環境会計
主要著作　「会計計算を通じた知識形成に関する研究——日本電気化学におけるMFCA導入事例を通じて」（共同執筆，『原価計算研究』第36巻第2号，2012年）

天王寺谷　達将（てんのうじや・たつまさ）　　　　　　　　　　第*5*章
広島経済大学経済学部准教授
専攻　会計学，社会環境会計
主要著作　「イノベーションにおける不確実性と管理会計の関係性——情報システムとしての理解をこえるための再考」（『六甲台論集経営学編』第58巻第3・4号，2012年）；"The inherent roles of management accounting for promoting innovation: The case of material flow cost accounting" (K. Hamada and S. Hiraoka eds., *Management of Innovation Strategy in Japanese Companies*, World Scientific, 2016年)

東田　明（ひがしだ・あきら）　　　　　　　　　　　　　　　第*6*章
名城大学経営学部教授
専攻　管理会計，社会環境会計
主要著作　「マテリアルフローコスト会計のサプライチェーンへの拡張」（『企業会計』第60巻第1号，2008年）；「企業経営における環境と経済の統合と離反——MFCA導入事例を通して」（共同執筆，『国民経済雑誌』第210巻第1号，2014年）

篠原　阿紀（しのはら・あき）　　　　　　　　　　　　　　　第*6*章
桜美林大学ビジネスマネジメント学群専任講師
専攻　会計学，社会環境会計
主要著作　「会計変化とは何か——関係性の変化の視点から」（『社会関連会計研究』第22号，2010年）；「低炭素型サプライチェーン経営のケース研究」（共同執筆，國部克彦ほか編著『低炭素型サプライチェーン経営』中央経済社，2015年）

矢寺　顕行（やてら・あきゆき）　　　　　　　　　　　　　　　　　第7章
大阪産業大学経営学部准教授
専攻　経営戦略論，経営組織論
主要著作　「新制度派組織論と新制度派経済学の葛藤を超えて──系列取引における効率性の追求を通じた歴史的変遷」（共同執筆，桑田耕太郎ほか編『制度的企業家』ナカニシヤ出版，2015年）；「プラクティス・ターンからの戦略転換についての理解──旭酒造『獺祭』の開発事例を通じて」（大森信編著『戦略は実践に従う』同文舘出版，2015年）

城田　剛（しろた・たけし）　　　　　　　　　　　　　　　　　　　第8章
櫻護謨株式会社消防防災機器部部長，首都大学東京ビジネススクール在籍
専攻　経営学
主要著作　「実践におけるアクターとしての理論──金融工学理論 VaR（Value at Risk）のケース」（『経営と制度』第9号，2011年）；「アレンジメントの異なる計算空間における金融理論の働き──新銀行東京のケース」（『日本情報経営学会誌』第33巻第4号，2013年）

小川　智健（おがわ・ともやす）　　　　　　　　　　　　　　　　　第9章
神戸大学大学院経営学研究科博士課程後期課程在籍
専攻　経営管理論，経営組織論，アントレプレナーシップ論
主要著作　「事業計画の自己拡張と整合化のダイナミズム──企業者研究における計画概念の再考を通じて」（『日本情報経営学会誌』第33巻第4号，2013年）

上西　聡子（うえにし・さとこ）　　　　　　　　　　　　　　　　　第10章
九州産業大学経営学部准教授
専攻　経営組織論
主要著作　"The mythic functions of 'efficiency': A case analysis of the performative changes in transactions *Keiretsu*"（『九州産業大学経営学論集』第25巻第1号，2014年）；「制度的同型化を通じた戦略的リアクション──携帯電話産業における標準にもとづいた異種混合の競争（1979〜2010年）」（桑田耕太郎ほか編『制度的企業家』ナカニシヤ出版，2015年）

本書のコピー，スキャン，デジタル化等の無断複製は著作権法上での例外を除き禁じられています。本書を代行業者等の第三者に依頼してスキャンやデジタル化することは，たとえ個人や家庭内での利用でも著作権法違反です。

序 章

計算を中核として組織化される経営実践
「見失われていた豊饒な地平」の再発見

國部克彦・澤邉紀生・松嶋登

> 「実践感覚から理論モデルへと移行することは,今まさに行われようとしている実践の時間的現実をなすものを,そっくり取り逃がすに等しい」
> 『実践感覚 1』（ブルデュー／今村ほか訳, 1988, 130頁）

1　実践という研究プログラム

　経営現象が人間の活動によって生じていることは論を待たない。しかも,活動しているのは人間だけではなく,機械やコンピュータ・アルゴリズムなどの活動抜きに経営現象,ひいては経済社会を語ることはできない。これらの諸活動は無秩序に生起しているのではなく,ある一定の方向性を持っており,そこに社会が成立する。このようなある一定の方向性を持った活動を「実践 (practices)」と定義すれば,経営は実践の堆積として理解されるべきであろう。
　しかし,経営を理解するために,実践をそのまま取り出すことは非常に困難

1　実践についての考察はギリシャ哲学の時代からの長い蓄積があるが,本書では,社会的に構成され,しかも社会を構成する活動として,実践を理解する。このような見方は,哲学ではヴィトゲンシュタイン (Wittgenstein, L.),社会学ではブルデュー (Bourdieu, P.) らによって,20世紀に大きく展開し,さらに多くの新しい分析視角を生み出しながら,人文社会科学全般に大きな影響を及ぼしている。

な課題である。経済学では，この課題に対して，効用最大化をめざす経済人モデルを導入し，多くの経営現象を説明してきた。ところが，経済人モデルは，人間がなぜ，どのように効用を最大化するのかという，まさに実践的な側面をそっくり削ぎ落として結果だけを議論しているため，実践が生み出されるメカニズムが捉えられない構造になっている。実践的な側面は経済人モデルへの移行とともに，そっくり取り逃がされている。

これに対して，経営学には，制度の観点から実践を捉え直そうという長い学問的伝統がある。制度派組織論と呼ばれる学問的伝統は，制度が実践を生み出し，実践が制度を顕現させると同時につくり変えていくプロセスを分析してきた。そこでは経済学も1つの実践を生み出す制度にすぎない。リーマン・ショックに代表されるような経済危機に直面したときには，いつも経済学の破綻が論じられるが，それは経済学が破綻したのではなく，経済学が解明できない実践の中で日々の活動が営まれているという現実が示されただけである。つまり，経済人モデルを超える実践が顕在化したとき，経済人モデルが破綻したように錯覚しているだけなのである。

しかし，現実としての実践と，その起源であり駆動力である制度を分析する視点や対象は，きわめて多岐にわたり，その全体像を正確に捉えることは容易ではない。1つの研究プログラムとしては，焦点を絞る必要がある。そこで，私たちは，「計算（calculation）」という実践に注目することにした。科学史家のポーター（Porter, T. M.）が喝破したように，計算は社会的な技術であり，算術や代数学は商人の活動，つまり帳簿をつけることとともに発展してきた（Porter, 1995, ch. 3）。

とくに資本主義社会を担う組織の実践は，その組織主体が営利か非営利かを問わず，計算の側面が中核を占めている。効用最大化を前提とする経済学では，選択という行為に一足飛びに注目してしまうが，選択の前には必ず計算という実践がある。計算が，経済学が想定するような中立的なものであれば，「経済学の破綻」は生じえなかったかもしれないが，実際にはその逆である。計算は，固有の方向性や目的を生み出すと同時にそれを組み替えていく実践であり，その中で会計という計算は，市場や企業を組織化する道徳的な実践なのである。

この点を見抜いたうえで，会計学者のチャップマン（Chapman, C. S.）らは，

リーマン・ショック直後の論文で、「最近の金融危機からわれわれが学んだ唯一のことがあるとすれば、現代社会を支えているすべての計算実践についてのより十分な理解が緊急に必要とされていることであろう」(Chapman, Cooper and Miller, 2009, p.20) と警鐘を鳴らしている。金融の世界の複雑な計算が、経済学の理論を超えて、社会を組織化する実践として展開した結果が、リーマン・ショックをもたらしたと見ることができるからである。

また、2015年に日本で大きな問題になった東芝の不適切会計の問題でも、会計計算という実践が1人ひとりの人間の力を超えて作用する側面が見落とされている。多くの人は、これを個人の問題として捉え、経営者の更迭をもって対処しようとするが、それでは問題の本質が隠されたままである。その本質とは、会計や監査が、個人の力を超えて計算を組織化する制度的実践であるということにほかならない。このような理解は、現代の社会では致命的なほど欠如しており、そのために金融危機や会計不正の問題が矮小化されてきた。

したがって、私たちは資本主義社会における計算に焦点を合わせ、この計算を中核として組織化される会計実践や経営実践を、できるだけ多角的に解明することとした。これは、チャップマンの指摘を待つまでもなく、経済活動が高度化すればするほど深刻となるリスクに対処するために必要となる喫緊の課題である。

2　計算、会計、経営

企業が会計計算と不可分の関係にあることについては誰も異論がないだろう。旧商法において、会社とは「商行為その他の営利行為を為すを業とする目的」を持って設立された組織を指し、「営利」は会計計算を経てはじめて利益として識別可能になる。このような企業経営における経済行為に関する計算は、おもに会計学において研究されてきた。一方、計算結果をもとに、戦略を策定し、組織運営をする側面は経営学において研究されている。両者はきわめて隣接す

2　ちなみに現行の会社法では、第5条において、「会社が（略）その事業としてする行為及びその事業のためにする行為は、商行為とする」となっており、「営利行為」という用語はなくなっているが、「商行為」が営利行為を表す用語として使用されている。

る学問分野でありながら，学問発展の歴史の中で，双方の学問内容が複雑化することによって，現在ではかなり専門分化してしまっている。

しかし，桑田（2015）が，近年の制度派組織論の広がりを振り返りながら，「資本主義企業が社会的制度となるためには，会計学とそれを基礎にした会計実践の制度化，さらには会計学そのものの制度化が不可欠であった」（418頁）と指摘するように，企業と会計が不可分である以上，経営学と会計学はほんらい一対の学問分野として理解されるべきであるし，そうしなければ見えてこないテーマこそ，私たちが本書で解明しようとする計算を中核として組織化される経営実践なのである。本書の副題に，「経営学と会計学の邂逅」と名付けたのはこのためであり，この邂逅を導くのが計算の概念にほかならない。

歴史的に見れば，会計計算の発展が企業という組織のみならず，市場や社会を形成してきたと考えることができる。とくに，ヨーロッパ中世に発明されたとされる複式簿記は，1492年にパチョーリ（Pacioli, L.）によって最初の簿記書が公判されて以来，その骨格が500年以上経過した現在も変わっていないことは，驚くべきことである。複式簿記をはじめとする数量化技術が西欧社会の先進性の基底にあると主張するクロスビー（Crosby, A. W.）は，「簿記法は日々実践されることによって，私たちの思考様式に強大かつ広範な影響を及ぼしてきた」（Crosby, 1997, p. 220, 邦訳278頁）ことを克明に記述している。

複式簿記の本質について，ドイツの経済学者ゾンバルト（Sombart, W.）は下記のような言葉を残している。

「人は複式簿記なしにただちに資本主義を考えることはできない。というのはそれはお互いに形式と内容といった関係にあるからである。そして人は資本主義がその力を実証するために複式簿記の中に道具を作り出したのか，あるいは複式簿記が資本主義をはじめてその精神の中から産みだしたのかどうかを断定することはできないのである」[3]『近世資本主義（Der Moderne Kapitalismus）』（1916）

3　訳文は千葉（1980）84頁より引用した。会計史家の間では資本主義は複式簿記から生まれたというのは過大評価ではないかという論争があるが，ここで問題にされるべきは，資本主義という思考の源がどこにあるかにある。

ゾンバルトは複式簿記が単なる商人の取引の記録方法から，資本主義を駆動する精神を生み出した可能性に言及している。もちろん，このような側面を実証することは困難であるが，計算実践がその表面的な対象の範囲を超えて作用する可能性があることを見抜いた指摘といえよう。同様に，ゲーテ（Goethe, J. W.）も，登場人物に複式簿記は「人間の精神が生んだ最高の発明の一つ」（ゲーテ／山崎訳, 2000, 54頁）と述べさせ，「整理されたり，明瞭になっていれば，倹約したり儲けたりする意欲を増している」（同55頁）と記述している。[4]

ただし，実際に会計が企業発展の駆動力となるのは，リトルトン（Littleton, A. C.）も指摘するように，産業革命に引き続き，商業・工業が目覚ましく発展した19世紀であった（Littleton, 1933）。すなわち，鉄道業をはじめとする巨大な固定資本を必要とする企業形態は，複雑な資本取引を処理するだけでなく，資本を維持するために，資産と費用を区別して期間利益を計算する近代会計を必要としたのである。さらに，企業会計制度の標準化によって証券市場が成立し，それが大規模株式会社の普及と，所有と経営の分離を促し，株主という不在所有者と専門経営者をもたらした。

経営学は，こうした会計実践と会計学の制度化のもとに，専門経営者を研究対象として問うべき課題を得ることになり，独自の発展を遂げてきたのである。期間利益の考え方が，逆に期間を超えて存続するゴーイング・コンサーンとしての企業（組織）概念を生む。このような企業の専門経営者による経営は，毎年の利益期間で繰り返して観察可能なものとなり，経営管理概念として理論化することを可能にした。そして，原価計算の概念が，その最初の文献であるバベッジ（Babbage, C.）の『機械および製造の経済（*On the Economy of Machinery and Manufactures*）』（Babbage, 1832）を通じて，テイラー（Taylor, F. W.）による『科学的管理法（*The Principles of Scientific Management*）』（Taylor, 1911）につながっていった。監査手続きのために確立された各種の手続きも，経営計画，予算統制，原価計算など経営管理のツールとして利用され，管理会計の考え方を普及させることになった。

---

[4] これは，『ヴィルヘルム・マイスターの修業時代（*Wilhelm Meisters Lehrjahre*）』の一節で，ゲーテの分身であるヴィルヘルムと友人の商人ヴェルナーとの対話における，ヴェルナーの言葉である。

このように企業経営と会計は，不即不離の関係というよりも，両者は経営実践の中に一体化しているといえよう。経営実践が，何らかの方向性を持つとすれば，そこには必ず何らかの計算が作用しているはずである。その企業組織における計算の中心が，会計計算ということになる。このように経営学と会計学は，いずれも計算を主軸にした近代化の中で誕生した経営実践にかかわる学問なのである。したがって，計算という経営実践を対象とするためには，これまで両学問領域が蓄積してきた知見を協力して投入することが求められる。

3　本書の背景

本書は，2013年秋に発刊された『日本情報経営学会誌』(Vol.33, No.4)において「計算の力学（Dynamics of Calculation）」と銘打たれた特集をもとに，いくつかの論文を加え，その後の研究成果を反映させて，実践的な含意を強調するように改訂したものである。さらに，この特集のきっかけとなったのが，2011年7月に神戸大学で開催された日本情報経営学会第62回全国大会において，広く萌芽的な研究テーマを探索する課題研究セッションの1つとして組まれた，「計算空間のアレンジメント」であった。その後，第62回全国大会で副委員長を務め課題研究セッションを企画した経営学者である松嶋と，会計学者である國部がゲスト・エディターに加わって，上述の特集が組まれたのである。

いま振り返ってみれば，この最初のチャレンジは，世界的な動きと時を同じくしたものであった。私たちが特集を組んだ2013年には，*The Academy of Management Annals*誌 (Vol.7, No.1) でも，会計学者であるミラー (Miller, P.) とパワー (Power, M.) による共著論文「会計，組織，そして経済化——会計研究と組織理論の接合 (Accounting, organizing and economizing: Connecting accounting research and organization theory)」(Miller and Power, 2013) が発表されている。彼らもまた，かつての経営学や会計学では当然の前提とされていたものの，1980年代中盤ごろから進んだ会計学の科学化（とくに経済学的なアプローチの浸透）に伴って「見失われた豊饒な地平」があると指摘した。

上掲論文発表の翌年に，改めて彼らは，*Academy of Management*のウェブサイトにインタビュー記事「会計研究と組織理論の接合 (Connecting accounting research and organization theory）」（Miller and Power, 2014）を掲載している。そこでは，Miller and Power（2013）の執筆動機とともに，経営学と会計学が接合できる可能性のある論点を3つ取り上げている。具体的に見ておこう。

第1に，価値評価（valuation）に関する議論である。会計報告書の中で定型的に見られる経済評価の形式も，それ自体として合理的な計算がなされた結果ではない。当然ながら，それは，数々の組織的に状況づけられた行為の結果であり，計算を通じて時空を拡張するミクロな実践の成果である。経営学者は，何十年もの間，価値や規範に関心を持ってきたが，この価値評価の実践（valuation work）については十分に注目してこなかったであろう。ここに，経営学者が会計学研究に学ぶ点がある。

第2に，組織ルーティン（organizational routine）に関するミクロな組織理論を会計実践に接合する議論の可能性である。かつて行動的転回を遂げた会計学では，サイモン（Simon, H. A.）の意思決定や，サイアート（Cyert, R. M.）らによる企業の行動理論などが参照されていた。ところが，今日の会計学者がほとんど知らない意思決定論における新たな動きがある。それが，（経営学者にとってはお馴染みであろうが）ペントランド（Pentland, B. T.）らによる，組織ルーティンの遂行性（performativity）に関する動きである（たとえば，Feldman and Pentland, 2003；Pentland and Rueter, 1994）。もともと，組織ルーティンは，人々を一意に規定するものではなく，さまざまな戦略的対応を刺激するための文法（grammar of action）であった。こうした議論をもとにすれば，会計（学）の内に向いた議論だけではなく，会計それ自体が目的と化したときの，多様なミクロな行動を分析対象とすることができよう。

---

5 インタビューの素材であるMiller and Power（2013）では，会計学独自の文脈で論じられてきたテーマについて，以下の4点があげられていた。第1に，territorializing：会計の計算道具が，計算可能な空間（spaces）を仮定ないし再帰的に構築することを指す。たとえば，工場などの物質的な会計単位，部門などの抽象的な会計単位である。第2に，mediating：異なる主体，願望（aspiration），アリーナをつなげることを指す。たとえば，資産と負債に関する特定の評価基準を持ち込むことで，市場と個別企業の業績，あるいはミクロ−マクロをつなぐことである。第3に，adjudicating：個人と組織の査定に加え，失敗や破産を定義することを指す。たとえば，責任履行である。第4に，subjectivizing：実践をその効果（practice in its effect）の観点から個別化（individualize）することを指す。たとえば，他者からコントロールされる個人と，選択の自由ないし責任を持つと仮構された個人という，2つの側面に関する個人主義イデオロギーの浸透である。

第3に，経営学においても，会計学においても，これまでほとんど探求されてこなかったのが，市場ゲームの失敗や新たな配置など，経済化（economizing）の限界フィールドである。かつて競争戦略論が利潤を失う市場ゲームから離脱するメタゲームとして構想されたように（たとえば，松嶋・水越，2008），市場の失敗は市場自体が計算可能であることによる。いかにそうした失敗は計算されたのか，そして，そのときに会計実践はどうかかわっていたのか。このように失敗を取り込みながら新たな市場を形成していく経済化プロセスは，経営実践の全域に及ぶ。経済学をベースに予測モデルを求めてきた会計学者は，ことごとく失敗してきたが，他方で経営学者も，この現象をほとんど無視してきたのである。

これらは，当然ながら重複を含むものであるが，本書のもとになった特集でも注目していた論点であった。さらにミラーとパワーが経営学と会計学の接合に役立つメタ理論としてあげたのが，実践的転回（practice turn）と制度派組織論（institutional theory）であった。これらのメタ理論について注目すべきポイントは，まず，今日の資本主義社会において，会計それ自体が自己目的化し，企業や人々の行動を導くような存在として制度化されてきた側面を捉えることにある。次に，こうして制度化された会計も，それ自体が物質的な実践のもとでつくり上げられ，また使われるというダイナミズムにも注目している。これらもまた，私たちの特集と着眼点を共有するところであった。

4 本書の構成

第1部には，編者らによる3本の論文を配置し，経営学と会計学の再会に臨む本書の問題意識と，根幹となる理論的視座を整理している。ミラーとパワーによれば，資本主義において制度化された会計を扱う会計学は，他の学問から理論を援用するだけではなく，今やさまざまな理論を検討するための学問的な中心点になっているという。

第1章の國部論文では，こうした議論を先行して行ってきた社会学者による議論の特徴と，彼らが切り拓いた方向性を示している。具体的には，第1章はまず，古典的な会計学が参照していた，限定合理性（bounded rationality）概念

をめぐる隘路の指摘から始まる。今や周知のように，実は経済学的な完全合理性を前提とした時点で，限定条件をいくら加えても合理性は限定されない。このことは，取引コストの原因を「限られた合理性（limited rationality）」に求めたウィリアムソン（Williamson, O. E.）に対する，サイモンの違和感としても知られるが（たとえば，Augier and March, 2008），未だ根深い理論的課題として残っている。

　もちろん，こうした課題に関する議論は，経済学内部にも存在し，さらにいえば，社会科学が市場や経済活動に着目したときから論じてきた，古典的な問いでもある。だが，これまでは，計算の実践それ自体が，あまり主題化されてこなかった。國部によれば，この課題に取り組むのが，市場の社会学とも呼ばれる萌芽的研究領域へ挑む「計算の社会学派」と「計算の会計学派」である。とくに，本書でも多くの執筆者が依拠する計算の社会学派は，アクターネットワーク理論の現実への適用を志向したカロン（Callon, M.）による一連の議論を嚆矢としたものであり，その分析視角は，社会技術アレンジメントとして生起する「計算実践」と，こうした実践を可能にする「市場の装置」という2つに集約される。

　加えて國部によれば，計算実践として経済活動を分析する意義は，私たちがさまざまな弊害を承知のうえで市場にかかわらざるをえないところにある。計算実践の分析は，単なる理論上の問題ではない。金融理論の膨張リスクや業績評価システムの弊害など，新自由主義的政策が産み落した現実問題に対しオープンな議論を志向する民主化を進めること。これこそ，カロンがめざした計算の社会学派の究極的な目標だとする。

　このように第1章が経営学と会計学の接合に関する，社会学者による先行研究のレビューとして位置づけられるのに対して，続く第2章と第3章では，パワーとミラーが指摘し，本書の理論的な共通基盤ともなっている，実践的転回と制度派組織論の含意を論じることになる。

　第2章の澤邉論文では，組織における会計的活動としての計算，すなわち会計実践に注目し，「会計実践が変転自在な多様性を見せつつも，一定の目的志向性を保っているのはなぜか」という問いをさらに探求する必要性を論じる。ここで重要なのは，単なる会計を利用した実践の多様性を超えて，その多様性

の根底にある一貫した目的志向性の根源を探求することであろう。そこで澤邉が着目したのが，実践的転回を提唱するシャツキ（Schatzki, T. R.）らが論じる目的感情構造である。実践を形づくる社会的意味は，目的手段の因果連鎖だけではなく，感情的次元に支えられて客観的な精神状態へと至る。第2章では，産業再生機構のジレンマを抱える意思決定を取り上げ，このことが具体的に論じられる。窮地に陥った企業の再建計画に対する融資は，過去の会計的評価に求められない。こうした再建計画という不確定な意思決定に際しては，経営者が会計数値に「ムケムケでいけてる」（過去の数字に謙虚に向き合い，客観的に自己評価を行う気構えを持つ）かが問われるのだという。

　この興味深い事例分析は，計算を最も根底から支える視座を提供しているといえよう。それはすなわち，ほんらい合理性はきわめて感情的なものだということである。古くはアダム・スミス（Smith, A.）が看破したように，資本主義の発展は，一方で，他者からの共感を得るために富を求める人間の虚栄心に駆動される。虚栄心から求められた贅沢品も，その購買や管理を通じた雇用を生み，生活必需品の分配へとつながる。いわゆる「神の見えざる手」である。他方で，これを市場の秩序として維持するためには，胸中で正義を求める公平な観察者の声に従わなければならない。つまり，市場の合理性は，自由放任の市場取引から得られる効果ではなく，市場競争を支える道徳感情を必要とするのである（堂目，2008）。

　さて，こうした道徳感情は，私たちに究極的な価値領域への対峙を求めることになる。このような価値を扱う議論として，ミラーとパワーも強力な共通基盤となると考えたのが，制度派組織論であった。第3章の松嶋・早坂論文では，この制度派組織論の中でも，近年，経営学において盛んに議論される制度ロジックス概念に焦点をあて，物質的実践として行われる市場取引を探求する必要性を論じる。

　制度派組織論は，「鉄の檻」など，ウェーバー（Weber, M.）によって逆説的に描かれた近代の資本主義に関する議論を理論的基礎として出発した。制度ロジックスもまた，ウェーバーの議論に同様の関心を向けながらも，従来の制度派組織論が見落としてきた側面に注目している。それが，公平かつ平等な手続き的側面（鉄の檻）が社会に浸透するにつれて，むしろ，さまざまな矛盾する

価値が顕在していくことを描いた，ウェーバーによる「神々の闘争」のメタファーである。制度ロジックスは，このメタファーに着想を得ているのである。

　制度ロジックスの提唱者であるフリードランド（Friedland, R.）は，ウェーバーが資本主義の精神の起源としてあげた超越神を信仰するプロテスタントと，内在神を信仰するカトリックにおける，補完的な関係を再考した。そして，ウェーバーおよび既存の制度派組織論の研究者が，資本主義社会を議論するために必ずしも捉えきれてこなかった点として，遂行的に変化を生み出す物資的実践を指摘した。制度派組織論者にはお馴染みの経済社会学者ベッカート（Beckert, J.）や，交換のシステムを分析してきたビガート（Biggart, N. W.）らもまた，市場取引における物質的実践に，それ自体変化の源泉であるようなダイナミズムを見ようとしてきた。こうした試みをさらに深耕するものとして，制度ロジックスを理解する必要があろう。

　続く第2部には，このような第1部の議論を受けて，具体的な経営課題に取り組む分析を含んだ論文が収録されている。前半の第4章，第5章，第6章では，第1章で示された，計算の社会学派による「計算実践」を理論的に深耕しつつ，具体的な会計実践に分析の焦点を絞り込んでいく。

　まず，第4章の北田論文では，数字や記号といった会計計算の物質的な側面を「銘刻」という概念から深耕する。北田によれば，従来，会計は対象を可視化する特性を前提にしてきた。だが，会計の可視性は，そのような性質を持たせている計算空間を構成するネットワークが担保する。物質的な銘刻のあとを追うことで，私たちは計算の中心性をめぐる権力・知識の構造を目にすることになる。

　他方，会計計算のための銘刻は，新たな計算実践を生み出すことにもなる。第5章の天王寺谷論文では，全工程にわたる資源のフローを同一基準で追跡する，マテリアルフローコスト会計（material flow cost accounting，以下 MFCA）の計算方法に注目し，管理会計が生み出すイノベーションの解明に迫る。従来，管理会計はイノベーションには効果的な役割を果たさないという見方が支配的であったが，モーリットセン（Mouritsen, J.）らの研究によって，管理会計計算による緊張の創造がイノベーションを創発させる可能性が指摘されてきた。天王寺谷は，MFCAでも同様の主張が成立する根拠として，資源生産性計算が

持つ特有の資源動員力に注目する。

　第6章の東田・國部・篠原論文では，自らも導入に関与した事例に関する10年間にわたる長期的分析から，MFCA が，それ自体変化しながらつくり上げた計算実践が濃密に記述される。営利組織である企業は，必ずしも環境経営を積極的に求めるとは限らない。MFCA を導入したとしても具体的な指標やデータの測定には組織的な試行錯誤が求められる。そのためには，知識や力を持った組織の参加が必須であるなど，コンサルタントの理解との乖離が観察される。この章は，環境という要素が計算装置によって，どのように組織に取り込まれつつ，全体のアレンジメントを変化させるのかをめぐる重要な知見を提供している。

　第2部も後半に至り第7章，第8章，第9章では，会計以外にも存在する「市場の装置」へと，計算の社会学派が示した分析の視野を広げていく。第7章の矢寺論文では，人材紹介業を利用する企業による価値評価の実践に注目する。人材とは，ほんらい計算不能である点に，希少な資源としての重要性が認識されてきた。しかし，その重要性ゆえに，逆説的に市場取引の対象にもなっている。労働市場は，計算を可能にする装置の集合として捉えることができ，労働法をはじめとしたルール，求人広告というメディア，そして求人企業を取り巻くアレンジメントから構成されている。具体的には，アレンジメントの異なる3社の比較分析を通じて，同じ人材紹介業者であっても企業ごとにその価値は多様であることを示す。

　さて，今日の私たちの計算能力を大幅に引き上げている，重要な計算装置として見過ごしてはならないのが，諸理論の計算式をアルゴリズムとしてプログラムに組み込んだコンピュータである。第8章の城田論文は，コンピュータに組み込まれることによって急速に普及し発展した金融理論に注目する。しかし，計算能力を高めるコンピュータを利用しているにもかかわらず，金融市場において私たちが経験してきたのは，繰り返される金融危機である。コンピュータを利用する実践が，組み込まれた理論の前提条件を変更することで，当初の想定から大きく溢れ出てしまうためである。城田論文では，こうした計算装置をめぐるダイナミズムを，カロンが触れた外部性の議論と，これを発展的に論じたマッケンジー（MacKenzie, D.）による遂行性概念のもとで深耕する。そのう

えで，クレジット・スコアリングという金融理論の日米における利用を事例として取り上げ，それぞれのアルゴリズミックな布置を比較分析する。

第9章の小川論文では，企業者研究の立場から，不確実な状況下で将来を計算する根拠となる計画の正しさに注目する。すなわち，将来が不確実な状況であるからこそ，企業者は，利害関係者に対して自らの正しさを表明する事業計画を必要とする。それゆえ，計画は無条件に正しいわけではない。たしかに事業計画は企業の将来を指し示すが，他方で私たちはそれがある種の説得の道具であることも知っている。それゆえ，事業計画は計算根拠を利害関係者に与えるだけでなく，彼らの行為の可能性をも拡張する。当初の事業計画に対してさまざまな行為を採り始める利害関係者に対応するために，企業者は新たな計画を追加し，増殖する計画を取りまとめる全体計画を創出させる。

この第9章では，経済学の内部から不確実性概念を再考したオーストリア学派を取り上げ，利害関係者が参照する計画が帯びる「正しさ」がダイナミズムの根拠になることが示唆される。この正しさの問題は，第2章で示された感情的な実践に踏み込むものでもある。合理性が感情的な実践に支えられているという言い方に違和感があるとすれば，それは私たちが合理性に没価値的な客観性を求めてきたからである。第1章でも指摘されたように，今日の私たちが求める典型的な合理性は，ウェーバーが論じた形式合理性という，いかなる価値にも還元されない，計算可能な客観的なルールへの準拠であった。換言すれば，私たちは，伝統的な支配からの開放を求める，より強力な価値に絡み取られているのである[6]（Clegg and Lounsbury, 2009）。

同様の構図を，日本の製造業における企業間取引に見るのが，第10章の上西・松嶋・早坂論文である。効率性という形式合理性に基づいた企業間取引の背後には，市場で取引されない組織内の技能をはじめとした物質的実践が根ざ

---

[6] このアイロニーが，私たちを混乱させる。というのは，形式合理性の定義からすれば，合理性とは客観的な形式ルールに基づいた実践にほかならず，それ以上でも以下でもない。サイモンの限定合理性も，意思決定前提として与えられた限定ルールのもとで行われる意思決定の性質を論じていたにすぎない。しかし，私たちは合理性という言葉に，それ以上の「正しさ」を求めてしまう。だから，サイモンの限定合理性も，経済学的な完全合理性を減じるような誤解が導かれ，ウェーバーが論じた形式合理性の追求が結果として「非合理性」をもたらすという説明も好まれて使われる。

している。そのため，この章では，東大阪で金属切削加工に携わる中小企業の取り組みに注目している。典型的なサプライヤーであった一中小企業が，いつしか上流下流企業のみならず，関連産業を取り込みながら，新たな企業間取引を先導する組織へと変貌した。その際にアンカーとなったのが，加工・開発プロセスなども見据えた，物質の特性を評価する計測機器であった。他方で，この機器の開発自体が，工場の立地条件や扱われる素材などに方向づけられた物質的実践でもあった。このように，計測機器が個別組織の発展ではなく，他組織をも含む交換関係の経済化までを生んだ背景に，物質的実践に宿る超越的な合理性を求めてきた近代的な精神を見て取ることができる。この精神は，古くはアリストテレス（Aristotle）が芸術をも含んだ広義の技術をテクネーと呼んだものであり，今日ではそれが「ものづくり」に対する信憑として現れているといえる。

第 **1** 部

計算へのまなざし

第1章

計算が創る市場・組織・社会

國部 克彦

「未来は,計算によって提示され,合理的関係によって現在と結びついている」『資本主義のハビトゥス』(ブルデュー/原山訳, 1993, 120頁)

「計算と理論の領域は,ほとんど手つかずで残されている」*Science in Action*(Latour, 1987, p.237, 邦訳 400頁)

1 はじめに

　私たちが日常生活を営む市場や組織そして社会そのものは,手で触れたり,目で見たりすることはできない。できることはせいぜい会社の建物を見たり,スーパーマーケットで商品を手に取ったりすることくらいであろう。しかし,市場も組織も厳然として存在しており,現代を生きる多くの人間の生活が市場と組織に依存している。

　それでは,そのような市場や組織,そしてこれらを統合する社会はどのような原理から成り立っているのか。これは社会科学が究明すべき,最も重要にして根本的な問題である。本書では,この問題に対して経営学と会計学の双方の立場を融合して,計算という実践に焦点をあててアプローチしていくものであ

る。計算は単なる数式ではない。計算は，経済活動を可能にする組織空間を構成するだけでなく，過去の活動を現在に生起させると同時に，未来を予測可能にし，時間という準拠枠を創造して人間の行動を規定するのである。

　たとえば，確定申告計算によって納税する単位が経済空間として創り出される。企業であれば，会計によって会社という組織の範囲が画定され，これが会計責任として経営者以下，階層的に割り振られていくことになる。また，家庭における確定申告計算も企業における決算も，過去の活動を計算して実際の配分（納税や配当等）を確定することで，過去を現実化する。さらに，個人も企業も，投資や保険のように何らかの方法で計算された将来に獲得すべきリターンやリスク回避へ向けて，現在の活動を行うように要請される。これは計算による未来の実現である。[1]このように経済活動を行う人間の空間と時間は計算によって局所的に構築され，[2]社会はそれらの部分を統合することで成立するのである。そして，その社会自身も空間と時間を統合する独自のプログラムを持ち，このプログラムが経済成長や格差解消のような最終的には数値に変換可能な目標を持つことによって，世界全体が再編されるのである。[3]

　しかも，ここで実践されている計算は，架空の行動ではなく，人間1人ひとりの具体的な活動であり，それぞれがさまざまな理論や手続きに従っているだけでなく，計算を実際に可能にするためには用紙・計算機・ソフト・伝達ツールのような手段を必要とし，これらの手段がそれぞれの固有のロジックを持ち，さらにそれらとは別に全体を統合するロジックも作用するきわめて複雑な実践なのである。経済活動の本質が，実はこのような計算実践の中にあることは，近代以前から多くの学者や実務家が指摘しており，最近はこの点に焦点をあてた研究も増加傾向にある。しかし，これらの研究は，計算という行為のプロセスをブラックボックスとして排除する主流派の経済学研究に比べれば，圧倒的な少数派であることは間違いない。経済学が使用するのは計算の結果だけであ

1　Beckert（2014）は，この未来の計算は「虚構の期待（fictional expectation）」に基づいており，それが資本主義を駆動すると説く。この点については第3章を参照。
2　計算が時空間を局所的に構築していく様相については，ラトゥールが「計算中心点」という概念を導入して詳細に記述している（Latour, 1987, ch. 6）。
3　この社会に埋め込まれたプログラムを明らかにすることが，後述するミラーやパワーの研究目的になる（國部, 2002）。

り，それがどのようなプロセスを経て算出されたのかは問題とはされない。しかし，実際に経済的現実を生み出しているのは，数値という結果ではなく，数値を加工するプロセスなのである。

それでも近年，経済学研究に比べれば少数とはいえ，経営学や会計学だけでなく社会学や科学哲学の世界でも，計算実践への注目が高まり，重要な研究動向が形成されている。そこで本章では，計算をめぐる主要な研究動向を整理し，これまでどのようなことが問題とされ，どのようなことが解明されてきたのかを考察することにしたい。この問題にアプローチする道は多数あるが，本章では，計算に対する理解について経済学との相違を明らかにしたうえで，おもに社会学と会計学の方法論を導入した計算実践に対する研究動向を考察し，このような研究が現代社会に与える意義について検討したい。

2　経済人から計算人へ

現在の経済学の世界で支配的地位を占める新古典派経済学は，自己の利益に従って完全に合理的に行動する経済人を前提とし，その行動の結果として経済現象を分析する強固な枠組みを持っている。経済学は，この経済人の行動モデルを展開することで，過去100年間で長足の進歩を遂げ，今や経営学や会計学などの隣接領域にも深く浸透しつつある。

新古典派経済学における経済人モデルはきわめて単純であり，たとえば，完全情報の仮定のような非現実的な前提はこれまでも厳しく批判されてきた。人間が完全な情報を持ち，完全な意思決定，すなわち「合理的な選択」をできるはずはないのだが，そうした批判に対しても経済学は合理性の範囲を限定することで，さらに説明力を増加させてきた。経営学や会計学にも大きな影響を与えている取引費用に基づく経済学はその典型であろう。しかし，本来無限の合理性を持つはずの純粋な経済人モデルに，どのような限定を付与しようとも，無限性を減じることができないことは，数学的に自明である。したがって，どこまで行っても新古典派経済学は無限の合理性という架空の前提に立つことになる。しかも，新古典派経済学においては，効用そのものを測定する必要すらなく，観察された行動が効用を最大化した合理的な選択の結果であるという顕

示選好の仮定に基づくことで，数多くの現象を経済学的に分析することに成功してきたのである。これは，まさにトートロジーの世界であるが，多くの経済学者はこのことに気づいていない。

このような理論前提に立つ新古典派経済学に対して，制度を重視する経済学（たとえば Hodgson, 1988；塩沢, 1981；塩沢・有賀, 2014）や，心理学に依拠して完全合理性を否定する行動経済学（たとえば Kahneman, 2011）などから，これまでも多くの批判が投げかけられてきた。しかし，これらの新古典派経済学に対する批判論は，重要な学説をいくつも展開してきたとはいえ，新古典派経済学に比肩しそれに代替しうるほどの，網羅的な経済分析の可能性と体系性を備えるまでには至っていない。一方，新古典派経済学のモデルは政策に適用可能な形で提案され，現代社会に対して遂行的な影響を及ぼしてきた。[4] とくに，抽象的な取引が中心の金融市場は新古典派経済学との相性がよく，情報テクノロジーの発展も相まって経済モデルが実体化され，その遂行的影響には非常に大きいものがある。しかし，経済理論の「正しさ」と理論の現実への遂行的影響はまったく別次元のものであり，そのことはリーマン・ショックをはじめとする多くの市場の失敗で明らかとなっている。

つまり，現在の支配的な経済学では経済活動を仮定することはできても，経済活動を生み出すメカニズムを分析することができない。新古典派経済学における経済活動は，経済人という「完全に合理的な人間」を前提として，それに対するインプットとアウトプットの変数関係として認識されるにすぎない。そこでは，経済人がブラックボックス化されてしまっているのである。しかし，実際の経済意思決定の場面では，完全に合理的な人間などは存在しないので，不完全な人間がどのようにして経済活動を行っているのかという側面は分析対象外から排除されたままなのである。ところが，この経済学からは排除された領野において，企業や市場がそれなりに体系的に動いているのであり，そこには合理的な意思決定とは違うロジックが存在しているはずである。そのロジックを解明することが，経済活動を行う組織を対象とする経営学や会計学におい

---

4 ここで「遂行的影響」とは，経済学（経済モデル）が現実の対象や行為を創り出すという意味での「遂行性（performativity）」であり，本章が対象とする研究分野におけるキーワードである（MacKenzie, Muniesa and Siu, 2007 参照）。

て，本来，最も中心的な研究課題となるべきである。もちろん，経営学も会計学もこの問題を考えてきたわけであるが，経済活動という複雑な実践にどれだけ接近してきたかといえば，まだまだ距離があるといわざるをえない。

たとえば，経営学の有力理論である資源ベース理論は，組織が持つ独自の資源によって経営戦略や行動が影響されるという理論であるが，経営者が異なる資源をどのように認識して行動するのかというより微視的な側面は十分に解明されていない。会計学にしても，経営者が決算時に利益調整を行うアーニングス・マネジメントの実証分析が1つのホット・トピックであるが，経営者もしくは経理役員がどのような情報を，どのような形で，誰から，どのように入手して，どのように決定するのかについては，統計的な分析では解明できない。

このような問題にアプローチするためには，意思決定を結果ではなくプロセスとして理解しなければならない。認知心理学を応用した研究はこの側面を対象としているが，経済活動は人間の内面で実行される認知の範囲を超えるプロセスを持つ。意思決定のプロセスは，決定を導くための計算と判断から構成される。判断は計算に基づく以上，実際には計算と判断は分離できない。しかも，ここでいう計算とは必ずしも1人の人間だけが行うとは限らないし，そもそもその多くは人間だけで行うこともできない。部下やコンピュータの助けが必要であるし，計算手法やプログラムなどの技術も不可欠である。もちろん，その計算の方法自体は見知らぬ誰かがどこかで開発したものである。そして，計算の結果がいったん数字として実体化すれば，通常は，それがさらに分析されて新しい計算結果を生み出して，計算実践の連鎖によって現実を創り出していくことになるのである。

このように，意思決定プロセスにおいて，計算という側面を認識するだけで，ブラックボックスのかなりの部分が「見える」ようになる。しかし，これだけでは，車のボンネットを開けて部品を見ているようなものであるから，車が動き出したときに，これらがどのように関連し合うかまでは見えていない。正確にいえば，これらの部分が相互関連することで車が動くのであって，その逆ではない。車の部品は，経済活動でいえば，計算を支える装置である。したがって，生きた経済活動を理解するためには，これらの計算装置が人間やその他の技術も含めてどのように関連しているのかを分析する必要がある。このような

視点から経済活動を見れば，それは，経済人による選択のプロセスではなく，多様な計算プロセスの連鎖であることがわかる。したがって，経済人モデルは計算人モデルによって置き換えられる必要があろう。

　経済活動を計算実践として分析する研究動向は，経済学の支配的地位に比べれば，まだ少数派であるが，すでに相当の重要な知見が蓄積されつつある。その世界的潮流には，大きく2つの流れが存在している。1つは，フランスを拠点に活躍するラトゥール（Latour, B.）やカロン（Callon, M.）に代表される科学技術社会論に基礎を持つ学派である。周知のとおり，彼らはアクターネットワーク理論（actor network thoery，以下 ANT）の主唱者であり，社会学や科学哲学の領域だけに限らず，経済学，経営学，会計学の領域にも大きな影響を与えてきた。ANT においては，もともと計算が果たす役割が重視されていたが，この点をカロンらがより精緻に展開することで，近年，大きな理論的進展が見られる。本章では，このグループを「計算の社会学派」と呼ぶことにしよう。

　もう1つの流れは，会計学の領域で見られる。会計学の領域においてもアメリカを中心に新古典派経済学に依拠する会計研究が隆盛になりつつある一方で，会計現象の社会的・文化的な根拠を問う学派がイギリスを中心に台頭している。この流れの創始者は LSE やオックスフォード大学で活躍したホップウッド（Hopwood, A. G.）[5]で，彼を中心に会計を社会・組織・制度的現象として研究する学派が形成されてきた。会計はいうまでもなく，組織の経済計算であり，経済社会における最も枢要な計算制度である。しかし，新古典派経済学に依拠した会計研究は，計算結果にのみ焦点をあてて計算プロセスが持つ制度性は考慮に入れないため，この点をこの学派は厳しく批判し，新たな研究領域の構築をめざしてきた（Hopwood, 2007）。ホップウッドは惜しくも 2010 年に他界したが，現在では，ホップウッドの LSE 時代の同僚であったミラー（Miller, P.）やパワー（Power, M.）などがこの領域の代表的論者として活躍している。本章では，このグループを「計算の会計学派」と名付けよう。

　「計算の社会学派」と「計算の会計学派」は，基礎とするディシプリンは異

---

[5] ホップウッドは 1944 年生まれ，カロンは 45 年生まれ，ラトゥールは 47 年生まれで，ほぼ同世代である。

なるものの，頻繁に相互に引用するだけでなく，書籍の刊行でも協力している[6]。ただし，「計算の社会学派」と「計算の会計学派」が，どのような学説的特徴を持ち，どのような将来展望を描いているのかについての比較検討は，両学派の研究が現在も進行中ということもあって，これまで十分に研究されてきたわけではない。しかし，両学派の理論的な立場の理解と比較検討を欠いては，経済活動を計算実践として理解することの意義を十分に議論することはできない。そこで，本章では「計算の社会学派」と「計算の会計学派」の理論的視点を比較検討することを通して，経済現象を計算実践として理解する意義を検討することにしたい。

本章では，両学派の思考を検討する前に，経済活動における計算の意義がこれまでどのように理解されてきたかを，それに注目してきたウェーバー (Weber, M.) をはじめとする代表的な議論から素描したい。これはもちろん網羅的なものではないが，経済活動を計算実践として理解する意義の深さを考えるための準備作業である。それに続いて，「計算の社会学派」と「計算の会計学派」の理論的視点の特徴を分析し，最後にこのような研究の現代社会における意義を検討する。

3　経済活動における計算の理解

新古典派経済学が前提とする経済人は，完全な情報もしくは限定された情報のもとで自己の効用を最大化できる主体であり，そこでは計算というものは経済人の頭の中にだけあり，実在しているものではない。この点についてフリードマン (Friedman, M.) は，熟達したビリヤード・プレーヤーの例を用いて，そこではプレーヤーがどのように計算し判断したかは問題ではなく，結果として生じる状態が重要であると説明する[7] (Friedman, 1953, pp. 21-22)。これが顕示

6　たとえば，パワーの編著 (Power, 1994a) にラトゥールが序文を載せ，カロンの編著 (Callon, 1998a) にミラーが寄稿し (Miller, 1998)，ホップウッドのオックスフォード大学退官記念論文集 (Chapman, Cooper and Miller, 2009) にカロンが寄稿 (Lépinay and Callon, 2009) している。

7　フリードマンのこの例に対する批判は，ホジソン (Hodgson, G. M.) による新古典派経済学による合理主義批判の文脈の中でより詳しく展開されている (Hodgson, 1988, ch. 5)。

選好に基づく新古典派経済学の基本である。しかし，実際の市場もビリヤード場も，すべてのプレーヤーがプロのように熟達していないとすれば，それでもどのように計算して球を打つのかという，計算の側面を議論しなければ，現実の解明にはつながらないであろう。

このように新古典派経済学では明示的に議論されることのない計算の側面を，最初に体系的に考えた社会科学者の1人にウェーバーがいる。ウェーバーは，市場と企業の関係について，次のように説明する。

> 「市場で活動する企業家の資本計算およびその他の計算は，家計の行なう計算とはちがって，『限界効用』に指向するのではなく収益性に指向する。この収益性の機会は，終局的には所得事情によって制約され，またそれを通して消費財の最終消費者による処分可能な貨幣所得の限界効用の布置によって制約される」（ウェーバー／富永訳, 1975, 339 頁）

ウェーバーの説明で重要な点は，経済の行為主体として企業と消費者を分けていること，そして，前者は資本計算によって規定されており効用最大化原則とは異なることが指摘されていることである。ウェーバーのいう資本計算とは，基本的に企業における会計計算と同義で，会計計算によって企業は合理的な行動ができるとし，このような性質の合理主義を形式合理主義として定義する。この視点は，『プロテスタンティズムの倫理と資本主義の精神』でも貫徹しており，「厳密な計数的予測の基礎のうえにすべてを合理化し，経済的成果を目標として計画的かつ冷徹に実行にうつしていくことが，資本主義的私経済の根本的特徴の一つとなっている」（ヴェーバー／大塚訳, 1989, 92 頁）と述べ，それが資本主義の精神となっていく過程を分析している。

しかし一方で，ウェーバーは，資本主義の精神の合理性が，「幸福主義的な利己心の立場からすればはなはだ非合理」（同 94 頁）であることも認めている。この点について，現在の脱成長経済研究の思想的源流にもなっている哲学者ゴルツ (Gorz, A.) は，ウェーバーの議論に言及して，「『資本主義の精神』の新しさ，それは，帳簿以外の思慮をすべて無視する狭量さ，資本主義的起業家がそれによって経済合理性をその極限まで押し進める一元的な狭量さなのである」

(ゴルツ／真下訳, 1997, 37頁）と指摘し，その人間への影響を「経済合理化は，会計計算から始まる。この下に服さない限り，人間の活動は経済合理性を免れ，生活の時間や流れ，リズムと融け合っている」（同184頁）と説明する。[8]

このようにウェーバーが，厳密な計算が資本主義の駆動力であることを強調するだけでなく，そのような計算によって構築された合理性（形式的合理性）が人間の本性にとって非合理であると指摘していることは，計算と人間の関係を考えるうえできわめて示唆に富む。しかしながら，ウェーバーは，企業とは違って最終消費者は「効用」に従って行動するとし，これを実質的合理性として形式的合理性と対比させているが，現代社会においては，消費者の行動も単純な実質的合理性から構成されているわけではない。複雑な金融市場の例を引くまでもなく，きわめて日常的なクレジット・カードでの取引やネット取引の背後にある計算アルゴリズムを想像すれば，消費者もまた，一般には目に見えない計算制度の網の目の中に絡めとられてしまっていることがわかる。しかも，日常的に流される無数の広告・宣伝は，私たちの身体に有形・無形の判断パターンを植え付けようとしており，どこまでが自分自身の判断なのか峻別することさえ困難になってきている。つまり，消費者といえども，合理的な選択はできないのである。

このような現代社会の状況下において，合理的な選択に代替する計算実践を解明することの重要性は明白であろう。この点について，フーコー（Foucault, M.）は，計算のメカニズムを明らかにすることが経済分析の任務であると指摘し，次のように主張する。

「経済学の任務，それは人間の行動様式についての分析であり，人間の行動様式の内的合理性についての分析です。分析が明らかにすべきこと，それはどのような計算がなされたのかということです。すなわち，無分別な

---

8 ただし，ウェーバーが計算による形式的合理性を強調した背景には，それが資本主義以前の宗教的権威に代置されるという理解があることを見落としてはならない。ゴルツ／真下訳（1997）はこの点について，「宗教制度の腐敗によって，規範や宗教，道徳への確信といったものが荒廃し，代わって計算が革新の中心的な源泉として登場した」（190頁）と説明する。また，ブルデュー／原山訳（1993）は，アルジェリアに移入された資本主義の計算が，いかに共有を前提としていた旧社会の精神を破壊していったかを克明に記述している。

ものかもしれず，盲目的なものかもしれず，不十分なものかもしれないとはいえ，そうした計算こそが，一人の個人あるいは複数の個人に対し，希少資源をしかじかの目的に割り当てようと決めさせたのであり，その計算がいかなるものであったのかを明らかにするのが経済分析であるということです」(フーコー／慎改訳, 2008, 274 頁)

なぜフーコーが計算に注目するのか。それは，「権力の行使は，賢明さに従ってではなく，計算に従って規則づけられる」(同 384 頁) からである。フーコーによれば，「力の計算，関係の計算，富の計算，支配力というファクターの計算に従って，権力の行使が規則づけられ」(同)，それが合理性に基づいた統治として，統治テクノロジーの近代的形式を形成するのであり，そのため合理性を形成する計算の役割が決定的に重要になるのである。この合理性は，ウェーバーの言葉を借りれば形式的合理性である。計算は合理性のための形式であるが，この形式が遂行的に作用することで経済が動くのである。

このような理解に立てば，経済の現実は，フリードマンのビリヤード・プレーヤーの例とは異なり，行為の結果から行為を類推することができないことがわかるであろう。もちろん，プレーヤーの内面に張り巡らされた計算の網の目を解読することは本人でも容易なことではない。しかし，それが社会を駆動するメカニズムであるとすれば，新古典派経済学のようにそれを前提として考察の対象から排除するのではなく，前提そのものの解明に向かうことが求められるはずである。しかしながら，実際に社会で遂行されている計算実践を取り出すことは，運転中の車の中身を見るようなもので簡単ではない。そのためには周到に準備された方法とそれに基づく分析が必要である。次節では，このような視点から努力を重ねてきた，計算に対する 2 つの中心的学派である「計算の社会学派」と「計算の会計学派」の理論的特徴を検討していきたい。

4 計算の社会学派──計算から市場へ

「計算の社会学派」とは，おもに社会学的視点から計算実践を研究するスクールに対して，筆者が付した名称であるが，その中心人物は前述のラトゥール

とカロンである。周知のとおり，彼らはともに ANT を創始し，科学技術社会論をはじめとして社会科学の幅広い分野に影響を及ぼしている研究者である。ANT は，社会現象を人間以外も含む数々のアクターの相互関係から形成されていると見る理論で，当初は社会構築主義的な科学技術社会論として登場してきた（Latour, 1987；上野・土橋, 2006）。そこでは，科学のような確固たるように見える理論も，実は，科学者，実験器具，装置，学生，理論などが織りなす，偶然のネットワークによって形成されるものであることが強調される。しかも，このネットワークは静的なものではなく，ネットワーク独自の運動を続けることで，構成要素を再定義しつつネットワークそのものを再構成する動的なものである。[9]

ラトゥールが考えるネットワークは，アクターを動員するプロセスを内蔵しており，そのプロセスは翻訳（translation）と呼ばれる。翻訳とは，ラトゥールによれば，「因果関係によるものではなく，2つの媒介者を共存させるように誘導する関係」（Latour, 2005, p. 108）と定義される。すなわち関係がなかったアクターが，何らかの関係を結ぶとき，それは相互の関心が「翻訳」されて関係が形成されると見るのである。このような翻訳にはいろいろなものがあるが，その中でも計算は翻訳の最もわかりやすい例であり，しかも実際に最も強力な手段の1つである。

たとえば，英語の能力を試験によって数値化するとき（能力を数値に計算＝翻訳する），英語教師，学生，教材，試験問題，点数等は1つのネットワークを構成し，英語の試験の点数を向上させるような行為を促進することで，アクター間の再定義が行われ，活動が続いていくことになる。そして，もしこのような試験が社会的に実施され，試験の結果が実施本部に保管され，その結果に基づいて学生の進学や就職などが決定されるとすれば，計算の結果がある1点に集中して蓄積され，そこからアクターに対する影響力の行使が可能となる。これが計算中心点（centers of calculation）であり，ラトゥールによる ANT の鍵概念の1つである（Latour, 1987）。

9　ANT は，もともとの科学哲学や社会学の領域を超えて，組織論や会計学を含む社会科学全般に影響を及ぼしている。たとえば，ANT と組織論に関しては Czarniawska and Hernes（2005）を，ANT と会計学に関しては Justesen and Mouritsen（2011）を参照されたい。

計算中心点は至るところに存在し，さまざまなアクターを動員し続けるネットワークの中心となる。ラトゥールはもともと科学技術社会論の世界でこのネットワークを考えてきたが，それは科学の世界だけに限られるものではない。たとえば，証券会社のトレーディング・ルームは投資家を動員し続ける中心であるし，会社の本社は社員や資源を動員し続ける中心である。そのいずれの中心点においても，独自の計算の方程式があり，その方程式が動員の原動力である。ラトゥールはこの点について，次のように説明する。

「動員過程なしに方程式を理解することはまったく不可能であるが，にもかかわらず，方程式は科学のネットワークの真の核心であり，観察し，研究し，解釈することが事実や機構の場合よりも重要である。なぜならば，方程式はそれら事実や機構のすべてをまとめて計算の中心の内側へ引き寄せているからである」(Latour, 1987, pp.240-241, 邦訳406頁)

このようにラトゥールの理論では，アクターを動員し，ネットワークを構成し，再構成し続ける活動の中心に，計算が位置づけられているのである。ラトゥールによって，計算実践は新たな研究領域として提示されたといっても過言ではない。ラトゥールの貢献は，科学はいったん構築されてしまうと，そのプロセスがブラックボックス化してしまうことを見抜き，その構築プロセスを動的に捉えることで，ブラックボックスを開くことにあった。そして，ブラックボックスの中には，いろいろな計算が詰まっていることも示された。次に，その計算をどのように取り出せばよいのかという問題は，ラトゥールの同僚カロンに引き継がれることになる。

カロンは前述のようにラトゥールとともにANTの創始者として知られているが，ラトゥールがどちらかといえばマクロ的に議論を進めていくのに対して，カロンはラトゥールが切り開いた概念をよりミクロ的に分析し，きめの細かい議論を行って，理論の現実への適用可能性を高めてきた。そして，研究の軸足も，科学や技術の研究から，市場とそれを構成する計算の研究へ移してきている。カロンの計算理論は，多くの専門用語によって創り出された難解なものであるが，基本的に，計算という行為の説明と計算行為を可能にする装置の説明

から構成されている。この点を意識しながら，カロンの思考を辿っていこう。

カロンの計算についての主張が最も体系的にまとめられたものは，ムニエサ (Muniesa, F.) との共著論文（Callon and Muniesa, 2005）であろう。この論文は，「計算集合的装置としての経済市場」という題名が付けられているとおり，経済市場を複数の計算からなる集合的装置として捉えている。カロン゠ムニエサは，「市場の有効性は，それが複雑な計算を可能にするという事実から生じるもので，それは純粋な理論だけでは解くことのできない問題に対する実践的な解答を提供する」(p. 1229) と指摘する。カロン゠ムニエサは，この論文において，主体が独立して計算可能であるとする新古典派経済学と，観察された事象に基づいて計算が選択に対する事後的な合理化の手段であるとする社会学や人類学のどちらの立場も排して，独自の計算の理論の構築をめざしている[11]。そこで，彼らは，計算可能な財，計算する行為能力（agency），計算の結果としての交換，の3つの側面から市場を理解する理論を構築する[12]。

カロン゠ムニエサによれば，財が計算可能になるためには，第1に対象とされる財が他のものから分離されて対象化（objectification）され，第2にそれに対して単一の数字を与えること（singularization）が必要で，この2つは同時に生起する（Callon and Muniesa, 2005, p. 1234）。財がこのようにして計算可能になるということは，さまざまなアクターの相互作用の結果であり，当然このアクターは人間だけではなく，人間ではない装置も含まれる。カロン゠ムニエサは，複式簿記を例にあげ，非人間である複式簿記が計算行為能力を持つことを示している。このように，計算行為能力は人間や装置の中に分散して存在しており，それらが集合することで計算が実行される。そして，このような計算行為能力が計算可能財と遭遇することによって経済的な交換が達成され，市場が

---

[10] さらにカロンは，最近は計算の問題だけでなく，経済学が経済事象を編成するプロセスの研究にまで対象を拡張している（Caliskan and Callon, 2009；2010）。なお，ラトゥールも，タルド（Tarde, G.）の主著『経済心理学』（1902年）の再評価を行っており（Latour and Lépinay, 2009），経済学との関係に注目が集まっている。

[11] ただし，カロン゠ムニエサは，経済学，社会学，人類学の知見を否定するのではなく，それらを包含した理論的立場をめざしている。

[12] このような視点からすれば，当然のことながら計算と判断は分離しにくくなる。この点についてカロンらは，判断を含む計算概念として，qualculation という概念を提唱している（Callon and Law, 2005）。

成立する。そして，この一連の実践を可能にするものが，計算アルゴリズムによる布置（calculated algorithmic configuration）であると説明する。

このようにカロン＝ムニエサの計算理論によれば，市場とは，計算可能財，計算行為遂行能力，そして両者が遭遇するための計算アルゴリズムの3つの要素から成立する集合的装置ということになる。当然のことながら，この3つの要素は相互に独立のものではなく，特定のネットワークの中で成立するものであるが，そうなるとそのネットワークを構成する具体的な要素は何かという問題と，ネットワークを編成する原理は何かという問題が浮上する。カロンはネットワークの編成原理としてフレーム化理論を提唱し，フレーム化の根拠として社会技術アレンジメントの概念を置くことで，計算実践が生起する計算空間である市場および社会の解明をより具体的なものとしている。さらに別の論文では，この社会技術アレンジメントがオーバーフローを加速する傾向を持ち，イノベーティブなアクターとの相互作用によって，新しい社会的アイデンティティを持つアクターを創り出す作用がますます強まっていると論じている（Callon, 2007）。

計算実践の行為能力は，人間や技術の中に分散して存在しているが，特定の行為能力が発現するためには，それらを結合させる特定のフレームが必要である。すなわち，「契約を締結し，商業的取引を有効に遂行するためには，チェスのゲームの場合と同じように，それなしでは合意に達することのできない活動のフレーム化が前提とされる」（Callon, 1998b, p.250）。しかも，このフレームは固定されたものではなく，つねにフレームから溢れ出るオーバーフローが生じており，このオーバーフローをフレームの中に取り込むことでフレーム自身が再構成されていくのである。当然のことながら，オーバーフローをフレームの中に入れるためには，その対象は測定可能でなければならず，そのために何らかの社会政治的パワーが介在することになる。[13] ちなみに，現代社会における市場の拡張は，このオーバーフローを計算可能にしてきたプロセスにほかならない（Caliskan and Callon, 2010）。

---

[13] この問題は，行為の側面から見れば，オーバーフローという「もつれ（entanglement）」の「解きほぐし（disentanglement）」の問題として捉えることができる（Callon, 2005）。

このようなフレームは根拠なしに存在しているのではなく，市場のルール，法規制，複式簿記，コンピュータのような規則や技術などに基礎を置いている。それが市場の装置であり，装置は社会技術的に構成されたアレンジメント[14]として成立している（Muniesa, Millo and Callon, 2007）。そして計算実践は，このようなさまざまな社会技術アレンジメントを選択的に利用するフレームのもとで成立し，さらにそれが計算実践を可能にする高次のアレンジメントを形成するのである。したがって，カロンの研究の焦点は，「計算（量的なものも質的なものも含む）を可能にするアレンジメントとそれを不可能にするアレンジメントの区別」（Callon and Muniesa, 2005, p.1232）に向けられることになり，「社会技術アレンジメント概念によって提供される理論的フレームワークは，市場に参加する計算行為能力の計算的備えの多様性を考慮することを可能にするのである」（Caliskan and Callon, 2010, p.12）。さらに，この計算アレンジメントの問題は，経済体制にまでおよぶ重大なものと認識されており，ラトゥール゠カロンは「体制を編成する資本主義と前資本主義の間の唯一の相違は，計算として組み入れられるものと組み入れてはならないものの相違と関係している」（Latour and Callon, 2011, p.181）とまで主張している。

　本節では，「計算の社会学派」として，ANTの創始者であるラトゥールおよびカロンらの計算理論を検討してきた[15]。ラトゥールによって切り開かれた計算の問題は，カロンらの理論的努力によって，具体的な計算実践の問題として分析することが可能になったのである。彼らがめざしてきたことは，もともとは科学や技術というブラックボックスを開けることであったが，近年カロンらの研究関心は市場というブラックボックスに移り，ブラックボックスを開けた後の市場を，計算実践を遂行する集合的計算装置として見ることを可能にした

14　アレンジメントとはagencementの訳語であり，これはドゥルーズ（Deluuze, G.）とガタリ（Guattari, P-F.）によって展開された概念に依拠している。ドゥルーズ゠ガタリ／宇野ほか訳（2010）によれば，アレンジメントとは，さまざまな要素から成立する「1個の多様体」であり，多が1個の全体に帰属すると同時に，1個の有機体が多の中に解体されていく状況を示すキーワードである。

15　本章では十分議論できなかったが，カロンと理論的立場を共有する有力論者にマッケンジー（MacKenzie, D.）がいる。マッケンジーは，経済モデルが市場を形成する遂行的な役割の研究で重要な業績を残している（MacKenzie, 2009）。また，ポーターも，数値が持つ客観性が独自の信頼性を獲得し，専門組織を創り変えていくさまを描き出している（Porter, 1995）。

のである。実際にカロンは、このような分析視角から排出権取引市場（Callon, 2009）や金融市場（Lépinay and Callon, 2009）などの具体的な分析を展開している[16]。

ではなぜ彼らはここまで熱心に市場のブラックボックスを抉じ開けようとしているのか。その最終的な目的は何なのか。この問題を考える前に、もう1つの計算学派である「計算の会計学派」の思考を検討しよう。

5 計算の会計学派──計算から組織・社会へ

会計は組織の経済計算手段であり、それを対象とする会計学では計算方法がかつては学問の中心であったが、現在の姿はかなり変容している。その契機は、今から半世紀前にアメリカ会計学会が、会計学の中心的課題を会計情報の意思決定有用性として規定したことで（American Accounting Association, 1966）、それ以来、会計学は伝統的な計算方法の研究から会計情報利用者の意思決定有用性の研究へと軸足を移してきた。このような思考は新古典派経済学と親和性が強く、会計利用者の意思決定の結果さえあれば研究することが可能で、経済学研究と同じく意思決定プロセスはブラックボックスに入れることができる。新古典派経済学的会計研究はアメリカを中心に主要ジャーナルを占有するようになり、現在では会計学界における最も支配的な学派を形成している。しかし、そこでは結果としての会計情報の有用性が議論されるのみで、どのようなプロセスを経て会計情報が算出＝産出されて利用されるのかという最も会計的な側面は主要な分析対象から後景に退いてしまっている（Hopwood, 2007）。

このような状況に警鐘を鳴らしたのが前述のホップウッドで、彼は会計を組織的かつ社会的現象として捉え直すことを主張して、1976年に *Accounting, Organizations and Society*（AOS）誌を創刊してトップジャーナルに育て上げ[17]、会計学における新しい研究動向を立ち上げた。ホップウッドを中心とする研究

---

[16] さらに、ラトゥールやカロンの理論的影響を受けた研究者が2013年に *Valuation Studies* という専門誌を創刊し、具体的な計算や評価実践に関する研究が蓄積されつつある。

[17] AOSは会計学のトップ5のジャーナルの1つに数えられ、会計研究に哲学、社会学、心理学、組織論などの学際的な方法論の導入を奨励するが、トップ5の他の4つのジャーナルはすべて新古典派経済学をベースにした会計研究を中心とするものである。

スクールは，会計の組織や社会に対する構成的な影響とそのような会計計算を可能にするコンテクストの究明に向かうことになり，そこでは会計計算そのものに焦点があてられるようになる。ホップウッド自身も，会計を社会・組織的コンテクストから分析する研究を進めたが（Hopwood, 1988），現在は彼を引き継いでミラーとパワーによって精力的に研究が進められている。[18]

　ミラーやパワーの議論は，カロンのような計算実践を分析するためのフレームワークの構築と比べて，より具体的な会計実践に対する分析として展開されることが多い。ミラーは管理会計を，パワーは財務会計および監査を専門とするため，主として，ミラーは組織における会計実践を，パワーは社会における会計実践を対象に議論を展開するが，そこでの共通のテーマは会計による統治性（governmentality）の究明に向けられる。統治性とは，フーコーが提起し（Foucault, 1979），その生涯を賭して究明しようとした問題であるが，ミラーやパワーはこの問題を組織および社会における会計実践を通して分析する。

　ミラーは，オリアリー（O'Leary, T.）との共著になる代表的な論文「会計と統治可能人の構築」において，20世紀初頭のアメリカを分析して，当時生成した予算統制や標準原価管理という会計計算が，計算と責任を結びつけることによって，人間を統治可能な主体として構築してきたことを明らかにし，「会計はその勢力範囲を拡大して，人間を受託責任のみならず，能率を目指した計算実践の網の目の中に絡ませる」（Miller and O'Leary, 1987, p.241）と主張する。ミラーはその後も，未来を割引計算するDCF法（Miller, 1991）や責任に自由裁量の余地を取り入れたキャタピラー社の管理手法（Miller and O'Leary, 1994）などを分析し，具体的な会計計算が企業を組織化し，人間の経済生活を統治していくことを解明した。すなわち，ミラーによれば会計計算とは，人間や組織およびその関係性が持つ能力に影響を与え，その関係性を変化させ，人間の行為に影響を与えるものである。そしてその影響の方向性が統治性として理解され，「計算実践は，"統治のテクノロジー"として，すなわち統治のプログラムが形成され発動するメカニズムとして，分析されるべきである」（Miller, 2001, p.379）[19]と主張する。

　18　ミラーは社会学，パワーは哲学の博士号を持つ，会計学者としては異色の研究者である。

このプログラムとテクノロジーという概念は，ミラーとパワーに共通する方法論的な分析視角で，社会的に設定された抽象的な統治プログラムを会計というテクノロジーが支援するという構図になっている。この点は，フーコー（1977）の権力と知の共犯関係を会計現象に適用したもので，ミラーらの方法論の重要な特徴となっている（國部，1999；2002）。実際にミラーは，カロンらと自らの方法論的な相違について，計算実践を可能にするプログラムの側面を識別する点で相違していると指摘し，カロンらの計算理論においては経済学も財務理論も会計学も同一の計算実践として見なされているが，会計計算は組織における経済生活により具体的に作用する点で他と異なると主張する（Miller, 2008, p.53）。

ただし，ミラーも近年の研究においては，こうした統治性に基づく現代社会に対する批判的な視点を以前のように強調することは少なくなり，むしろ会計計算が，科学と技術と経済を媒介したり，医療と財務を媒介したりすることで，組織の境界を越えて，ハイブリッドな構成体を創造していく側面に注目するようになってきている。たとえば，インテルにおいて，創業者が提唱した「ムーアの法則」とその具体化の手段である「技術ロードマップ」が，多くのアクターを巻き込んで「媒介手段（mediating instruments）」として機能することで，新しい投資や市場を創り出していくプロセスを明らかにした（Miller and O'Leary, 2007）。また，このようなハイブリッドがリスク・マネジメントを中心に編成される傾向を上述のインテルやパブリック・セクターにも見られることを示している（Miller, Kurunmäki and O'Leary, 2008）。これらの研究にはカロンらの方法論との親和性が強く見られる。

ミラーが管理会計の領域で組織内部の会計計算に注目したのに対して，パワーは，財務会計や監査のような組織と社会の間に存在する会計計算や管理手法に注目する。彼は，主著『監査社会』（Power, 1997）において，企業活動をコントロールする監査という統治手段の根拠である会計計算とその検証の手続きが，手続きによってしかその正当性を証明しえない「儀式性」を持つことを明

---

19 ミラーは統治のテクノロジーの側面としての計算の研究を LSE の社会学者ローズ（Rose, N.）と共同で行っており，両者の長年の研究成果は著書（Miller and Rose, 2008）としてまとめられている。

らかにしている。その10年後の著書『組織化された不確実性』(Power, 2007)では，リスク・マネジメントが，不確実性をリスクとして計算可能なものとすることで社会を組織化し，本質的に計算できない問題を統治できるように見せかける管理主義を批判的に研究している。これらのパワーの主張は，2001年のエンロン事件や08年のリーマン・ショックによって，その正しさが事後的に証明されることになる。

またパワーは，現在の会計学のホット・トピックである公正価値会計にも論及し，公正価値会計の根拠が，金融経済学に権威を与えた文化，デリバティブ会計への対応の必要性，貸借対照表の根拠の法律から経済への移行，世界統治機構の一翼を担うアクターとしての会計基準設定者の登場という，4つの条件から構成されると主張する (Power, 2010)。このような公正価値には本質がなく，それをとりまく非人間を含むアクターの関係性で成立しているという主張は，ラトゥールやカロンらの方法論ときわめて近い関係にある（美濃島，2013参照）。

パワーはこのように具体的な会計問題について議論することが多いが，その会計計算に対する理論的な立場は，論文「数えること，管理，計算」(Power, 2004) にまとめられている。パワーは，そこで，計算実践における測定の基礎について深く考察し，それらは本質的に論争的なものでありながら，いったん確立されると，自然で自明のものとなり，「その制度的性格はますます見えにくくなり，計算は常識やベスト・プラクティスとして現れることになる」(p.768) と指摘する。したがって，会計というブラックボックスを開くことがパワーの目的にもなるのである。

そのためにパワーは，測定の概念をより精密に分解しようとし，第一次測定と第二次測定という区分を提唱する。第一次測定とは，「計算することを可能にする分類の制度」(Power, 2004, p.771) であり，いったん確立されると自明視されてしまうが，本質的には多くの交渉の結果構築されたものである。これは，カロンのいうところのアレンジメントの1つである。これに対して第二次測定とは，数字のさらなる加工であり，統計や数学的な手法で比率や指標を創造していく局面である。第一次測定は測定されるべき領域が専門家によって創り出されていく局面であるが，第二次測定は第一次測定から切り離されて数字

が加工されていく局面であり，計算の結果としての数値が利用される場面である。つまり，第一次測定では本来論争の的であった測定方法が，第二次測定ではその論点がブラックボックス化されて進行することになる。そして，多くの場合，第二次測定は新たな専門家集団を産み出して自己運動し，その自己運動は第一次測定とは別に実体化されていくことになる。

　パワーの問題関心は，ミラーと同じく会計計算による社会の統治にあり，第一次測定と第二次測定を分離することによって，財務分析や監査が第二次測定として成立し，それが社会的な管理手段として，その本質をブラックボックス化することで，よりいっそう容易に社会を組織化する様相を描き出している。「その結果，私たちはおそらく機能的に必要とされる以上により多くのものをより詳細に測定するのであり，そうなるのは，技術的というよりも，しばしば文化的・心理的理由からなのである」（Power, 2004, p.780）。したがって，第二次測定に依存する社会は，一見，リスクを軽減しているように見えて，目に見えないリスクを蓄積することで，実はリスクを高めている面がある。このことは，サブプライム・ローンの破綻に起因する 2008 年の金融危機にも如実に表れており[20]，パワーはこの問題に関して全社的リスク管理（ERM）におけるリスク許容度の計算に本質的欠陥があったことを指摘したが（Power, 2009），これこそ第一次測定の問題が第二次測定の局面で覆い隠された好例といえよう。

　さらに最近ミラーとパワーは，経営学者を主な対象者とする *The Academy of Management Annals* に「会計・組織化・経済化――会計研究と組織理論をつなぐ」というタイトルの論文を寄稿している（Miller and Power, 2013）。この論文では，会計の主要な役割を，領土化（territorializing），媒介（mediating），裁定（adjudicating），主体化（subjectivizing）の4つとして捉え，この4つの役割のもつれた網の目（entanglement）が，「多くの国家的背景のもとで今日の社会・経済生活に対する，最も強力な表現形式」（p.558）として作用すると主張している。ミラー＝パワーは，この4つの役割の網の目を会計複合体（accounting complex）と名付け，会計複合体が組織生活の経済化を創り上げ制度化する

---

[20] 自然災害が原因とはいえ，2011 年の東日本大震災に起因する福島第一原子力発電所の事故も，最も基底的なリスクをブラックボックスにしたまま，原子力発電所を建設し続けることで，リスクを蓄積させて爆発させた帰結でもある（國部，2011 参照）。

メカニズムであることを指摘する。

　ミラー゠パワーは,「会計複合体」の「複合体 (complex)」は, フーコーが考案した近代社会を統治する「装置 (仏 dispositif；英 apparatus)」という概念の意訳であると説明している。フーコー自身の装置に関する説明によれば, 装置とは諸要素間のネットワークであると同時に, 卓越した戦略機能を持つ編制体であり, 装置は自らを構成し, 自らを維持する機能を持つものである (フーコー／松浦訳編, 2000, 410-411 頁)。そうであれば, 会計複合体が持つ戦略機能とは何かということが次の問いとして示されることになる。先に議論した統治性はこの装置から産み出される効果である。この点に関して, ミラーやパワーは一般的な議論の展開は極力控え, 個別の会計実践の中からその目に見えない戦略機能を暴く方法をとっている。[21] たとえば, パワーはフーコーの装置の概念を不正リスクの問題に適用して論じており, 不正リスクへの対処方法そのものが, 装置の一部としての統治の文法 (grammar) になっていると主張している (Power, 2013)。

　ミラーやパワーらの議論は, 会計計算という計算実践を対象とし, 計算行為や理論に内在する遂行性に注目して, その社会的な影響力を分析している点でラトゥールやカロンらと共通する。ただし両者は, カロンらが市場を組織化する計算全般を研究対象とするのに対して, ミラーやパワーは組織や社会を組織化する手法として会計計算を研究する点において特徴を異にする。しかし, その目的は, カロンらは市場というブラックボックスを開くことにあり, ミラーとパワーは組織や社会の組織化手段である管理制度というブラックボックスを開くことにあるという点で共通する。すなわち, 現実の生活を創造するメカニ

---

[21] 哲学の世界でも, これは世界統治にかかわる現代社会における重要な問題として認識されており, イタリアの哲学者アガンベン (Agamben, J.) は, フーコーの装置概念を引き継ぎ, 「(装置による) 世界統治は, 世界を救済するどころか, 世界を破局へと導いていく」と警鐘を鳴らし, 諸装置によっては,「統治され得ないものに光を当てる」ことでこの問題に対処せよと主張する (アガンベン／高桑訳, 2006, 93 頁)。この議論を計算の文脈に位置づければ, 計算は計算不可能なものと対比されて, はじめて計算の自動運動から脱却できると考えられる。この問題は, デリダ (Derrida, J.) やナンシー (Nancy, J.-L.) らによる計算の可能性と不可能性の問題系につながっている (デリダ／堅田訳, 1999；ナンシー／渡名喜訳, 2012；國部, 2014)。なお, アガンベンの装置論の会計学の文脈における議論については, Huber and Scheytt (2013) を参照のこと。

ズムでありながら，一般にはブラックボックスに覆われているものを開くことを目的として，実際にその中身が計算装置であることを示し，それが実践を駆動することで市場や組織や社会が構成されていることを明らかにした点で，両者は共通しているのである。

では，なぜ彼らはこのようなブラックボックスを開こうとしているのか。ブラックボックスを開いた後で，向かうべき方向性はどこにあるのか。最後にこの問題を検討しよう。

6 市場・組織・社会を計算実践として開く意義

カロン＝ムニエサは，自らの研究から得られる1つの重要な可能性として，「経済市場によって生み出される政治的な疑問や批判を一新する能力」(Callon and Muniesa, 2005, p.1245) をあげ，そこで最も重要な問題とされるのが，市場における正義や平等の問題であり，人間関係の破壊の傾向であると指摘する。そして彼らは，「行為の唯一の可能性としての計算」に注目して，次の3つの可能性が示されたと主張する。すなわち，「第1に，価値を計算し合意に至るには多様な方法が存在するということを示したこと，第2に，ある行為能力が計算から取り除かれたり，他のものが最も強力な計算ツールになったりすることを経験的に観察可能かつ理論的に分析可能にしたこと，第3に，計算を組織化する方法（あるいは特定の計算を除外する方法）について，オープンな討議や公的な議論を可能にすることを示唆したこと」(p.1245) の3点である。

つまり，カロンらの議論は，ブラックボックス化して目に見えなかった市場を駆動するメカニズムを計算実践として目に見えるようにすることで，計算を生み出す装置とそれを可能にする社会的アレンジメントを議論することを可能にしたのである。しかも，この点から具体的な計算実践を分析すれば，ある種の計算を可能にする社会的アレンジメントは必然的にそのように構成されたのではなく，さまざまな（非人間を含む）アクターの一定の関係性によって偶然構成されてきたことが明らかにされるので（これがブラックボックスを開く効果である），計算とその結果としての市場はつねにそうでなかったものとの対比で検討することが可能になる。このことによって市場に対して関与できる可能性

が高まり，市場は市民化もしくは民主化されることになる（Callon, 2009）。もともとラトゥールやカロンらは科学技術社会論からスタートし，科学者という専門家に占有されてきた科学や技術を社会に解放することを追求してきたが，このような試みは科学や技術の民主化に通じるものであり，その思考が市場にまで拡張されたのである。

さらに彼らは，市場にとどまらず，民主主義の民主化までも射程に収めた議論を展開している（Callon, Lascoumes and Barthe, 2009）[22]。民主主義もさまざまな計算装置から構成される制度であることは市場と共通しており，つねにそうではなかったものへの可能性に開かれている。これは，どのようにでもなりえたという不確実性を「確実」であるかのように仮構してきた計算制度のブラックボックスを開けたことによる当然の結果である。その根源的な不確実性は克服不可能なものである。そこでカロンらは，この本質的に不確実な世界では，慎重性の原則（precautionary principle）に基づいて行動せよと主張する。つまり，世界はつねに多様な可能性に開かれている以上，意思決定は簡単になされるべきではなく，十分な討議を経たうえで慎重に進められるべきであるとされる[23]（Callon, Lascoumes and Barthe, 2009, ch.6）。

カロンらの問題提起は民主主義の根幹にかかわるものであるが，その背景には現代社会においては正義や平等が経済市場によって損なわれているという事実がある。この問題を，その原因である市場のメカニズムを考慮の外においていくら議論しても徒労に終わるだけであろう。しかも多くの場合は，市場は政治や専門技術に守られて一種の聖域になっている。この問題を克服するためには，市場を形成している計算装置を摑み出して，議論の対象としなければなら

---

[22] 同様の問題意識を持つマッケンジーも金融市場というファイナンスのブラックボックスを開くことを目的とし，ブラックボックスを開けることで多くの人々の関与が可能となるところに研究の意義を主張している。これも民主化の方向性を志向する考えである（MacKenzie, 2009, p.186，邦訳207頁）。

[23] このような民主主義に対する立場について，ハーバーマスとの親近性を問われたカロンは，ハーバーマスやロールズ（Rawls, J.）あるいはアーレント（Arendt, H.）も「公的空間にかかわるアクターやエージェントを話者，すなわち自由に討議するアクターに還元してしまう」が，彼自身は「オーバーフローによって創造され，行為が遂行される周辺領域のグループや社会的アイデンティティを考慮する」点で異なると主張している（Barry and Slater, 2002, p.303）。すなわち，これまでの民主主義に関する言説でも見落とされてきた非人間も含むアクターを取り込むフレームワークこそ，カロンらの議論の重要な特徴なのである。

ない。これこそカロンらがめざす方向である。

　ミラーやパワーの場合は，カロンらほど明確に将来の方向性を語ってはいないが，本質的に彼らの議論は現代社会の管理主義的特徴に対する批判的検討であり，それを乗り越えるための方向性を模索していることは明らかである。たとえば，パワーは，営利組織のみならず公的組織を含めたあらゆる場面における監査や業績評価の拡張に対して，次のように対抗策に言及している。

　　「高度に洗練された監査手続きから得られるベネフィットは被監査者に課せられるコストの負担とますます調和しなくなってきている。アカウンタビリティ概念の緩和は，同僚間での顔を突き合わせた形式のアカウンタビリティや，プロセスの階層を削減し組織的な対話を可能にする構造へ最大限戻すような業績概念によって補完されなければならない。（略）私たちはディスクロージャーや監査の公式の様式に対して健全な疑いを持ち，利害関係者と企業を結びつける非（財務）会計および非監査に基づく方法を試みる必要性がある。そこでは再び新しい言語が必要になる，業績測定はファシリテーションのような質的概念によって補完される必要があろう」
　　(Power, 1994b, pp. 43-44)

　パワーは，リーマン・ショック後のリスク・マネジメントのあり方にも言及し，リスク許容度を計算して管理していた全社的リスク管理のような計算に依拠した方法ではなく，BCM（business continuity management）のような計算数値を基盤としない組織横断的な手法に期待を寄せている（Power, 2009）。パワーはこのような提言をごく控えめにしか主張しないが，その思考の方向性が，会計計算による一元的な管理から，非会計的手段への転換もしくは補完にあることは明確であろう。計算実践が統治性のメカニズムに支配されており，それを克服する必要があるとすれば，それは計算できない領域の回復以外にありえないというのが，カロンも含めて，この領域の研究者の明示的あるいは暗黙の共通理解でもある。

　ただし，カロンやミラーおよびパワーらが，ともすれば批判的に検討している計算という装置は，実はリベラルで民主的な装置であることも見落としては

ならない。民主的とは，特定の人物に権力が集中せずに，誰にでもその可能性が開かれている状態であるとすれば，計算は測定方法が確立されているため，属人的なものではなく，公平で民主的な外観を保っている。たとえば，社長の主観的な評価で報酬が決まるよりも，業績評価システムに基づいて報酬を決めるほうが，民主的で公平な印象を与えるであろう。実際に，計算や監査の論理は，ハーバーマス（Habermas, J.）も指摘するように，不透明な属人的権力を透明化する力でもあった（ハーバーマス／細谷ほか訳, 1994, 47頁）。しかし，現代社会の不確実性の高まりは計算実践の高度化・複雑化をもたらし，その仕組みがブラックボックス化してしまうと，そこが再び不透明な権力の源泉となってしまう。しかも，リーマン・ショックの例を引くまでもなく，計算の連鎖によってリスクは累積的に高まる傾向にある。したがって，市場や組織や社会を計算実践として見るということは，計算装置に対する批判的視点をつくり出すことであるが，その最終的な目的は計算を放棄することではなく，計算できない領域を意識したうえで多様な計算を継時的に導入することによって，計算実践を民主的な方向へ再構成することである（國部, 2014；2015参照）。

7 おわりに

本章では，経済活動を計算実践として捉える意義を検討するために，ラトゥールやカロンらに代表される「計算の社会学派」と，ミラーやパワーに代表される「計算の会計学派」の理論的特徴を研究し，その意義を考察してきた。「計算の社会学派」は市場を中心に考えるのに対して，「計算の会計学派」は組織や社会を中心に考えるという違いはあるが，いずれも計算装置によって生み出される実践が社会の駆動原理であると理解する点で共通していることを示した。そして，市場や組織を組織化する計算実践を分析することで，ブラックボックス化される傾向の強いこれらの対象を開くことが，社会を民主化する道に通じることを指摘した。

現代社会では，新自由主義的思想のもとでの市場優先の政策によって規制緩和が進み，経済のグローバル化が極限まで推し進められつつある。その結果として不確実性が高まり，金融，環境，生活などのさまざまな側面でリスクが高

まっている。その弊害を感じつつも，対抗するための有効な手段が見あたらないというのが現状ではなかったか。それは問題を考える糸口が見つからないということでもある。業績評価システムの欠陥はすぐに見つかっても，業績評価がどのように人間生活に影響するかまでは理解が及びにくかったはずである。金融市場の膨張とそのリスクを叫んでも，どこにその根源的な問題があるのか，よくわからなかったはずである。本章で議論してきた計算に関する学問的蓄積は，このような問題群に対する重要な手がかりを提供してくれる。それは，経済学の主流派である新古典派経済学では決して開けることのできないブラックボックスを開けることを意味する。

　経済活動主体である企業を対象とする経営学や会計学は，まさにこの問題について研究を蓄積する学問的責務がある。「計算の社会学派」や「計算の会計学派」が開拓した計算を分析する視角をさらに発展させると同時に，1つでも多くの具体的な領域に適用して「隠された」社会問題を明らかにし，その改善への道を開く可能性を追求することが求められる。そのためには経営学と会計の連携が不可欠となる。本書が貢献すべき世界はそこにある。

第2章

勘定と感情
会計実践における目的志向性と感情性

澤邉 紀生

1 はじめに

　会計は，説明することで説明する対象を構築する実践である。複式簿記を基礎とする今日の会計実践では，取引（transaction）という時間軸上で生起する出来事（event）を，網羅的・持続的・体系的に認識・測定・記録・集計・表現・伝達することで，それなくしては存在しえない組織の全体像を構築している。会計実践によって，ヒト・モノ・カネといった組織の構成要素は，組織全体と体系的に関連づけられる。会計は，それら組織の構成要素が絶え間なく出入りすることでこそ，組織の自己同一性が保たれることを保証している。会計実践は，組織の構成要素が変わることで，組織としての自己同一性を生み出しているのである（江頭ほか，2010, 190-192頁）。

　会計実践を通じて，組織の全体像は社会的に存在する対象となる。組織の全体像は「取引」と呼ばれる「出来事」を会計的に認識するところから構築される。次々と生起するさまざまな出来事は，会計的に認識されなければ，時間の流れの中に消滅していく。取引として認識するに値すると「会計的」に定義された出来事のみが，会計実践によって組織という存在の一部となる。会計実践によって認識されなければ，どのような行動であろうとそれは組織の全体像の中に組み込まれておらず，またその限りにおいて，行動の担い手たる個々人も

組織とは結びつけられないままとなる。組織成員が組織の全体像と結びつくのは，彼（女）らの行動が会計上の取引として何らかの形で認識されるからであり，会計上認識されない行動は組織の全体像の一部とはなりえない。会計実践は，根源的なレベルで組織の全体像とその構成要素を結びつけている。

会計実践が，組織の構成要素と全体像を時間軸上で結び続けているため，組織の構成要素の1つである個々人（の活動）の意味も，会計上どのように認識され，組織の全体像と結びつけられるかによって影響を受けざるをえない。そして，目的を共有した個々人によって構成された集団という組織の基本的性質からすれば，組織を構成する個々人の意味は，組織の目的の実現にどのように貢献したかという合目的的な見地から評価されるべきであるのは自明である。目的志向性は，会計実践を通じて人々の営みに意味を与える土台となっている。

しかし，人々の営みに意味を与えているのは目的志向性だけではない。人間が感情的な動物でもあり，その人間によって社会が成り立っている以上，組織を構成する個々人の活動の意味は，個人や組織の感情的な側面を捨象しては十分に理解することはできない。感情や情動が，意識的な合理的意思決定に先行しそれを補完する無意識的な判断装置（Kahneman, 2011）としてだけでなく，実際にモノゴトを成し遂げていく動因となっている可能性を考慮すると（Collins, 2004），感情的側面は目的志向性とともに会計実践を通じて人々の営みの意義づけに深くかかわっていることが予想される。

本章では，明確な目的が設定されている組織的課題が，同時に，その課題にかかわる人々の感情的側面を揺り動かす活動に結びつくような事例を取り上げて，会計実践の目的志向性と感情性について検討する。事例研究にあたっては，参与観察も含めた詳細なフィールド調査を実施し，そこから得られたデータに基づいて考察を行う。

具体的な事例としては，金融機関の企業再生支援活動を取り上げる。考察の対象となる会計実践の場は，企業再生を支援している担当部署を中心とした金融機関と支援先企業の再生プロセスである。

再生支援を実施すべきかどうか，また実施するとすればどのように進めるべきかという課題は，金融機関にとっては経済合理的な計算によって判断されるべきものである。実際，再生支援に至るまでには，何段階にもわたる慎重な判

1 はじめに

断が行われることになっており，金融機関として，リスクを追加的に負担すべきかどうかについて経済合理的な計算を行っている。

一方，再生を求める企業側にとって，金融機関の支援を受けることができるかどうかは文字どおり死活問題である。再生案件の候補となるような企業は，実質的に破綻しているか，その瀬戸際にあるような企業である。そのような企業にとって，金融機関の支援を受けることができるかどうかは，経営者や従業員やその家族の生活にかかわる問題であり，生活基盤に根ざす感情的な側面は，いくら隠そうとしても表に出てこざるをえない。これは，企業を支援する側の金融機関の担当者にとっても同じである。再生支援部署においても，企業再生支援活動の感情的な側面が表出する。

後述するように，再生支援の判断は，支援候補企業の過去・現在・未来が，会計的にどのように表現され評価されるのかに大きく依存する。企業再生の物語は，会計的に「適切」な姿で表現されなければならない。支援を求める企業は，再生支援部署に対して自分自身の姿を会計的に伝え，再生可能性を納得してもらおうとしなければならない。それによって再生支援部署に支援するに値するという心証が形成されると，今度は金融機関内で，その企業再生支援の意義を経済合理的な計算として会計的に表現することで，再生支援部署が他部門（とくに審査部とトップ・マネジメント）に，認めてもらわなければならなくなる。

すなわち，金融機関の再生支援担当部署は，支援を求める企業に対しては再生可能性の判断を行うという死命を制する立場にある。同時に，金融機関内部において再生支援担当部署は，審査部門やトップ・マネジメントに対して支援先企業を代弁する立場にあるのである。このような審判者と代弁者という二重の役割を担う再生支援部門において，高い目的志向性とともに深い感情的側面がかかわってくることは想像に難くない。会計実践の目的志向性と感情的側面を検討する事例として金融機関の再生支援業務を取り上げるのは，このような理由による。問題は，会計実践の目的志向性と感情的側面が，どのような姿で現れ，互いに関係するのかということである。

これまでに会計実践の感情的側面を扱った会計研究はきわめて限定されており，本章は試行的な性格を持たざるをえない。したがって，本章の価値は，その議論がどれだけ正しいかではなく，どれだけ批判的な検証を生み出すかによ

って測定されるべきものだと理解している。会計実践という計算の力学の解明には，目的合理性や非合理性あるいは限定合理性といった目的志向性の側面からだけでなく，感情的側面からの理解が不可欠であり，本章がそのような方向での理解を進める端緒となることを願っている。

本章の構成は以下のとおりである。まず次節で，本章の分析枠組みとなる実践理論について，実践理論を用いた会計研究を紹介しつつ説明する。第3節で研究方法と調査の概要を述べ，第4節において金融機関の再生支援活動の事例を実践理論の枠組みを活用して説明する。第5節では事例の含意を考察し，第6節でまとめとする。

2 会計実践の目的志向性と多様性

近年，会計によって社会的現実が構成されているという見方をする研究アプローチの中で，制度派組織論やアクターネットワーク理論などに基づいた諸研究と並んで，「実践」として会計を理解しようというアプローチ（実践理論）からの経験的研究が行われ始めている（たとえば，Ahrens and Chapman, 2007 ; Jørgensen and Messner, 2010）。

実践理論という用語には多様な考え方が包含されているが，基本的には，行為主体性（agency）対構造（structure）といった二元論的な世界観からの脱却をめざすという姿勢のもとで，身体性や物質性を伴った一連の活動である実践に着目して研究を行うものである（Schatzki, 2001）。実践理論からの会計研究アプローチに共通する1つの問題意識は，会計実践が変転自在な多様性を見せつつも，一定の目的志向性を保っているのはなぜかという疑問である（Whittington, 2006）。これは，会計の設計主義的な側面と有機的な側面との結合がどのように可能になっているかの解明といってもよいかもしれない。

会計を「実践」として理解する研究アプローチは，会計を設計されたモノとしてだけではなく，実際に実践されるコトとしても理解することをめざしている。会計が活用され，またそれによって会計的に構成されている社会的現実を生きる人々の活動を理解するための1つのアプローチが，実践理論に依拠した会計研究なのである。したがって，ここにおいて会計は，名詞としてではなく，

まずもって動詞として理解される（Chua, 2007）。

　しかし，このアプローチは，会計が設計されたモノとしての一面を持つことを否定しているわけではない。むしろ，そのような一面がある可能性を認め，設計された会計が，現実の会計実践にどのような影響を及ぼしているのかを明らかにしようとする。つまり，会計を「実践」として理解するアプローチでは，設計されたモノとしての会計と，間断なく変化していくコトとしての会計を，一連の関係の中に捉えて理解することをめざしているのである。ここで，設計されたモノ的な性格を規定しているのが会計の目的志向性であり，そこにおいて会計は，典型的には組織のトップが設定する戦略課題（目的）を達成するべく設計された手段として位置づけられる。一方，間断なく変化していくコト的な会計の性格を規定しているのがそれぞれの現場の多様性であり，事前には予定していなかったような変化である。コト的な会計は，典型的には，組織の現場において，それぞれが抱えている個別具体的な課題に臨機応変に対応していくための手段として位置づけられる。組織の目的志向性の観点から会計に期待されている役割と，現場の多様性への対応を通じて果たされる会計の役割，これら両者の関係を視野に含めているのが，実践理論に基づくアプローチの特徴なのである（Ahrens and Chapman, 2007；Mouritsen, 1999；Vaivio, 1999）。

　先行研究の理論的枠組みの1つとなっているシャツキ（Schatzki, T. R.）の実践理論を用いたアプローチでは，現実の人々が営む実践は，物質的な条件（material arrangements）のもとでの，①規則や手続きといったルール，②目的の連鎖や感情からなる意味の構造（目的感情構造：teleoaffective structure），③現場の人々の有する「どのようにすればできるのか」についての実践的な理解から構成され，多様な一連の活動を生み出していると考える（Schatzki, 2005, pp. 471-472）。すなわち，実践理論は社会を見るとき，①ルール，②目的感情構造，③実践的理解から構成される「実践」が，「場（site）」となることで，継続性を持ちつつも変化する活動，統一性を持ちつつも多様性のある活動が生み出されると考えるのである。「実践＝場」の存在論を実践理論が持つというのは，このような理由による（Schatzki, 2005）。

　ここから，本章で解明しようとしている会計実践における目的志向性と感情性の関係は，実践理論の基本概念の1つである目的感情構造によって捉えられ

ることがわかる。シャツキの実践理論では，目的感情構造は，実践に社会的意味を与える構造であり，意味を形づくることによって実践が生み出す活動を統治（govern）していると考えられている。

目的感情構造は，目的論の次元（teleological dimension）と感情論の次元（affective dimension）の２つの次元から構成される。

目的論の次元は，ある時点の具体的な状況における個別の活動が「何のため」に行われているか，活動の意味を目的に対する手段として位置づけ説明するものである（Schatzki, 1996, p.122）。目的論の次元において，個別具体的な活動の意味は，究極的な目的から連なる因果連鎖と関連づけられて示される。

一方，感情論の次元では，個別具体的な活動の意味は，それが関係者の気持ちとしてどれだけ重要であるかによって与えられる。気持ちの問題は，時として目的を超越し，目的志向的な行動の性格を覆してしまう（p.123）。

ここで注意しなければならないのは，実践理論では，目的感情構造における感情論の次元は，目的論の次元と同様に，社会的な存在であると考えられていることである。実践を特徴づけるルール・目的感情構造・実践的理解はいずれも，実践＝場の参加者が習得するある種の客観的な精神状態（objective mental states）だと考えられている（Schatzki, 2005, p.479）。だからこそ，実践＝場における一連の活動を観察することで，そこでどのようなルール・目的感情構造・実践的理解がある種の客観的精神状態として共有されているかを経験的に確認することができるとシャツキは主張する（Schatzki, 1996, pp.118-121）。

実践理論を適用した代表的な会計研究である Ahrens and Chapman（2007）では，レストラン・チェーンにおけるマネジメント・コントロール実践が，トップ・マネジメントの設定した戦略課題（メニューのイタリア化）と各チェーン店の状況を結びつけ，一連の戦略的なインプリケーションを持った活動を生み出していることが示されている。そこでは，マネジメント・コントロール・システムが，目的志向性の構造を体現し，チェーン店の店長やエリア・マネジャーなどの実践的理解と結びつくことで，トップが設定した戦略的課題が，レストラン・チェーン全体では１つの方向性・ブランドを維持しながらも，それぞれの店舗において多様な実践を生み出しているプロセスが描かれている。同論文の新規性は，解釈学的な会計研究に「目的志向性」を組み込んだことにあっ

た。

　実践理論を適用したもう1つの会計研究である Jørgensen and Messner（2010）では，企業の研究開発活動において，さまざまな現場が，トップ・マネジメントの設定した戦略課題（モジュラー化）を出発点としつつも，それぞれの経験や専門能力によって，新製品開発マネジメント実践の多様性を生み出していることが示されている。この事例では，そのように戦略課題を達成する道筋がそれぞれの現場主導でボトムアップ的に描かれながらも，不確実性の縮減と目標の共有（goal congruence）が図られていた。それを促進したものこそ，研究開発管理手法であるステージゲート法でいうところの門番の役割を果たしていた，会計実践だったのだという。

　このように，Ahrens and Chapman（2007）と Jørgensen and Messner（2010）では，マネジメント・コントロール・システムや管理会計が，全社的な戦略課題と結びつけられつつも，多様性を持った一連の活動を生み出しているプロセスが分析されている。実践理論を援用することで，マネジメント・コントロール実践や管理会計実践における統一性と多様性の共在を，目的志向性を共有した現場の多様な活動の生成として描くことができているのである。

　本章では，マネジメント・コントロール・システムを，目的志向性の構造としてだけでなく，感情論の次元も持った構造として捉えることで，戦略的な課題と現場の活動がどのように結びつけられるのかを検討することとする。戦略的課題が，過去の延長線上にない未来の構築をめざして設定された課題であるならば，戦略的課題と現在の活動を結びつける試みは，根源的な不確実性に対する挑戦を含まざるをえず，その意味において感情論の次元が無視できない重要性を持つと予想されるからである。

3　研究方法と調査の概要

　研究デザインの設計にあたっては，上述のような会計実践における目的志向性と感情性の意味構造の理解という研究目的に照らし合わせ，研究方法としてケース・スタディ方法を採用し，理論的なサンプリング（Strauss and Corbin, 1998）によって選ばれた事例について体系的にデータを収集し，収集したデー

タは実践理論アプローチを参考にして整理し分析することとした。以下で詳しく説明しよう。

　まず，研究方法の選択においては，会計実践の意味構造の理解という研究目的のもと，「意味」の生成を扱うことから定性的な方法を選択し，さらに定性的な研究手法の中でも実際の会計実践が行われている現実に即した観察を可能にするケース・スタディ方法を採用した。ケース・スタディの実施にあたっては，会計実践の組織的文脈を理解するためにインタビュー調査を活用した。そのうえで，企業再生支援活動に焦点をあわせて会計実践を理解するために，参与観察を行ってデータを収集した。また，金融機関内外の各種文書を検討し，インタビュー・データや参与観察データを補完すべくトライアンギュレーションを行っている。

　事例の選択は，研究目的に照らし合わせて理論的に行った。理論的な観点から事例に求められる性質は，実践理論を援用した先行研究に基づいた検討によって抽出された。まず，トップ・マネジメントが設定した戦略課題が，組織の現場における活動に結びつけられているという意味で，目的志向性に関するデータを得られる可能性が高い事例であることが求められた。さらに，会計実践＝場における活動が人々の気持ちを無視しては成り立たない性質を持つ事例であれば，目的感情構造における感情論の次元についてのデータを得られる可能性が高いと期待された。このような2つの性質を備えた事例として，金融機関において戦略的重要性が新たに付与されることになった企業再生支援活動が検討対象として選ばれた。具体的には，K銀行の再生支援活動を中心に調査が行われた。

　ケース・スタディは，2008年12月から09年9月にかけて行われた。[1] まず，組織的なコンテクストや戦略課題の設定について，トップ・マネジメントと企業再生支援部門関係者に対するインタビュー調査を行った。8回計19時間のインタビューで延べ37名から聞き取りを行うことで，金融機関全体における戦略課題の理解や，企業再生支援部門の戦略的な立場に関するデータを得るこ

　1　研究チームのメンバーは，澤邉紀生・吉川晃史・篠原巨司馬の3名であり，調査データはチーム全体で共有され，それぞれの研究に利用されている。データの解釈は，研究チームでの活動を反映したものであるが，本章における解釈の妥当性に関する責任は筆者である澤邉にある。

とができた．続いて，2009 年 9 月に企業再生支援部門での参与観察を実施した．参与観察日数は 21 日であり，すべての朝礼と担当部長が出席しているほぼすべての会議に参加した．参与観察期間中は，フィールド・ノートを毎日記録し，研究チームで共有した．なお，匿名性を保つために，K 銀行の属性については，本章の議論の本質に影響を与えない限りで実際とは異なる説明を行っている場合がある．

4　金融機関の企業再生支援活動

　地域金融機関にとって，地域経済の健全な成長と発展に貢献することは，自らの利益につながるはずである．このような考え方に立って，K 銀行では 2008 年に，「地域経済社会への貢献」を戦略課題として掲げた．これは，それまでの経済性指標に基づいた短期志向の経営スタイルから，より長期的な観点に立って顧客企業との関係性を重視する地域金融機関のほんらいの姿に戻ることを意味していた．金融自由化が進み，自己責任が強調される中で，スコアリング・バンキングと呼ばれる機械的な顧客管理スタイルが地域金融機関にも浸透してきていた．スコアリング・バンキングでは，リスクとリターンを定量的に把握し，計数に基づいた管理を行うことで，リスクに見合った収益性を実現できると考えられていたが，これは一見合理的に見えながら，メガバンクとは異なる地域金融機関のよさや強みを見失わせる考え方であった（執行役員，2009 年 1 月 15 日インタビューより）．

　このような反省に基づいて，K 銀行は，地域金融機関ほんらいの社会的役割を果たすことで地域とともに発展することを戦略課題として設定したのである．K 銀行は，この地域経済社会への貢献という戦略課題を実現するために，中期経営計画を策定した．その中で，戦略的に重要な取り組みとして，企業再生支援活動が位置づけられることとなった．

4.1　再生支援部門の二重の役割

　K 銀行の企業再生支援部門は，かつては不良債権の処理を担当する部門であり，戦略的には後ろ向きの目立つべきではない部門であった．しかし，地域経

済社会への貢献という新しい戦略課題が設定されることによって，戦略的に重要な最前線の部署として位置づけられることになった。再生支援を必要とする顧客企業は，ほとんどが地域の家族経営中小企業で，K銀行と長い取引関係を持っていることが多く，そういう支援先の再生を実現することが地域経済社会への貢献として目に見える成果だと考えられたのである（専務執行役員，2008年12月3日インタビューより）。これは，当時の金融庁が地域金融機関に求めた中小企業金融の充実とも整合的であった（Financial Service Agency, 2009）。

このように戦略的にスポットライトのあたる立場になったとはいえ，再生支援部門が潜在的に対立する2つの役割を同時に果たさなければならない困難なものであることに変わりはなかった。というのも，困窮状態に陥っている企業に対する金融機関の再生支援は，究極的には財務状態の改善を図るための金融的な支援に帰結するが，そこに至るまでの過程で再生支援部門は，スポーツとのアナロジーでいえばコーチ役と審判役という2つの役割を果たさなければならないからである。

コーチ役として再生支援部門は，支援先企業の経営能力向上に向けた経営指導を行う。これはすなわち，経営危機に陥った原因を分析し，そこからどう立ち直るべきか，困窮企業自身が理解し行動していくのをサポートする役割である。

しかし，再生支援部門には，困窮に陥った企業がそもそも再生するに値するかどうかを判断するという，もう1つの役割がある。ここにおいて再生支援部は，企業に対して審判の役割を果たすことになるのである。

この二重の役割は，一連の企業再生支援プロセスにおいて，再生支援部門が，会計情報の利用者としての性質を色濃く示す局面と，会計情報の作成者としての性質が前面に出る局面を持つ原因となっている。企業再生支援プロセスのさまざまな段階において，再生支援部門は，困窮状態に陥った企業の再生支援可能性を判断する審判者となる。審判者の立場で，再生支援部門は，支援先企業から意思決定に有用な信頼性の高い会計情報を入手しようとし，その会計情報に基づいて再生支援の可能性を判断しようとする。

再生支援可能性の判断に応じて，再生支援部門は，外部コンサルタントなどの力を借りつつ，支援先企業の能力向上を図り再生支援可能性を高めていこう

とする。ここでの再生支援部門は，支援先企業の代弁者として，銀行の他部署やトップ・マネジメントの理解と支援を獲得する立場をとる。すなわち，再生支援部門は単なる会計情報の利用者ではなく，支援先企業の会計情報作成を指導する側に立っているのである。支援先企業が，実現可能性が高く説得力のある経営計画を策定し，銀行内部において一定の評価を獲得するよう，再生支援部門は顧客企業の能力構築に努めることになる。

4.2 再生支援の流れ

再生支援活動は，再生支援部門が中心となって，支店や信用リスク管理部などと協力して進められる。再生支援活動は各種の手続き規定・ルールのもとで行われている。

まず，再生支援活動は，支店を通じて顧客企業が再生支援を申し込むことからスタートする。再生支援の申し込みを受けると，再生支援部門と担当支店は，再生支援の必要性と再生可能性について議論を行い，共通理解の構築が図られる。

再生支援部門と担当支店の間で共通理解が得られた時点で，顧客企業の経営者との面談が行われ，企業再生へ向けた経営意思，経営者の現状認識，これまでに行われた再生へ向けての自主的な取り組みが確認される。なお，これら3つの確認事項も含め，一連の手続きは，K銀行内部の再生支援ガイドラインに明示されている。

顧客企業・担当支店・再生支援部門の3者が，再生支援に向けて取り組むことで同意すると，顧客企業は正式に，再生支援候補企業として分類される。再生支援候補企業は，財務デューディリジェンスと事業デューディリジェンスを受けることになる。事業デューディリジェンスでは，事業の実態把握が第三者の観点から行われる。一方，財務デューディリジェンスでは，公認会計士などの会計専門家が，候補企業の財務的な実態の把握に努める。再生支援を必要とする企業の多くは，帳簿に不備があったり，さまざまな会計操作を行っていたりするため，財務デューディリジェンスによって，最低限の信頼性が担保された会計情報の確保が必須なのである。こうした財務デューディリジェンスと事業デューディリジェンスによって，支援候補企業の「本当」の姿が関係者に共

有されることになる。

　支援候補先の事業再生計画は，これら2つのデューディリジェンスによって明らかにされた企業の「現実」を土台に策定される。事業再生計画の策定は，顧客企業によって行われるが，必要に応じて，会計専門家やコンサルタントが参加する。再生支援部門は，事業再生計画を慎重に評価し，収益性と実現可能性のバランスを高めるよう支援候補企業に改善を求めていく。策定された事業計画は，すぐに実行に移され，支援候補企業の経営陣と再生支援部門との月次ミーティングなどを通じて，計画遂行能力の向上だけでなく計画そのものの見直しが進められることになる。

　再生支援部門は，事業再生計画の収益性を，融資が一定の期間で回収できるかどうかという経済的合理性に基づく計算によって判断し，事業再生計画の実現可能性については計画の妥当性と計画遂行能力の評価によって判断することになっている。こうして再生支援部門は，支援候補企業の事業再生計画の評価を軸に再生支援スキームを構築する。その再生支援スキームがK銀行内部で正式に認められることによって，再生支援に関するディールはクローズし，再生支援企業の顧客管理は担当支店に戻されることになる。

4.3　再生支援活動における会計実践の目的志向性

　トップ・マネジメントによって提示された戦略課題「地域経済社会への貢献」と結びつけられて，再生支援活動はK銀行において戦略的な重要性を持った活動となった。地域経済社会への貢献は，顧客と長期的な関係を構築・維持していくことで実現できると考えられ，再生支援活動は既存の顧客との長期永続的な関係を維持していく観点から重視されたのである。

　しかし，「地域経済社会への貢献」と再生支援活動は，どのような経済的犠牲を払ってでも行われる活動としてではなく，一定の経済合理性を持った活動として理解された。以下では，この理解を，実践理論の目的感情構造という枠組みに基づいて，整理することとする。

　目的感情構造は会計実践＝場を構成する活動の意味を示すと考えられており，前述のように目的論の次元と感情論の次元から構成されている（Schatzki, 1996；2002；2005）。

目的論的の次元において，「地域経済社会への貢献」という戦略課題と一連の再生支援活動は，会計的に表現された事業計画を軸に，「貸倒引当金の減少」に結びつくと考えられている（再生支援部部長，2009年9月1日参与観察より；再生支援部課長，2009年8月27日；取締役，2009年8月25日インタビューより）。「地域経済社会への貢献」と一見まったく関係していない「貸倒引当金の減少」は，目的と手段やプロジェクトが意味的に次々と結びつけられることで，一連の意味連鎖（signifying chain）を構成した。K銀行における再生支援活動は，「地域経済社会への貢献」と「貸倒引当金の減少」とを結びつける意味連鎖によって実践としての意義を与えられたのである。K銀行の再生支援活動の意味連鎖は具体的には下記のようになっている[2]。

(1) 地域経済社会に貢献するためには，既存顧客との長期的な関係を維持しなければならない。
(2) 既存顧客と長期的な関係を維持するうえで，メインバンクとして窮境に陥った企業の再生を支援することは理に適っている。
(3) 企業再生を支援するためには，その企業の事業計画を適切に評価しなければならない。
(4) 事業計画を適切に評価するためには，信頼性の高い会計情報を入手したうえで，会計数値の裏側を読む必要がある。
(5) 数値に表されていない部分を把握するためには，経営者の人となりを理解する必要があり，そのためには実際に会うことが重要である。
(6) 実際に経営者と会って，一緒に企業再生について議論することで，実現可能性の高い健全な事業計画を構築することができる。
(7) 実現可能性の高い健全な事業計画は，K銀行内部において高い評価を得ることができる。
(8) 事業計画が高評価を受けることで，K銀行における再生支援先企業の内部格付けを向上させることができる。
(9) 内部格付け向上によって，再生支援先企業の貸倒引当金を減少させる

---

[2] 再生支援活動の意味連鎖は，インタビューおよび参与観察から得たデータから，ある活動やプロジェクトがなぜ行われるのか遡行していくことで再構成されたものである。再構成の根拠となる個別データについては，守秘義務より最小限のものを示すにとどめている。

ことができる（K銀行全体として，貸倒引当金の減少は，K銀行の利益の増大となる）。

このような意味連鎖によって表現される目的論の次元では，一連の再生支援活動がなぜそのような形で行われるのか意義づけが行われていると考えられる。この意味の連鎖を特徴づけるのは，会計的に表現された事業計画をめぐる諸活動である。事業計画をめぐるやりとりは，既存の会計情報を疑うことから始まり，信頼性の高い会計情報を入手し，実現可能性の高い事業計画の策定を支援し，その事業計画の評価をK銀行の他部署に伝達していくという流れを作っている。こうして見ると，再生支援活動に組織的な意味の構造を与える意味連鎖が，会計実践の意味の構造ともなっていることがわかる。

4.4 再生支援活動における会計実践の感情性

再生支援活動の意味連鎖は，会計的に表現された事業計画をめぐる会計実践に目的論の次元から意味を与えていた。ここで事業計画とは，将来の望ましい姿をどのように実現するかについての計画，すなわち，いかなる将来をどのように作っていくのかについての主観的な期待を表現したものにほかならない。そして，実現可能性が高い事業計画とは，望ましい将来を実現するための計画が実行可能な具体的な行動を伴っているもののことをいう。

このような事業計画の理解に立てば，再生支援活動における会計実践は，顧客企業とK銀行とが共有可能な将来に向けた事業計画を作成していく過程を担っていると考えられる。つまり，会計実践とは未だ実現していない将来を実現していこうとする営為にほかならないのである。

ただ，再生支援活動における会計実践の難しさは，これまでの企業の現実の延長線上には，望ましい将来像が存在すると期待できないことにある。過去の延長線上に望ましい将来が期待できるならば，再生支援を必要とすることはない。非連続的な過去と将来の関係を前提に，さらに再生支援する側の立場としては，実現可能性の高い事業計画を支援の条件に置かなければならない。連続性を前提にすれば，過去の実績に基づいて実現可能性を判断することができる。再生支援活動の困難は，過去の実績に基づいた判断では再生支援をそもそも開始することができないことにある。

つまり，実現可能性の判断は，事業計画自体のもっともらしさと，事業計画を遂行する組織の能力，そして実現に向けての経営者や従業員の意欲に左右される。事業計画自体のもっともらしさはある程度は客観的に判断できるものかもしれないが，過去の実績に頼ることができない状況で，能力と意欲はどのように評価できるのか。この難問を何らかの形で解決しない限り，再生支援は開始することさえできないのである。

この難問に対する現実の対応策が，目的感情構造の感情論の次元による再生支援活動の意義づけだと私たちは理解している。再生支援活動の意味連鎖は，実は，道具的な目的合理性が破綻しかねない危うさを伴っている。そのように目的合理性に基づく判断では活動の意義づけが困難な危険地帯において，私たちは感情論の次元の存在を確認することができる。

再生支援活動の目的論の次元における意味連鎖の中で，会計情報の重要性とともに会計情報の限界についても明確な理解が示されていることがわかる。会計情報のみでは企業の本当の姿をすべて把握することができない。だから，経営者と直接会って議論することが重要であるという意味連鎖には，会計情報の限界についての理解がはっきりと示されているといえよう。このような限界が存在する理由は，上述のように，過去の実績と非連続的な将来を構築しなければならないことにある。

ここで，会計情報を補完するのが，経営者の人となりに対する理解である。ここに見られるのは，客観的な数値の限界は，経営者の人間性に対する主観的な理解によって（のみ）超えることができる，という信念である。数字のみでは見えてこない将来が，経営者と会うことによって見えてくる，このような信念が実践＝場に存在していると考えられるのである。この信念の前提は，人間の可塑性に対する信頼である。人間は変わることができる。だからこそ過去の延長線上にはない未来を創ることができる。このような考えが，経営者に会うことで客観的数値の限界を超えることができるという信念に先立って，存在していると考えられる。

この信念に基づくと，再生支援の判断は，客観的な数字に裏づけられた経済合理的な計算によってのみではなく，経営者や従業員との顔を突き合わせたコミュニケーションから得られた心証によっても左右されることになる。たとえ

ば，経営者の意欲について「戦闘意欲」の有無が面談を通じて繰り返し確認さ
れ（再生支援部部長，2009年8月26日インタビューより），「経営者自身が変わる」
かどうか（再生支援部課長，2009年8月27日インタビューより）について，注意深
く判断されることになる。これはまさに経営者の気持ちの問題である。しかし，
気持ちの問題を理解せずに，会計数値に表されない部分を理解することはでき
ないと考えられている。つまり，再生支援活動の意味連鎖を支えているのは，
経営者の気持ちに対する再生支援部門の気持ちなのである。

　会計実践という観点から注目すべきなのは，こうした気持ちの部分は，会計
数値に対する経営者の姿勢によって理解されるべきだと考えられている点であ
る（再生支援部部長，2012年1月19日インタビューより）。経営者が，真摯に会計
数値と向かい合い，謙虚に数字を受け止めて，客観的に自己評価を行える気持
ちを持っているかどうか，その会計数値に対する姿勢・気持ちは，K銀行の再
生支援部門では「ムケムケでいけてる」かどうかという言葉でもって表現され
ている。「ムケムケ」という言葉は，隠語的に再生支援部部長が使い始めた言
葉で，経営者が正直な会計数値を開示したときや，経営者としての自らの判断
や能力について会計数字を用いて客観的な説明をしたときなどに用いられてい
るという（再生支援部門従業員，2009年9月25日参与観察より）。「ムケムケでいけ
てる」経営者とならば，一緒に仕事ができる，一緒に仕事がしたい，という意
味で用いられ，それは計算に基づいた判断というよりは，気持ちの問題として
理解されているのである。

　経営者が会計的事実を隠すことのできない過去の客観的事実として受け入れ
ることが，経営者の気持ちを再生支援部門が受け入れることにつながり，それ
が両者をもって過去の延長線上にない共有できる将来を構築する土台となる。
会計実践における気持ちの問題が，非連続性と実現可能性の難問を解決するこ
とにつながっている例を，ここに見ることができるのである。

5　目的論の次元におけるジレンマの感情論の次元における克服

　一連の再生支援活動は，「地域経済社会への貢献」という戦略課題と「貸倒
引当金の減少」とを結びつける意味連鎖によって，目的論の次元で意義づけら

れていた。しかし，この目的論の次元での意味連鎖は，企業再生における非連続性と実現可能性のジレンマを伴っている。すなわち，再生支援を進めるためには事業計画の実現可能性が十分に高いと判断する必要があるにもかかわらず，過去の実績の延長線上に実現可能性を位置づけることはできない。過去の延長線上に持続的な成功を期待できる企業であれば，再生支援の対象となることもなく，過去の延長線上に成功を期待できない企業であれば，狭義の経済合理的計算に基づけば再生支援を開始することができない。つまり，いずれの場合においても，合理的判断の根拠となる予測可能性を過去との連続性に求めるならば，再生支援活動はそもそも存在しえないのである。企業再生において，このような非連続性と実現可能性は本質的なジレンマとなる。

目的論の次元における，企業再生の非連続性と実現可能性とのジレンマを克服するのが，感情論の次元における意義づけである。企業再生において，過去の実績と切り離して，なお将来の実現可能性を信じる土台となるのが，経営者の気持ちに対する再生支援部門の気持ちである。

経営者の気持ちは，会計数値に対する経営者の姿勢に現れると信じられていた。経営者が，会計数値を真摯に受け止め，謙虚に過去の失敗を認めることが，過去の失敗のうえに将来を積極的に構想する出発点となる。だからこそ，過去の失敗を受け入れる気持ちと，将来を切り拓いていこうとする挑戦心は両立するはずであり，そのような経営者の気持ちのレベルでの変化を応援すべきだとして，感情論の次元で再生支援活動の意義づけが行われていた。

すなわち，ここでは，目的論の次元で，意味連鎖は本質的な不確実性を包含しているが，感情論の次元で，人間の可塑性という前提から，個人が過去の事実を認めつつも，それに束縛されずに将来を構築する可能性を信じることが可能になっているのである。

なお，ここで，感情論の次元に見られる気持ちの問題を，経済合理的な計算に先行する反射的な反応として理解することは適切ではない。そうではなく，経済合理的な計算によってはそもそも答えを出すことができないような課題に，前向きな対応を可能にする社会的な意味の構造として理解するのが自然である。つまり，感情論の次元は目的論の次元のみでは不可能な実践を可能にしていると考えられるのである。

6 おわりに

　再生支援活動は，過去の延長線上に将来を構想することができない非連続性とともに，金融機関側からは顧客企業の経営意欲と能力に対する疑問，顧客企業側からは金融機関によって貸し剝がしされるのではないかという恐怖を伴う，本質的に困難な活動である。既存の会計研究との関連でいえば，これらは高い不確実性と相互不信のもとで会計実践が信頼関係をどのように再構築しているのかという問題として理解することもできる（Vosselman and Van der Meer-Kooistra, 2009）。

　本章では，目的感情構造という実践理論の基本概念を利用して，目的論の次元と感情論の次元が，どのように一連の再生支援活動の意義づけを行っているか検討した。目的論の次元では，地域経済社会への貢献から引当金の減少（利益の増大）という意味連鎖が，会計的に表現された事業計画を軸に示されていることが確認できた。感情論の次元では，経済合理的な計算によっては解決することが困難な問題が，気持ちと気持ちの結びつきという社会的な意義づけによって対応可能となっていることが明らかとなった。より具体的には，過去の延長線上にない将来の実現可能性判断という難問が，経営者が自己変革に成功しているかどうかによって判断されており，その判断は経営者の会計数値に対する姿勢に関する再生支援部門の気持ちにかかっていることが確認された。

　本章の貢献は，組織全体の統一的な戦略課題が，会計実践を通じて個別具体的な活動とどのように結びついているかを，金融機関の再生支援活動の事例を通じて明らかにしたことである。先行研究においては，ほとんど言及されることがなかった感情論の次元を明示的に検討することで，目的論の次元のみでは破綻しかねない意味連鎖が，感情論の次元における意義づけによって可能となっていることが明らかとなった。目的合理的に行動するためには，気持ちの問題が重要なのである。

　会計と感情の関連については，目的感情構造にとどまるものでなく，多くの論点が存在する。戦略化との関連においても，起業家の奥底にある本当の気持ちと表現されている気持ちとのずれが，組織的なエネルギーに影響するといっ

た興味深い研究が行われ始めている（Morris and Feldman, 1996 ; Brundin and Melin, 2006）。そうした中で，本章の会計実践と感情の関係に関する検討は，あくまで目的感情構造という理論的な概念を枠組みとして行われたものであり，きわめて限定的なものにすぎない。

　しかし，このような限定的な検討を通じてでも，目的論の次元における意味連鎖が感情論の次元における意義づけと補完関係にあることが，それなくしては困難な意味と活動の関連づけを可能にして，狭義の目的合理性のみでは不可能な実践を生み出していることが明らかにされた。合理的な管理の道具として理解されることの多い会計実践は，その目的合理性を実現するために，感情論的な意義づけを必要としているのである。

　＊　本章は，JSPS 科研費 JP 24653104 による研究成果の一部である。

第3章

市場取引の神々
計算と交換を支える制度ロジックスの超越と内在

松嶋登・早坂啓

「『資本主義的』経済行為とは，さしあたって，交換の可能性を利用しつくすことによって利潤の獲得を期待する，そうしたところに成り立つような，したがって，（形式的には）平和な営利の可能性のうえに成り立つような経済行為である」『宗教社会学論選（*Gesammelte Aufsätzezur Religionssoziologie*）』（ヴェーバー／大塚ほか訳, 1972, 10-11頁）

1 はじめに

本章では，資本主義社会における市場取引の中核を占める計算と交換の分析に向けて，近年の制度派組織論で脚光を浴びている制度ロジックス（institutional logics）概念の理論的解題を行うことにしたい。制度派組織論は，序章でも触れたように，2014年に発表されたミラー（Miller, P.）とパワー（Power, M.）のインタビュー記事（Miller and Power, 2014）で，経営学と会計学の接合を図る際に共通基盤となりうる理論として取り上げられた理論の1つである。中でも制度ロジックス概念は，最新の経営学理論にして，会計学者による引用も多く，本書においても理論的な要の1つになっている。

ここでまず，その要点だけを先取りしておこう。制度ロジックス概念の提唱

者であるフリードランド（Friedland, R.）は，制度ロジックスの理論的アイデアをウェーバー（Weber, M.）の近代化論に見出していた。すなわち，近代における価値の対立である「神々の闘争（warring gods）」から，制度の神性所有（divine possession）が生み出す活動的受動性（active passivity）が見出される。また，プロテスタントの価値合理性（value rationality）とカトリックの手続き合理性（instrumental rationality）の対比には，ウェーバーも見過ごした制度ロジックスの超越と内在の入れ子（nested）構造が見出される。さらには，カトリックの現世利益（this worldly interests）という信仰形態から，近代におけるダイナミズムの源泉として，遂行的（performativity）な変化を生み出す物質的実践へ注目する方法論的含意を引き出す。こうした理論的基盤の整備を通じて，市場取引における計算と交換を解き明かそうとした萌芽的研究を，本章で批判的に検討する。

　一見すると，突飛な議論を展開しようとしているように思えるかもしれない。だが，「経営学と会計学の邂逅」とは，正にこのような試みにほかならないのである。2014年初春，フリードランドは，フランスのグランゼコールの名門校の1つであるHEC Parisビジネススクールに赴き，会計学を専門とする大学院生に向けた招待講義を行った。その表題は，「制度ロジックスの価値（The value of institutional logics）」であった。価値評価（valuation）は，Miller and Power（2013）が指摘するように，会計学の根幹的なテーマである。このテーマを制度派組織論の立場から深掘りすべく，フリードランドが招待されたわけであるが，これが，従来なされてきたような相互の研究を参照し合うという紙面上のやりとりに収まらない，新しい形の「経営学と会計学の邂逅」を象徴する出来事となった。

　「制度ロジックスの価値」の講義内容は，ウェブ上に公開されたシラバスから読み取ることができる。手にとって最初に気づくのは，恐ろしく抽象的かつ難解な議論が展開されていたということである。合計5回のセッションは，「価値合理性と制度ロジックス（Value rationality and institutional logics）」，「価値のための会計（Accounting for value）」，「価値のコンヴァンシオン（Conventions of worth）」，「価値のコンヴァンシオンと制度ロジックスの比較（Comparing conventions of worth and institutional logics）」，「ボルタンスキの新制度派（Boltanski's new institutionalism）」という表題で行われた。解題すれば，価値評価を中心的なテーマに添えて，『正当化の理論——偉大さのエコノミー（*De la Justification: Les Économies de la Grandeur*）』（ボルタンスキ＝テブノー／三浦訳, 2007）や『資本主義の新たな精神（*Le Nouvel Esprit du Capitalisme*）』（ボルタンスキ＝シャペロ／三浦ほか訳, 2013）など，日本でもその業績が翻訳されるほど世界的に多大な影響を与えてきたボルタンスキ（Boltanski, L.）らと，以降で詳しく論じるフリードランドの両陣営が，それぞれ価値評価に対しどのような立場を示しているのかを比較するものであった。大学院生向けの講義ではあったが，この新たな「経営学と会計学の邂逅」に対する，関係者の並々ならぬ意気込みを窺い知ることができる。[1]

上掲の『正当化の理論——偉大さのエコノミー』と，フリードランドがはじめて制度ロジックス概念を打ち出した論文「社会を取り戻す（Bringing society back in）」（Friedland and Alford, 1991）は，奇しくも同じ 1991 年に公刊されている。誤解を恐れず単純化すれば，これまで前者は会計学において，後者は経営学において広く参照されてきた。本章では，経営学の立場から制度ロジックスがどのような含意を持つ概念であるのかを理解するために，制度派組織論のこれまでの議論を振り返っておきたい。とくに注目すべきは，先述の HEC Paris の招待講義において，制度ロジックスに関する主要な文献としてあげられていた「神性制度（Divine institution）」である（Friedland, 2014）。この奇妙なタイトルは，制度概念そのものが自らの起源としてきたウェーバーの，宗教社会学者としての遺産のことを指している。それは，非人格的な手続きが隅々まで浸透し，宗教が世俗化された現代社会において，さまざまな矛盾する価値が

---

1 その後，2016 年 5 月には，ロンドン・スクール・オブ・エコノミクスにて，「会計，事実，価値（Accounting, fact and value）」という題名のワークショップが開かれ，ミラーをはじめとした会計学者たちと，フリードランドによる公開討論がなされた。題名に示されたテーマは，「制度ロジックスの価値」で議論されていた価値（value）に事実（fact）を加えたものであり，「経営学と会計学の邂逅」におけるリサーチ・フロンティアのさらなる拡張という意図が窺える。もちろん，事実と価値というテーマ自体は，デュルケーム（Durkheim, É.）の社会的事実（social fact）やパーソンズ（Parsons, T.）の規範的秩序（normative order）に見られるように，当初から社会科学の主柱である。こうした伝統を押さえたうえで，会計，事実，価値のもつれ（entanglment）をいま改めて（とりわけ物質的な次元に注目しつつ）探求することが，今後の研究課題であるとしていた。

前景化するという「神々の闘争」への再注目であり，現実の市場取引にも見られる，内在神を掲げるカトリックたちの物質的な信仰形態では捉えられない，プロテスタント的な超越神の潜在を見る，入れ子状の二律背反性である（Friedland, 2014）。

2 「鉄の檻」と制度派組織論

　計算と交換という実践は，古今東西に見られる普遍的な人の営みである。これらの実践が決して一様なものではなく，さまざまな形態をとることは指摘するまでもない。それゆえ，社会科学のどの分野でも，それぞれの立場から計算と交換が研究されてきた。だが，私たちは，計算と交換を知りすぎるほど知っていると断言できるだろうか。

　かつて，ウェーバーは，社会科学史上に残る有名なメタファーを用いながら，近代における資本主義社会の逆説的な仮説を展開した。いわく，資本主義社会は，一般に考えられている功利主義的な商習慣からではなく，プロテスタントの禁欲主義から生み出された。だが，近代化の進展とともに資本主義社会は，もともとの宗教的な価値を失い，非人格的な手続きの権化と化すことで，すべてのものを資本蓄積のための計算と交換の対象へと変換してきた（ヴェーバー／大塚訳, 1989）。これがいわゆる「鉄の檻（iron cage）」仮説である。100年以上も前になされたこの議論は，遠い昔の話ではなく，現代社会とむしろ地続きである。

　今日，制度派組織論と呼ばれる研究領域は，ウェーバーの近代化論を再訪することで始まった（Meyer and Rowan, 1977 ; DiMaggio and Powell, 1983）。「鉄の檻再訪（The iron cage revisited）」という制度派組織論の代名詞となった論文（DiMaggio and Powell, 1983）では，手続き合理性を組織へと浸透させるメカニズムが，ウェーバーが主要な関心を向けた資本主義社会で支配的になった市場の競争から，専門家の規範や国家の規制へと，相対的にそのウェイトを変遷させてきたと指摘された。もちろん，ここでいう手続き合理性の組織への浸透とは，官僚制を典型とした組織の合理化を指す。また，Meyer and Rowan (1977) も，脱工業化時代における近代組織への計算可能性（calculability）の浸

透は限定的であり，教育や病院などのサービス産業，あるいは，企業の人事部や総務部などスタッフ部門に対して，厳密な資本計算による会計責任を遂行させることは困難であるとして，脱連結（decoupling）などで知られる適応的な実践の具体例を提示した。

しかし，不幸なことに，制度派組織論はこの後，長い迷走の時代に突入することになった。「鉄の檻」のイメージに引きずられ，固定的，非合理的な組織の側面を説明するための理論だと誤解されたためである。その後の制度派組織論は，制度変化（institutional change）や制度的実践（institutional work）の多様性へと，主要な理論的トピックを変遷させながらも，どこか上滑りの議論を展開してきた。こうした論争の詳細は，桑田・松嶋・高橋（2015）に体系的にまとめられているので，ここでは省略しよう。

そもそも，ウェーバーによって提示された「鉄の檻」に象徴される近代の資本主義社会とは，宗教を起源としていたことを典型に，種々の逆説に満ち溢れていた。というのも，コント（Comte, A.）の実証主義宣言に明確に表れているように，近代とは個々の人格を公平に尊重するために，非人格的な形式的ルールを重視するという，アンビバレントな時代であった（コント／田辺訳, 1938）。ところが，実際には，形式的ルールを重視した近代化においては，皮肉にも個々の人格がないがしろにされるような画一的な支配が横行するに至ってしまった。ウェーバーは，近代化が生み出した資本主義社会と官僚制のネガティブな側面に警鐘を鳴らすべく，「鉄の檻」という表現を用いたのである。

他方で，妻のマリアンネ（Weber, Marianne）の回顧録によれば，ウェーバーが学問を続ける理由は，「人間存在の諸々の二律背反に耐える」（ウェーバー／大久保訳, 1987, 507頁）ためだったのだという。このことを敷衍すれば，そもそも近代とは，「鉄の檻」を推進する方向と，崩壊させる方向を併せ持つと理解しなければならない（Clegg and Lounsbury, 2009）。にもかかわらず，皮肉にも「鉄の檻」のメタファーが，制度派組織論の苦難の道を運命づけたのも事実である。次節では，そうした状況のもとで出現した制度ロジックス，ひいては制度派組織論が，どのようにミスリードされたのかを振り返っておこう。

3 ミスリードされた制度ロジックス
―― Friedland and Alford（1991）

　制度ロジックスを議論するうえでは，フリードランドと彼のメンターであるアルフォード（Alford, R.）による 1991 年の論文「社会を取り戻す」を知らなければならない（Friedland and Alford, 1991）。彼らは，近代西欧社会が官僚制国家，市場，キリスト教，核家族などといった複数の支配的な制度的秩序からなる制度間システム（inter institutional system）であり，組織および個人の利害を制度的に理解するためには，これらの制度的秩序に即して把握する必要があると主張した。こうした制度的秩序は，計算不可能（incommensurable）かつ交換不可能（not trade-off）な固有の組織化の原理，すなわち制度ロジックスを持つ。そして，ロジックス間にある制度的矛盾（institutional contradictions）こそが，制度変化の根源をなすとした。

　フリードランドらのこうした議論は，制度派組織論の中では長らく異質な議論と見られてきた（たとえば，DiMaggio and Powell, 1991）。非合理性を強調していた当時の制度派組織論者とは対照的に，市場取引における計算と交換などの手続き合理性に対して周辺的な位置づけを与える記述が目につき，「鉄の檻」のメタファーを共有していないと読まれたのが原因かもしれない。事実，フリードランドらの議論とウェーバーの近代化論との理論的親和性は，その後長らく見過ごされてきた（Thornton, 2008）。これは，制度概念が「鉄の檻」のメタファーの有するイメージに重ね合わされてきたために生じたミスリードでもあった。このようなミスリードのもとで，制度ロジックスは数々の批判に晒されてきた。そのうち代表的なものが，決定論的な組織観，予定調和な制度変化，制度の入れ替えモデル，という 3 点である。

　第 1 に，決定論的な組織観である。初期の制度派組織論は，時代遅れともいえる「鉄の檻」，すなわち官僚制が今なお資本主義社会で広く観察されるという逆説的現象を説明するために，個体群生態学の同型化（isomorphism）概念を援用しようとした（Meyer and Hannan, 1979）。そのことが必然的に，決定論的な組織観という批判を招いた。これに対して，当のディマジオは，政治的利害

やパワーを扱った関連理論を参照すべしと追記したわけだが（DiMaggio, 1988），フリードランドは，それでは不十分だという。なぜなら，政治的利害やパワー，そして個人および組織という概念自体がすでに物象化された制度であるため，決定論的な組織観を逃れうるものではないからである。具体的な説明を見てみれば，たとえば，アメリカが国家機能の継続的な地方分権化を進めながら，市場に代替的調整機能を求める背景には，規制の多いイギリスからの移住という国家の起源に象徴される，逃避的意味合いの自由（liberty from）があるというように，社会レベルの過剰な強調がなされる（Thornton and Ocasio, 2008, p.104）。

　第2に，予定調和な制度変化である。その背景として，まず，第1の決定論的な組織観という批判に応える形で，制度的企業家（institutional entrepreneurship）を中心とした制度変化への理論的関心が高まっていったことを指摘しておかなければならない。ところが，制度的企業家とは，本来的に現代のカリスマであることから（Eisenstadt, 1968），制度変化の説明に際して制度から超越した主体を置いていると批判され続けた（たとえば，Hardy and Maguire, 2008）。こうした状況を受けて制度への埋め込み（Granovetter, 1985；Holm, 1995）が再焦点化されたとき，改めて Friedland and Alford（1991）による，制度的矛盾のアイデアに期待が寄せられた。同論文によれば，商品市場や金融市場は，労働人口の供給コストの極小化のために家族に依存するが，一方で，労働市場は，家族の崩壊を助長させる可能性を持つ（p.256）。しかし，こうした制度的矛盾を起点とした制度変化の説明は，企業家が解くべき最適化関数を予定調和的に与えているとの批判を受ける（Beckert, 1999, p.780）。たしかに，制度的矛盾による制度変化の理論的精緻化を試みた Seo and Creed（2002）では，市場メカニズムがメタ制度として置かれ，制度的矛盾に由来する機能と逆機能が，効用最大化の原理を通じて制度変化へとつながるという説明がなされている。このとき，制度ロジックスは，予定調和の乗り物（vehicle）となっているのである（Beckert, 1999, p.780）。

　第3に，制度の入れ替えモデルである。2000年代以降，さまざまな批判を受けながらも，制度ロジックスはバズワードと批判されるほど，経営学全般に流行することになった（Thornton and Ocasio, 2008, p.99）。そのきっかけとなっ

たのが，Thornton and Ocasio (1999) である。彼らは，アメリカの高等教育出版業界を対象に歴史比較分析を行い，専門家から市場へと支配的なロジックが変遷することで，経営継承 (managerial succession) の有無のタイミングに影響を与える要因にどのような変化が見られたかを分析した。具体的には，著名な研究者とのコネクションの多寡という要因を例にとれば，学術的価値のある出版が重視されていた時代には強い因果関係が見られたが，株価価値の上昇に貢献する出版が重視される近年においては弱い因果関係しかなかった。このようなリサーチ・デザインを見れば，彼らが論じた制度ロジックスが結局のところ，制度の入れ替えモデル (replacement models) であると批判されたことも不思議ではない（たとえば，Greenwood et al., 2011）。

こうした批判に対して，当のフリードランドらは，長い間，応答してこなかった。だが，それは，彼らの議論が間違っていたからではない。このことを検討するには，「社会を取り戻す」以降，彼らが続けてきた研究に目を向ける必要がある。

4　神性制度——Friedland (2014)

経営学の論壇からしばらく姿を消していたフリードランドは，先年，「神性制度」という，目が覚めるほどに刺激的な題名の論文を発表した (Friedland, 2014)。これは，Emerald Group Publishing が発刊する *Research in the Sociology of Organizations* シリーズの『宗教と組織論 (*Religion and Organization Theory*)』(Lounsbury, Tracey and Phillips, 2014) に所収された論考であった。その内容は，おもに宗教社会学の分野で，1991年以降も続けられてきた制度ロジックスの理論的探求を総括したものである。全31頁に及ぶ広範な議論を容易に読み取ることは許されず，むしろ彼の議論に基づいた理論的精緻化は同論文

2　主要な文献は，「金，性，神——宗教的国家主義における性愛のロジック (Money, sex and god: The erotic logic of religious nationalism)」(Friedland, 2002)，「制度，実践，存在論——イデオロギー論と制度派組織論における宗教社会学へ向けて (Institution, practice and ontology: Toward a religious sociology)」(Friedland, 2009)，「実践をなさしむる神と愛，その他の相応な理由——制度ロジックスを通じた考察 (God, love and other good reasons for practice: Thinking through institutional logics)」(Friedland, 2013)，などである。

が発表される以前から研究テーマに選ばれるほどであったのだが（たとえば，Lounsbury and Boxenbaum, 2013），これらは，ウェーバーが近代化の行く末を見通すために前近代の宗教を考察したように，「未来に帰る（back to the future）」ための試みにほかならなかった（Friedland, 2014, p. 219）。

4.1 手続き合理性を通じた価値領域の神性所有
―― 「決定論的な組織観」への応答

改めて振り返ってみると，1991年に「社会を取り戻す」が発表されたときには決定論的な組織観に囚われていると批判を受けたにもかかわらず，今日の制度ロジックスの流行を見れば，どこか場あたり的な印象を受けざるをえない。かつて DiMaggio（1988）は，概念にまとわりつく外延的イメージをその理論的内包と同一視するという「形而上のパトス（metaphysical pathos）」（Gouldner, 1955）が，制度派組織論にも見られると指摘していた。より直接的には，「鉄の檻」という拘束的，非合理的な組織観（官僚制）のことを指す。近年では，マイヤーらが指摘するように差異化を強要する個人主義や差別化を促す市場原理主義へのイデオロギー的な傾倒によって，制度的実践の多様性がもてはやされている（Meyer, 2008；Meyer and Jepperson, 2000）。

実をいえば，制度ロジックスは，この「形而上のパトス」そのものに注目して考案された概念なのであった（Alford and Friedland, 1985）。Friedland（2014）がウェーバーの言葉を借りつつ，より明示的に制度ロジックスを「形而上の意味（metaphysical meaning）」といいかえているのもそれゆえである（p. 226）。その理論的根拠は，ウェーバーが「神々の闘争」と言い表したことで知られる価値領域（value spheres）概念にある（Friedland, 2014, p. 220）。価値領域とは，前近代からある経済，政治，芸術，性愛，科学といった価値合理性の諸類型を指

---

3 Gouldner（1955）によれば，形而上のパトスは，観念には必ず感情がつきまとっていることを指摘する概念である。現象を捉えようにも，私たちはそのときに用いる概念や用語に，言葉の連合によって醸し出されたある種の感情を移入している。それは，従来の研究が与えてきたイメージが，現象自体が持つ性質とは関係なくとも引き継がれてしまうことも意味する。つまり，私たちは，理論を包装してきた形而上のパトスを併せて受け取ることで，あたかも理論的内包として理解してしまう。「iron cage」と意訳された，「Gehäuse（殻）」はその典型であろう。

す（p. 222）。手続き合理性が貫徹する近代においても，というよりむしろ貫徹するほどに，こうした価値領域が持ち込まれ，潜在してきた矛盾が前景化する。この「神々の闘争」をヒントにフリードランドが提示したのが，神性所有という概念であった（pp. 241-246）。

「鉄の檻」を最も推進するとされた，「科学」を例に解説してみよう。「科学」は，真実を追求するために，価値を排除した手続きに基づく営為である。ところが，真実の追求という「科学」の価値それ自体に対して，科学的な手続きによって根拠を与えることはできない。他方で，だからこそ，「科学」は形而上の虚構であり，何も生み出さなかったと結論づけることこそ，非現実的であろう。そうではなく，知性の犠牲（sacrifice of intelligence）ともいうべき，非科学的な価値の受容こそが，絶えざる科学的営為を生む条件だと考える必要がある（Friedland, 2014, p. 225）。なぜなら，いったん価値を受容すれば，真理が永遠に辿りつけない「形而上のパトス」であるからこそ，「科学」の価値を創造的に示し続ける全人的な主体性（fulsome individuality）が求められるからである（p. 244）。このとき，人は「科学」という神に献身的な道具（instrument）として所有されつつ，自らが仕える神の生存を脅かす他の神々を，道具的に（手続き合理的に）扱う闘争的な主体性をも，必然的に獲得するのである（p. 246）。

私たちはみな，「形而上のパトス」に突き動かされるという点において，Friedland and Alford（1991）の記述に見られた，社会レベルの強調が，決定論的であるという批判は妥当する[4]。だが，神性所有された制度は，決定論的であるがゆえに人々に主体性を与える。フリードランドの表現を借りれば，私た

---

[4] こうした当初からの価値の強調という点から，慧眼な読者ならば，制度ロジックスがパーソンズの AGIL システムと同一視されたという歴史的背景に気づくだろう。AGIL システムは，「鉄の檻」とも「神々の闘争」とも異なる，ウェーバーによるもう1つの有名な「転轍手（switchman）」メタファーに着想を得ていた（パーソンズ／稲上ほか訳, 1974, 75頁）。ウェーバーは，「転轍手」という言葉を用いることで，マルクス（Marx, K.）的な利害関心への注目に一定の妥当性を認めつつも，その深層には利害関心を方向づける理念と世界像があることを，印象的に示そうとした（ヴェーバー／大塚ほか訳, 1972, 58頁）。他方，決定論の烙印を押された「転轍手」へのアンチテーゼとしてスウィドラー（Swidler, A.）が提示した「道具箱（tool kits）」メタファー（Swidler, 1986）のようには，現実の個人や組織が，純粋な手続き合理性の具象とはならなかった。後に，Swidler（2001）は，道具箱というメタファーを用いたことが，個人主義という西洋文化の深層構造を，無反省に再生産させる傾向を助長してしまったと反省していた。

ちは，この活動的受動性という二律背反にこそ向き合わなければならないのである (Friedland, 2014, p. 241)。

4.2 超越と内在の入れ子構造――「予定調和な制度変化」への応答

フリードランドが提示した制度的矛盾とは，「神々の闘争」の源泉となる諸価値の矛盾であった (Friedland, 2014, p. 220)。これを，手続き合理性に基づいて読み解けば，Seo and Creed (2002) が指摘した矛盾する諸要素を最適化する関数があるかのように見える。これに対して，価値合理性は，本来的に計算ないし交換不可能であるがゆえに，その最適化は見せかけにすぎないと反論するのも，十分ではない。むしろ，フリードランドによれば，現実の奥底には価値合理性とそれらの矛盾がある一方で，手続き合理性に基づいて現実を予定調和的に理解することは可能であるし，また，そうすべきだとさえいう (Friedland, 2014, p. 252)。つまり，予定調和の最適化を理論的に織り込み済みの概念として，制度的矛盾を提示していたのである。価値合理性と手続き合理性は，相互に独立してあるというよりも，補完的 (supplymentality) な関係にある入れ子 (nested) 構造として捉えられるべきなのである (p. 220)。

このことを理論的に考察するためにフリードランドが行ったのは，もはや議論の前提として疑われなくなっていた，価値合理性と手続き合理性という区分の起源に立ち戻ることであった。すなわち，超越神を信仰するプロテスタントと，内在神を信仰するカトリックである (Friedland, 2014, pp. 229-230)。周知のように，ウェーバーが論じた近代化の枢軸であったプロテスタントは価値合理性の原型とされ，人知の及ばない超越神の信仰内容と首尾一貫するようなハビトゥスを形成していた。これに対して，手続き合理性の原型であるカトリックは，人知により推し量れる内在神を道具的に捉え，儀式や礼拝などにより一時的な神秘体験を求めていた。前者は，行為の結果にかかわらない価値それ自体への献身が合理化され，後者は，価値それ自体というよりも行為の結果に従って合理化される (p. 222)。

価値合理性は，さらに2つの合理性へと詳細に議論される。目的合理性 (teleological rationality) と論理合理性 (logical rationality) である (Friedland, 2014, pp. 222-223)。目的合理性は，超越論的価値と日々の具体的な実践との一貫した

関係を構築することである。特定的には，救済とその証である禁欲や儀式との関係である。論理合理性とは，文書化や教義化により，個々の具体的な実践とは独立し超越するかのように，価値を知的に昇華（sublimation）することである。カルヴァン（Calvan, J.）の予定説は，その最も極端な例であった。あらかじめ救済される信徒が決まっているという説は，いかなる実践も宗教的に無意味化する点で，現世否定（world negation）宗教の純粋型である（p.232）。

こうしたウェーバーの議論だけでは十分に掘り下げられることのなかった点として，フリードランドは，価値領域におけるカトリック的側面，すなわち内在神に注目する必要があるという（Friedland, 2014, p.248）。実際にウェーバーは，プロテスタントの信徒たちは怠惰や浪費をする人間は救いに与かれないだろうとの推論と逆算をもって，禁欲的に勤勉と蓄財に励むというハビトゥスを形成したと説明していた（ヴェーバー／大塚訳, 1989）。その意味で，信徒たちは予定説の教義とは矛盾する信仰形態を形成していたのである。この信仰形態は，道具的な内在神を掲げるカトリックにも通じる。そもそもウェーバーもまた，プロテスタンティズムの価値合理性が，カトリックの手続き合理性に敗北したのではなく，プロテスタンティズムの内部に，その信仰形態とは矛盾する側面が備わっていたと指摘していた（351-353頁）。

このように，超越神による現世否定のもとで救済を求めるプロテスタントは，必然的に内在神を必要としていた。現実の社会が必ずこうした補完的な制度ロジックから構成されている限りにおいて，これを分析するためには矛盾する制度ロジックを用意し，特定の状況におけるある種の必然として，入れ子構造を受け入れるしかないわけである。

4.3　近代化を基礎づける物質的実践——「制度の入れ替えモデル」への応答

専門家から市場へという支配的なロジックの転換によって，実践の変化を分析したソントン（Thornton, P.）らは，たしかに制度の複雑性を捉え損なっていたのかもしれない。しかし，神性所有の議論から明らかなように，ソントンらの分析手法を無下に退けることはできない。近代人は，「鉄の檻」である手続き合理性に従って行為していると考えがちであるため，特定の価値合理性に仕えていることを認めない傾向にある点に，ソントンの方法論的含意があるから

である。そこには，人格に依存しない客観的な組織ルールである経営継承という近代化の基礎的な実践を，抽象的な価値合理性の次元だけでなく，物質的な手続き合理性の次元を通じて理解しようとする意図があった（Thornton and Ocasio, 1999, p. 837）。

具体的には，人格の現れと考えられてきたネットワーク構築の数が減少してきたのならば，その人格へと業績悪化などの失敗の責任を転嫁させるための客観的な手段として，経営継承を政治的に利用するという適応的な実践である。フリードランドもまた，手続き合理的な実践の背後には価値領域があるが，そうした超越論的価値に注目することだけが，必ずしも実践の諸相（modals）を捉えるものではないとしていた（Friedland, 2014, p. 249）。

フリードランドによれば，超越と内在の間には，本質的に継続的ふらつき（ongoing oscillation），さらには弁証法（dialectic）がある（Friedland, 2014, pp. 240-241）。そもそも，カルヴァンの予定説のような極端な価値合理性は稀であり，通常は，より原初的な判断（primordial valuation）に基づいた物質的実践がなされる。だが，そのことは，決して価値領域の弱体化を招くわけではない。現代の法，交換，会計などの手続き合理的な実践に見られるように，ルーチン化，制度化された物質的実践は非人格的なものと映るために，神性所有という価値合理的な献身を免除されながら，背後にある超越神を支えることになるからである（p. 248）。こうした手続き合理的な実践は，「遂行性」（p. 249）を伴う。こうした考え方は，特段に驚くべきことではなく，制度を「ルールのようなもの（rule like status）」と表現し，抽象的な規範と物質的実践の脱連結を論じたMeyer and Rowan（1977）にも，すでに含まれていた。

Friedland（2014）によれば，ウェーバーは後年になって，宗教的救済の根本には，貧困や飢餓，自然災害などの生物学的な脅威への恐れがあると解釈していたという（p. 237）。すなわち，フリードランドが再注目したカトリックは，超自然的な魔術的儀式によって，この世の苦しみ（suffering）から救済されるという信仰形態を持っていたが（Friedland, 2014, p. 239），これは裏を返せば，物質的な世界に畏敬を払い，その超越を認めていたともいえよう（Gorski, 2011）。旧くは，神学的段階，形而上学的段階，実証主義的段階という発展段階モデルに見られていたように（コント／田辺訳，1938），物質は近代固有の信仰

対象でありつつ，次々と矛盾を露わにしては新たな入れ子構造を作り出していく，遂行的なダイナミズムの源泉になるのである。

5 おわりに——市場取引における計算と交換の物質的実践

　以上，本章では，制度ロジックスに向けられた批判ひいては制度派組織論に向けられた批判に応える形で，フリードランドによるウェーバーの近代化論の再評価を振り返ってきた。正直にいえば，フリードランドの議論は，一見して経営学の論文とは思えない表現と内容に満ちているのだが，ウェーバーと同様に資本主義社会の再考というテーマに向けられたものであることはたしかである。最後に本節で，こうした議論を踏まえると，本章の主題である市場取引における計算と交換の物質的実践とそのダイナミズムはどのように理解できるのかということを，すでに同様の理論的イシューに取り組んできた既存研究の批判的検討を通じて，考察しておくことにしたい。

　第1に，市場取引において，最も原初的な現象として当然視されてきた計算に注目したのが，制度派組織論への数々の寄稿と，そのたびに活発な論考を促してきた経済社会学者のベッカート（Beckert, J.）である。とくに，近年の研究成果をまとめた Beckert（2014）では，資本主義のダイナミズムに関して，これまであまり理論的関心が向けられなかった側面があると述べている。それは，技術進歩，制度的な変化，分業，機能分化，人口増加，生産要因の増加，文化変動などとは異なる（p.1），虚構の期待（fictional expectations）という側面である（p.9）。ここで虚構の期待とは，「その真実性は知ることができないような，将来の世界に関する描写」（p.10）とされる。重要なのは，実際には，将来の不確実性を正確に計算することが不可能なのにもかかわらず，虚構に基づいた期待が形成されることで，はじめて，計算と意思決定が可能になるということである。たとえば，信用取引における負債者の支払い能力には不確実性がつきものだが，信用格付けなどの制度的装置（institutional devise）を作ることで，リスクの見積もりと，これを根拠にした意思決定が可能になる（p.13）。もちろん，そうしたリスクは必ずしも現実と合致するわけではないが，だからといって期待が放棄されることはなく，新たな虚構が作られ続ける。しかも，こう

5 おわりに

した虚構に基づいた資本主義の期待は，前近代の伝統的な宗教に代表されるような歴史の終焉や永続する現在とは異なり，一時的な秩序（temporal order）を志向する傾向がある（p. 1）。

虚構を受け入れることで，さまざまな期待のもとでの計算が可能になるとするベッカートの議論は，4.1項で議論してきたフリードランドの神性所有を通じた活動的受動性と，基本的な論理を共有している。ただし，ベッカートの理論的関心が資本主義の発展にあるため，前近代の伝統的価値を貶める意図はないとの表明にもかかわらず（Beckert, 2014, p. 4），資本主義社会の発展には，伝統的価値の崩壊が避けられないとの想定を置いている節が垣間見られる（p. 7）。もちろん，こうした想定は，近代化の一側面である手続き合理性が支配的になるという点に関しては，論理的に妥当する。しかし，ベッカート自身も認めているように，資本主義社会における虚構の期待は，社会的，文化的，政治的な起源を持っている。したがって，私たちは，伝統的価値の崩壊が起こって新たな価値が生まれたとしても，その価値の受容による虚構の期待が，手続き合理的な計算を通じて再興させる諸価値の矛盾に，目を向けなければならない（p. 17）。

第2に，市場取引の交換について分析してきたビガート（Biggart, N. W.）による，*Academy of Management Review* 誌の Best Paper of 2004 を受賞した Biggart and Delbridge（2004）である。彼らは，新古典派経済学者が理論的な虚構として前提としながらも，ほとんど手つかずにされていた「市場」概念を分析するための視座として，交換のシステム（system of exchange）を捉える類型を示した（表3-1）。その基本型は，ウェーバーの手続き合理性と価値合理性，パーソンズの普遍主義と個別主義，という2つの次元を設定した4象限マトリクスである（p. 33）。たとえば，西洋は手続き合理性と普遍主義を，アジアは価値合理性と個別主義を，資本主義の歴史的起源に持つという（p. 36）。ただし，よりミクロな分析レベルでは資本主義のロジックに差異が見られたため，

---

[5] ビガートらはこの問題意識を述べるに際して，先出のベッカートによる「経済社会学における社会学的とは何か？——不確実性と経済的行為の埋め込み（What is sociological about economic sociology?: Uncertainty and the embeddedness of economic action）」（Beckert, 1996）をも引用していた。

表 3-1 交換のシステム

行為の基礎 \ 社会的関係の構造	普遍主義	個別主義
手続き合理性	価格システム	連帯システム
価値合理性	道徳システム	共同システム

(出所) Biggart and Delbridge (2004) p.33 より筆者作成。

この4象限マトリクスは，さらに詳細な要素からなる交換のマトリクス（4×7）として精緻化された（p.37）。それぞれのシステムの構成要素は，交換の組織（organization of exchange），分配の基準（allocative principle），行為への志向（orientation to action），標準的主体（normative actor），相互期待（mutual expectation），規範の侵害（breach of system norms），システムの規制（system regulation）の7つとされていた。

ただし，ビガートらの議論を読み解く際には注意が必要になる。それは，マトリクスが，市場そのものの類型ではないことである。彼らがLayder（1998）に基づき，あえて交換の「システム」と表現した理由は，現実の市場が，4.2項のフリードランドが論じた超越と内在の入れ子構造のように，安定的な（stable），弱連結の（loose-coupled），相互依存の（interdependent）アレンジメントとして成立することを捉えようとしたためであった（Biggart and Delbridge, 2004, p.28）。つまり，彼らが用意した類型は，特定の市場にあてはめるだけでは十分ではなく，ウェーバーがそうしたように，官僚制の純粋理念型と実際の組織の相違に注目しつつ（analysis of variance），動態分析や，マルチレベル分析，比較分析へと利用されるべきものである（pp.44-46）。もちろん，そうした分析の結果だけを見れば，予定調和の議論をしているように映ってしまうであろう。だが，予定調和に至るよう，異なった制度ロジックスを整合化していく分析こそが，その矛盾に目を向ける二律背反的な制度分析になるわけである。

実は，ビガートらのもう1つの知られた顔は，日本の系列取引をはじめとして，アジアの製造業に実際に見られた，さまざまな交換のシステムを探求する研究者であった（たとえば，Orrù, Biggart and Hamilton, 1997）。彼らによれば，4.3項でフリードランドも注目してきた物質的実践に立脚すると，経済学者が論じてきたような虚構の完全市場の失敗に注目して，組織の存在を説明するの

5 おわりに

では不十分で（たとえば，Williamson, 1975），市場は物質的実践を担う組織的取引によって誕生する一形態にすぎない。このように物質的実践の決定的重要性は，市場概念にとどまらず，ますます多様化する資本主義社会における技術や貨幣の普遍的な浸透を思い浮かべれば，明白であろう（バーガー＝バーガー＝ケルナー／高山ほか訳，1977）。換言すれば，抽象的な制度のイメージだけに頼ってしまうと，予定調和的分析に込められた超越と内在の入れ子構造を見失ってしまうのである（Thornton, Ocasio and Lounsbury, 2012, p.75）。すなわち，フリードランドがこだわった物質的実践は，一方では，既存の予定調和には収まらない物質的実践の変化に研究者を直面させ，他方では，新たな予定調和を求める二律背反的探求へと誘導するのである。

* 本章は，『国民経済雑誌』第212巻第2号（2015年）に掲載された，早坂啓・松嶋登「制度ロジックにおける超越と内在」に大幅な加筆・修正を施したものである。
  また本章は，JSPS科研費JP 25380462；26245046；15H01964による研究成果の一部である。

---

6 ウェーバーの正統な後継者と評されるバーガー（Berger, P. L.）らによる『故郷喪失者たち──近代化と日常意識（*The Homeless Mind: Modernization and Consciousness*）』（バーガー＝バーガー＝ケルナー／高山ほか訳，1977）では，さまざまな価値に直面し右往左往せざるをえない近代人を評して，「故郷喪失者」と命名していた。バーガーの威を借りるならば，制度派組織論は，詰まるところ意図的に故郷を喪失していくための学問とも言い換えられる。組織というホーム・ドメイン（Alford and Friedland, 1985, pp.161-164）についてさえ，その自明性を疑うことで始まった制度派組織論にとって，存在論的安心（ontological security）を与える制度ロジックス（Thornton and Ocasio, 2008, p.108）は本能的に魅力的に映ったのであろう。だが，制度ロジックスとは，対象にあてはめてそれを説明するための概念というより，存在論的不安に苛まれる「人間存在の諸々の二律背反」に向き合い，それでも耐え抜くための概念なのである。

第 2 部
経営実践の検討

第4章

計算の銘刻としての会計

組織変化の理解に向けて

北田 皓嗣

1 はじめに

　第1章で「計算の社会学派」として紹介したように，ミシェル・カロン (Callon, M.) やその共同研究者たちによって，市場を中心とした経済学や経済への理解を刷新する運動が展開されている (Callon, 1998 ; Callon and Muniesa, 2005)。彼らは財や取引といった市場を構成する中心的な概念を現実的で，また実証的にも観察可能なものへと定義し直すことで，議論の道筋を開いてきた。そして，金融市場や小売市場などを対象に詳細な記述的な研究を蓄積してきた (MacKenzie, 2009 ; Cochoy, 2008)。

　彼らの問題意識の根底には，経済学も，それに対抗する経済問題を扱う社会学や人類学も，ともに，厳密な意味での四則演算や，不均一な情報に基づいて意思決定するという，計算の物質的で実践的な事実を見逃してきたことへの方法論的な課題を見て取ることができる。ただ，このような問題に対しては，組織や社会との関係の中で実践される計算の問題に身近に接していたはずの会計研究でさえ，科学や技術への人類学的な視点が取り入れられるまでは同じような陥穽にはまっていたことを考えると (Justesen and Mouritsen, 2011)，計算を現象の説明の中心から遠ざけてきたことはモダンの社会が抱える構造的な問題であったともいえる。

そこで市場への理解を刷新するために理論的な再構成を試みてきた彼らの運動は，おもに計算の捉え方を考え直すことから始まった。彼らは市場を構成する計算を解体し，誰が，または何が計算を行っているのかを明らかにすることで，現象への理解の手がかりを探ろうとしている (Callon and Muniesa, 2005)。つまり，計算を制度や構造，実践に付随するものとして位置づけるのではなく，計算そのものを考察の中心に位置づけ直すことが試みられてきたのである。

会計研究の領域では，1990年代以降，*Accounting, Organizations and Society* 誌を中心に，アクターネットワーク理論 (actor network theory, 以下 ANT) や翻訳の社会学などの，人間と非・人間がともに構成する世界へのエスノグラフィックなアプローチが援用されるようになった。これにより科学技術の人類学や金融の社会科学 (social science for finance) と，学際的な会計研究は，その立脚点や分析概念を共有するとともに，計算やその技術が構成する世界への理解を深めるために相互に交流してきた。

会計が組織や社会をつくり上げる役割は，しばしば対象を表現する可視性という側面から議論されてきた。しかし物質的で実践的な行為として会計現象を捉えようとすることで，会計数値は組織や社会のアクターの結びつきの結果として現れるものであることが顕在化する (Chua, 1995)。これにより，会計数値から対象に向けられる可視性の眼差しだけでなく，会計数値とその計算の対象との間に形成された結びつきの性質として，会計と組織，社会の関係を理解する道筋が示された。

可視性はしばしば現象を説明するための要因として用いられてきたが，可視性を可能にする数字は私たちの認知を超えて正確性や頑健性，客観性を提供するものというよりは，会計数値への認識枠組みもまた数字と他のアクターとの関係の中で生み出されるものなのである (Vollmer, 2009)。すなわち，会計の可視性自体も分析されるべき対象であり，それを可能にするプロセスの跡を明らかにすることの必要性への認識が広まってきた。

---

1 翻訳とは，ある意味内容や物理的配置に何らかの変換を加えることによって，他のアクターの関心に影響を及ぼすことであり，関心を置き換えたり，媒介したり，関心に干渉したり，関心が移っていくことで可能になる (Latour, 1999)。翻訳の社会学は，この翻訳の概念を中心にアクター間の関係性を理解することを通じて社会構築に接近する，科学論における人類学的アプローチから派生した社会学である。

1 はじめに

 このような背景のもと，本章では「銘刻」を鍵概念に，会計と実践の相互構築的な関係性について考察していく。対象を指示し映し出そうとする会計数値は，銘刻として物質的な性質を帯びることで，時間や空間を越えてアクターを動員し，結びつきのネットワークを可能にする。このような結びつきの跡を追っていくことで，会計数値が対象を表象するプロセスを，組織の実践との関係の中で理解できるようになる（Chua, 1995；Briers and Chua, 2001）。

 また，対象を映し出そうとする会計数値は，銘刻として物質性を得ることで，安定した形で移動させたり，他の銘刻と結合して新たな関係性を生み出したりすることができるようになる（Robson, 1992）。これにより会計は，時間や空間を越えて他のアクターを動員できるようになり，その結果，動員のプロセスを通じて銘刻が蓄積され，「中心」が形成される。こうして形成されるアクターの関係性を特徴づける権力・知識の構造が，本章の第1の論点である，計算を通じた組織の距離や秩序への理解を導いている。

 同時に，銘刻として数字を捉える視点は，カロンらの投げかけた「誰が，もしくは何が計算を行っているのか」（Callon and Muniesa, 2005, p. 1230）という疑問が，計算を遂行する行為者の立場からも検討される必要があることを示唆する。会計の銘刻は，知識を媒介として実践を可能にする（Quattrone and Hopper, 2001；Quattrone, 2009）。そのため会計数値を知識として受け取ることと，それを行為として実践することの不可分な関係に注目することで，第2の論点である，計算の知識の遂行的な側面へと，銘刻の理解を拡張することが可能になる。

 このようにして，会計の組織への働きかけや構築的な役割について計算の側面から再考することで，数値が対象を模写し映し出そうとする可視性から捉えようとする視点では見逃されてきた会計数値と実践の相互作用の中に見出すことができるようになる。会計数値は，一方で組織の実践を形づくる他のアクターとの関係の中で構築され，他方で会計自体も知識，行為を媒介として組織実

---

2 ここで「指示」とは，翻訳の社会学において特殊な意味を持つ用語であり，ラトゥール（Latour, B.）によると，単に対象を指し示したり，言説の物質的な保証をするためのものではなく，指示される対象とそれを表象しようとする銘刻との間に翻訳の連鎖による結びつきを想定した関係性を表している。なお本章では，文脈に合わせてラトゥールが議論するところの指示と同様の意味で，指し示すという表現も用いている。

践を構成するため，そこに会計の再帰的な姿が浮かび上がる。

本章の目的は，学際的な会計研究と計算への社会学，人類学的なアプローチを踏まえたうえで，会計数値の構築的な特徴を明らかにすることである。会計は，情報処理の技術や制度であるとともに，実践の中で身体へ作用し，秩序化や組織変化のためのテクノロジーの役割も果たしている。ここに，会計の実践の中で計算を考察する利点がある。

このような研究の目的に沿って，本章は以下のように構成されている。まず会計計算の物質的な側面について銘刻との関係で概観する（第2節）。そして，銘刻としての会計数値が指し示すことで可能になる構築的な性質を明らかにするとともに（第3節），銘刻と実践との関係について明らかにする（第4節）。最後に，銘刻に着目することで今後，どのような研究が期待されるのかについて考察することで，本章の結びとしている。まず次節では，カロンの議論を手がかりに，計算の物質性について検討していこう。

2 計算の物質性

カロンは，ムニエサ（Muniesa, F.）との共同論文の中で，それまで科学技術に向けられてきたエスノグラフィックな視点を援用することで，計算とそれを可能にするエージェンシーとの関係を「実証的に観察可能にし，理論的に分析できるよう」（Callon and Muniesa, 2005, p.1245）に再構成している。本節では，まずカロンとムニエサが示した計算の定義を整理して，計算の物質性について検討する。そのうえで，翻訳の社会学を利用した会計研究と彼らの計算の概念がどのように接点を持つのかについて考察することで，次節以降の論点を整理する。

カロンらは，「計算」を3つのステップで実現するプロセスであると定義している。第1に，計算しようとする対象を分離し，それらを単一の空間で順序づけ，アレンジすることである。この空間は，請求書や方眼紙，工場，トレーディング・ルームなど，さまざまな計算空間の形をとりうる。第2に，その計算空間の中で計算の対象は並び替えられ，他のものとの間に関係がつくり上げられ，操作や変容が可能な形となる。そして第3に，この計算空間の中で結果

が抽出され，（たとえば，合計や順序リスト，評価，二者択一といった形で）産出される。この段階で，数字は計算空間を離れ，（計算の装置を伴うことなく）循環することができるようになる。

ここで計算空間は，それ自体が紙やスクリーンとして物質的であるとともに，計算の対象である世界が数字や記号に写し替えられていくプロセスもまた，物質性を帯びた現象である。

このような計算空間の物質性について，ラトゥールは「銘刻」という言葉を用いて説明している。銘刻とは，「ある実体が物質化し，記号や文献，文書，紙切れ，痕跡となる変換のあらゆるタイプ」（Latour, 1999, p. 306）のことである。そのため銘刻は物質性の問題であるとともに，変換のあり方を表現する用語でもあるといえる。

まず物質性に注目すると，このような銘刻が集められる場所は計算の中心（Latour, 1987）と呼ばれ，具体的には会計書類や，PC の画面に映し出される表あるいはグラフといった平面空間だけでなく，操作室や工場などの場合もある。このような計算の中心に銘刻が集められるプロセスは，カロンらによる計算の定義の第 1 ステップに対応している。

このような銘刻が，組織や社会を構成する中で果たす役割は，ANT や翻訳の社会学がその分析の中で捉えようとしている「アクター間の結びつき」に注目することで理解される。一方で，銘刻が生み出される過程においては実体が記号へと結びつけられ，それらはまた重ね合わせられることで銘刻間の関係性が計算の中心において形成される。また他方で，銘刻は計算の中心にある隠れたモノやヒトをそれぞれのローカルなコンテクストへと動員したり，出現させたりすることを可能にする。つまり，銘刻は計算空間の内外を循環することで，関係性のネットワークをつくり上げ，またそれを強固にするため，計算の物質的な側面は，銘刻の跡を追うことで前景化するのである。カロンらの第 2 ステップ，第 3 ステップは，このような物質性を通じた関係性の構築の可能性を示唆するものである。

当節でも簡単に述べたように，これまで会計についてはその実体を映し出す作用が強調されてきたため，写像が対象を映し出す正確性や適時性の問題が議論されたり，可視性がつくり出す数値を通じた眼差しと主体間の関係性が議論

されがちであった。しかし，会計数値とそれが映し出そうとする対象の間の結びつきに着目する視点は，事実や権力の構築に関して異なる理解を提供しうる。つまり社会実践に対して「会計数値や銘刻が持つ力 (power) は，それが世界をコピーするから強力であると想定するのではなく，会計現象をつくり上げる多様な結合があるために強くなる」(Justesen and Mouritsen, 2011, p.183) と考えれば，結びつきの性質として問題を理解することができるようになるのである。

　もう1つの，変換のあり方としての銘刻の特徴について考えると，Latour (1999) が，銘刻には「非・人間が人間の言説のなかに漸進的に荷積みされていくあらゆる手段が含意されている」(p.99, 邦訳74頁) と説明しているように，そこでは非・人間のアクターの持つ意味内容が規定されていく側面が意識されている。そのため，会計数値を銘刻として捉えることで，物質化した銘刻が変容し，空間の内外で循環することを通してアクター間の意味内容を変化させるプロセスとしても，計算を理解できるようになる。

　以上，銘刻の定義を通じて見てきたような，計算の物質的な側面が，その根底で，意味内容の変化という質的な要素を伴っているという視点は，会計の構築的な役割への理解を改めさせるものでもある。こうした視点から会計を見ることによって，その構築的な性質は可視性が増進することで生み出されるだけではなく，多様なアクターの意味内容を変容させながら生み出される結びつきによってつくり上げられるともいえるようになるのである (Mouritsen, Hansen and Hansen, 2009)。この意味で，会計計算が異なるコンテクストの対象を結びつける動員のプロセスへの理解を深めることは，情報や計算の技術への社会的要請を評価し再検討するときの議論のきっかけを提供するものであるといえる。

　ただ，このような立場に立ったとき，記号や数値による表現と，それが映し出そうとする指示対象との間の関係性について，ふたたび疑問が浮かび上がってくる。写像の完全性を追求することについてはその構造的な限界も示されているが (Roberts, 2009)，写像の正確性の程度を結びつきの強さに置き換えることで，記号（会計数値）とそれが指示する対象との関係への理解は，どう変化するのであろうか。そこには，数字や記号としての銘刻が意味内容をどのように再構成するのか，またその結果，組織や実践にどのような影響を与えるのか

が，考察されるべき問題として浮かび上がってくるであろう。この疑問に答えるべく，次節では会計数値としての銘刻が生み出す構築的な性質について整理するとともに，そのあと節を改めて銘刻と組織実践との接点について考察する。

3 銘刻が指し示すもの

銘刻とそれが指し示す世界との関係について，本節では2つの側面から考察していく。1つは，会計がつくり上げるその可視性そのものの性質について，そしてもう1つは，会計による可視化と知識の構築プロセスの関係についてである。これらの議論は，会計が異なる空間にわたるアクター同士の結びつきを可能にするメカニズムや，組織内の距離の問題（Robson, 1992；Quattrone and Hopper, 2005）とも，密接に関係している。このような問題は，銘刻が数値の物質的な側面に焦点をあてることで，計算空間が生み出す多様な関係性を顕在化することから生じるものである。

Robson（1992）が指摘するように，会計数値が銘刻となることで獲得する安定性や可動性，結合可能性といった性質は，会計が異なるコンテクストのアクターをマネジメントすることを可能にしている。会計は離れた場所からアクターを動員することで，それをマネジャーの世界の一部にするための装置として作用しているのである。ただし，動員されるアクターと，その数値を利用しようとするマネジャーとが異なる空間に位置する場合には，両者の間は多様な結びつきの連鎖によって介在される必要がある。

この空間を越えて結びつきを可能にする銘刻の作用は，その銘刻がつくり上げる可視性そのものの性質とも関係している。記述されたり，印刷された記号は，「世界そのものではなく，世界が存在しないところで，それを表現する」（Latour, 1987, p.247）ものである。つまり，会計数値は，それを表そうとする事実と完全に「対応するもの」ではないまま，ある種の言語としてモノや事象を表現しようとする。それでも会計が秩序を維持するのに作用するのであれば，表象がその指示対象と対応していないこと自体が問題なのではなく，その中で表象がつくられ，利用されていること自体が観察されるべき現象といわなければならない。

そして会計実践は，「それらが語ろうとする異なる対象の，さまざまな表現に依存しているとともに，その表現を生み出している」(Justesen and Mouritsen, 2011, p.168) ともいえる。表現しようとすることは会計を含んだアクターのネットワークの結果であり，その形成，再形成は絶えず繰り返されている。というのも，会計を通じた表象は単に対象の測定のプロセスや数値の収集，整理を通じて抽象的に生み出されるものではなく，既存の管理技術に関する組織内の利害や，その管理技術がつくり上げてきた関係性といった，従来の実践を生み出してきたネットワークとの間の翻訳のプロセスを経て実現するからである (Briers and Chua, 2001; Chua, 1995)。

このような会計を通じた可視化のプロセスは，知識の形成とも結びついている。すなわちこれは，銘刻としての会計数値が，その蓄積を通じて組織内の支配関係を変化させることでもあるのである。会計に限らず科学の実践の中では，動員が繰り返される「蓄積のサイクルという特異な動きは，多数の他の地点に遠隔作用を及ぼして，ある地点を『中心』にする」(Latour, 1987, p.223)。離れた場所のことを記した銘刻が，複数人が見ることのできる紙の平たい表面にまとめ上げられることで，そこに新たな知識が形成され，その知識を通じて，支配されるものと支配するものとの力のバランスを逆転させることもあるのである (Latour, 1987)。

つまり，銘刻を蓄積するプロセスを通じて「中心」がつくられることで，組織内のアクターの関係性を特徴づける権力・知識の構造が浮かび上がる。このことから，権力は，物理的な距離や組織の特性により実践と切り離してヒエラルキーの構造として規定されるものではなく，主体間の権力・知識関係の多様性によって形成されるメカニズムとして捉えるべきものであることがわかる (Bloomfield and Combs, 1992, p.467)。したがって，会計は，真実を映し出すのではなく，特定の可視性や権力・知識関係を提供することで，事実をつくり出すものであるともいえるわけである (Quattrone and Hopper, 2005)。

このような，会計が権力・知識関係を生み出すプロセスは，組織における距離の問題と密接に関連している (Quattrone and Hopper, 2005)。集権化と分権化の関係のもとで中心と周辺との距離を捉えようとしてきた従来の会計研究では，本社からの物理的な距離や権限の委譲の程度，組織の情報処理能力の制約，業

績の可視化のスピードといった要素で中心と周辺との関係を捉えようとしてきた。しかしながら Quattrone and Hopper（2005）は，集権化や分権化といった組織構造は，このように特定の要素に還元したり，物理的な空間として規定するよりももっと複雑な現象であると主張している。行為が行われる前に集権化や分権化といった組織構造を前提としてヒエラルキーや秩序の形態を想定することには問題があるというのである。

　たとえば，計算のための空間として構築された会計を手元に抱えている本社のマネジャーと，その数値化の対象とされる支社のスタッフとの間の力の関係性は，銘刻がつくり上げられ，蓄積を繰り返す中で構築・再構築されていく。すなわち計算実践の結果として組織のヒエラルキーは形成され，距離や秩序が生み出されるのである。したがって，会計によって生み出された空間や時間は，会計がアクターの関心を媒介することで主観的につくり出されるものであり，単に物理的な属性のみによって規定されるものではないということになる（Quattrone and Hopper, 2005）。

　そうであるならば，Latour（1987）が関心を示した「力」のあり方は，対象を物理的にコントロールするものでも，可視化を通じて対象の内面に埋め込まれる規律的な力でもなく，同盟相手を説得して事実や技術を結びつきのあるものとしてとどめておくことで維持される力だといえるのである。会計は計算のプロセスを通じて，このような強い結びつきの関係性を生み出すことで組織化を促してきた。

　そして，このような銘刻がアクターのネットワークを循環するプロセスは，銘刻と指示対象との対応が弱い場合にも可能になることもまた，指摘されている。Dambrin and Robson（2011）では，医薬品産業における業績評価の実践への分析を通じて，実際に起こっている事態と，それが会計の形態として表現されている表象との間に横たわる，変換の可塑性を伴わない弱い指示に着目している。そこでは，会計数値と指示されているものの結びつきが弱いのにもかかわらず，業績評価の数字の正統性を実践が補完することで，組織構成員を指し示す銘刻が組織を循環するプロセスが示されていた。

　このように，銘刻が循環するプロセスの中で，表象の対象とそれを指し示す会計数値の関係に焦点をあてることで，たとえば業績評価の実践なども数値

を通じた透明性や確実性とは異なる次元で理解できるようになる。業績評価システムは，事前に形成された組織構造の透明性を客観的に確保するものではない。むしろ業績評価システムは，「マネジャー」と「マネジメントされるひと」との間を結びつける道具や，ソフトウェア，計算によって構成されている（Dambrin and Robson, 2011）。業績の銘刻によって組織的なアクターがどのように業績評価を遂行しようとしているのかについて理解することで，不完全な数字が壊れやすいネットワークの中でどのように遂行されるのかについて理解できるようになるのである。

本節では，銘刻として会計数値の物質的な側面に焦点をあてることで，会計がつくり出す知識，組織内の距離の問題，秩序性について考察してきた。ただその一方で，すでに何度か指摘してきたように，会計現象へは，銘刻と実践という2つの背反する考え方から接近することもできる。そこで次節では，これまで見てきた銘刻としての会計が，実践としての会計現象とどのような関係にあるのか，それを媒介する知識との関係で考察する。

4 銘刻を通じた知識の遂行

Quattrone and Hopper（2001）およびQuattrone（2009）では，銘刻と実践という会計を理解するための2つの視点に対して，会計との関係で遂行される知識を媒介に両者の接点を見出そうとしている。こうしたアプローチにより，会計は銘刻としてアクター間に結びつきを生み出すと同時に，実践において具体的な行為を伴ったときに現象として現れるということが理解できるようになる。

構築され，蓄積される中で重ね合わせられた会計の銘刻は，その計算の中心がそれを生み出したときと同じように，外側の世界との結びつきを維持している限りにおいてアクターとして作用する（Latour, 1999）。すなわち，重ね合わせられた銘刻はそれ自体が独立して知識として存在するのではなく，それが遂行されるときに知識として生じてくるのである。

このように銘刻の蓄積の中で形成される知識を，本節では，まず銘刻が対象を指示するものとの関係で考察したうえで，その知識が実践を生み出すプロセ

スについて検討する。銘刻をつくり出す指示と知識の関係を，ラトゥールは次のように説明している。

> 「指示とは，単なる指し示す行為や，ある言説の真理に関するなんらかの物質的保証を外側から維持する方法ではないように思われる。むしろ，一連の変換を通じて定常な何ものかを維持する方法である。そして知識とは，指示が模写を通じて類似しようとしている実在する外側の世界を反映しているのではなく，むしろ，指示が確実にしようとしている実在する内側の世界，すなわち一貫性と連続性を反映している」(Latour, 1999, p.55, 邦訳 33頁)

つまり，会計計算は，対象とする経営活動の時間や重さ，数量などを計測し，一定の手続きに応じて金額へと集約することで，会計数値を算出する。そのため，銘刻である会計数値を重ね合わせてでき上がった経営活動に対する理解という組織での知識は，経営活動をそのまま反映したものというよりは，むしろ，計測のための道具や会計のルールに内在する一貫性や連続性を反映したものになっているのである。

このように，ラトゥールが銘刻とその指示対象との関係性として知識の一端を理解しようとしたことからもわかるとおり，銘刻の蓄積という知識の構築プロセスは，指示を可能にする測定の道具や規則との関係に内在する一貫性をネットワークの中で循環させるものとしても捉え直すことができる。とくに銘刻を生み出すことは，記号や数字としてそれが指示しようとする対象との間を結びつけ，関係性を生み出そうとすることであり，それは「どのようにして世界を言葉の中に詰め込むのか，という問題」(Latour, 1999, p.24) である。こうして記号化は，言説の中に関係性を埋め込むことで，知識形成サイクルの端緒となるのである。

そのようにして知識は指示の結果として構築されていくのであるが，その知識を形成する計算の中心がアクターとして作用するには，外の世界との結びつきを必要とする。知識は，つくり出され蓄えられるだけではなく，実践として行為を生み出すものでもあるからである。そこで Quattrone and Hopper

(2001) は，実践の実施 (enaction, Varela, Thompson and Rosch, 1991) における知識と行為の不可分性に着目することで，会計情報が示唆する抽象的な知識を，実際の管理実践へと体系化する実践的行為を通じてその意味が理解されるようになるプロセスとして捉えようとした。

「知識は行為の形態であり（略）行為は知識の形態である」(Quattrone and Hopper, 2001, p.416) という記述からもわかるように，一方で経営活動の中で銘刻としてつくり上げられた会計知識は，他方で行為として遂行されるときにしか実現しない。というのも，個人の行為は，「何かをするときに個々人が知識を創造する間の複雑な学習の一部」(Varela, Thompson and Rosch, 1991, p.416) であるため，蓄積のプロセスで構築された銘刻の集まりは，行為を伴うことで知識として遂行されることになるからである。

このような知識の遂行と銘刻としての会計数値の関係は，記憶する媒体として銘刻を捉えることでより明確になる。Quattrone (2009) では，読書の遂行性 (Johns, 1998) を手がかりに記憶媒体の役割に着目している。本に書かれたメッセージは読むという実践を通じてのみ存在する。そのため，記憶媒体から情報を引き出すということは，単に蓄積された記憶の再収集のようなものではなく，読むという行為を通じたテクストの遂行なのである。これは，銘刻が説得的な力 (persuading power) を超えて，知識の形成を可能にしていることを示唆する。

したがって，銘刻としての会計も同様に，情報を形成し，蓄積するばかりでなく，それが読み出され，行為として遂行されることを媒介しているといえる。それに伴って，銘刻が有している，時間や空間を越えて安定し，複数の銘刻を重ね合わせられるような関係性を維持しようとする性質とは対比的な，銘刻が遂行される実践のプロセスで生じる差異性にも注目することができるようになる。というのも，会計知識を実践として遂行することは，「ひとまとまりの安定的に規定されているように思われるものを，同じであるが違うものへと（ラトゥールが翻訳と呼ぶところの）修正を施されること」(Quattrone, 2009, p.89) であるといえるからである。銘刻として生み出される知識が行為として遂行されるとき，そこには多様な実践が生み出される余地が残されているのである。

そのため，「記憶の技術は事実を蓄積したり，表現するための中立的な技術

ではない。(略)それが遂行される行為を通じて，この技術は同一性と多様性との相互作用を可能にする」(Quattrone, 2009, p.87)。すなわち会計は，自立したものであると認識されるのに十分なほど均一なものであり，銘刻を通じて均一性を保とうとするが，同時に，そこから知識が遂行されるときには多様なものを引き付け，差異を生み出すのに十分なほど不均一な実践であるといえるのである。

　そして，このような均一性と差異性の2つの側面によって，組織の変化を理解することもできるようになる。そこでは，会計を表示するテクストである銘刻が，安定的な性質を有しているため異なる時間や空間にわたって会計現象を同じものとしてつくり上げるかに思われていながら，実際には，個々の実践の中で異なる会計現象を生み出す余地を残している。

　実践のための力や，どのように実践されるのか，どのようにそれが起こり続けるのかといったことに関して，利用者が通底するロジックにただ従うわけではなく，そこにギャップが残されているのは，まさにこのことによる(Quattrone, 2009)。このようなギャップこそが，会計が同じものでありながら，いつも違うものである源泉であり，そこに組織が変化するきっかけがあるといえる。

　　「もし会計が組織変化を駆動するのであれば，それは行為への新たなテンプレートを形成するからではなく，そのシステムの導入や稼働が不完全であるため組織の空間や時間にわたって会計知識への解釈が異なるからである」(Quattrone and Hopper, 2001, p.407)

　行為と相互依存的な関係にある合理性は，その行為が生み出される時間や空間において合理的であると考えられるものを反映しているだけである(Quattrone and Hopper, 2001)。したがって，会計数値に内在する均一的な合理性が組織変化を生み出すのではない。むしろ銘刻から知識が遂行されるときに生じる多様性によって会計は組織に影響を与えていく。このようにして，会計は多様な空間で，そして長い時間にわたって，組織のネットワークを翻訳し，実践の構築や再構築に影響を及ぼしていくのである。

このように会計と知識の関係は，その構築と遂行の段階で均一性と差異性という異なった特徴を示す。知識が構築される段階では，銘刻をつくり出すための測定の技術や規則など計算の装置に内在する一貫性や連続性が反映される。しかしながら，その知識が行為として遂行される段階では，それぞれのコンテクストの合理性を反映するほどに差異性を有している。このギャップにこそ，会計を通じた組織変化の理解の源泉が潜んでいるといえよう。

5 おわりに

本章では，銘刻として現れる会計の物質的な側面に焦点をあてた会計研究や，計算への社会学的なアプローチを手がかりに，数値の構築的な性質について考察してきた。会計数値は，他の組織実践との関係の中で構築されるとともに，会計自体も組織を構成するネットワークに影響を与え組織実践を構成するアクターとして作用する，再帰的なものであるといえる。そして，その会計の構築的な性質は，銘刻を通じた動員，翻訳のプロセスの中で顕著になる。

こうした議論を踏まえたうえで，銘刻という概念をもとに会計数値の物質的な側面に着目することで，本章は最終的に会計について次の2つの特徴を指摘した。第1に，会計数値はそれが表象しようとする対象を指し示すプロセスの中で知識を形成する。会計数値は銘刻として物質化することで，可動性，安定性，結合可能性を獲得し，異なる空間のアクターにも影響を及ぼすことができるようになる。その結果，銘刻が蓄積される中心が形成され，そこに形成された知識との関係で，組織の距離，秩序の構造がつくり出される。

第2に，銘刻としての会計数値は知識の遂行を通じて行為を媒介する。銘刻の蓄積の中心に形成された知識は，その中心が外の世界との結びつきを維持している限りにおいて他のアクターに影響を及ぼすことができる。会計数値から知識を導くことは，それを行為として実践することと不可分なものであり，その意味で計算の知識は遂行的なものであるといえる。またその遂行的な側面にこそ，会計の構築的な特徴が現れる。そして，会計計算を通じて形成される知識についても，それが構築される段階で獲得する均一性と，その実践の段階に残されている差異性との間のギャップにこそ，組織変化の手がかりがある。

5 おわりに

　今後の課題として，測定の行為そのものと，そこで形成される知識について，実践の中で問題としていくことが考えられる。Latour（1999）が示したように，測定という行為を通じて指示対象を銘刻へと変換していくプロセスは，測定の装置が生み出す内的な一貫性を通じて知識を形成していく。このような測定と知識形成との関係についてはこれまで，会計研究の文脈ではほとんど検討されてこなかった。しかしながら，たとえば環境問題のように，経済活動と異なる要素を計算を通じて組織活動に内在化させようとする現象を理解しようとするためには，そこで構築される知識の構築のプロセスに焦点をあてる必要があるといえるのである。

第5章

イノベーションの駆動と会計計算

「計算の方程式」に着目した一考察

天王寺谷 達将

1 はじめに

　企業が持続的発展を遂げるためには，イノベーションを起こす必要があるというのはもはや自明のことである。また，経済の持続的発展は，企業がイノベーションを起こすことによって遂げられるという事実に疑いの余地はない。イノベーション研究の泰斗であるシュンペーター (Schumpeter, J. A.) は，イノベーションを「新結合」と捉えた。「われわれの意味する発展の形態と内容は新結合の遂行という定義によって与えられる」（シュムペーター／塩野谷ほか訳,1977, 182頁) とその著書で主張しているように，イノベーション（新結合）の遂行は，企業および経済の持続的発展のために不可欠なのである。さらに，イノベーションのイニシアティブは，生産者側にあるというのがシュンペーターの立場であるが，そうだとするならば，イノベーションは組織の中でどのように遂行されるのかという論点の重要性が際立ってくる。

　本章では，会計計算に焦点をあてることで，この論点に取り組むこととする。これまで，イノベーションと会計計算の関係性は，おもに管理会計分野において議論されており，管理会計計算による可視化がイノベーションを導くと解釈できる研究も出てきている（たとえば，Mouritsen, Hansen and Hansen, 2009）。イノベーションは，組織内外から新たな資源が動員されることによって遂行され

る。逆にいえば，新たな資源が動員されることなしにイノベーション（新結合）は生まれない。したがって，イノベーションの問題に取り組む際には，新たに動員される資源に焦点をあてる必要があると考えられるが，既存研究の多くは，この重要な点を後景に退けてきた。一方で，Mouritsen, Hansen and Hansen (2009) に代表される研究は，「計算」に焦点をあてることで，会計計算によって作り出される情報と新たに動員される資源との直接的な関係を捉え，会計計算がイノベーションを駆動しているさまを記述している。

本章は，Mouritsen, Hansen and Hansen (2009) の議論をさらに一歩進めることで，イノベーションを駆動する会計計算の役割について理解を深めるための方法を提供することをめざす。どのような観点からイノベーションを駆動する会計計算の役割を捉えれば，その理解は深まるのであろうか。本章では，1つの方向性として，会計計算によって作り出される情報と新たに動員される資源の架け橋となる「計算の方程式」という視点 (Latour, 1987)，および高不確実性下において資源を動員する際に考慮すべき概念である「正当化」という視点（武石・青島・軽部，2012）を提示する。そして，これらの視点から，会計計算手法の1つであるマテリアルフローコスト会計（material flow cost accounting，以下 MFCA）を探索的に考察することで，その有用性を検証する。

構成は以下のとおりである。次節では，本章の分析視角として「計算の方程式」に焦点をあてる意義を説明する。第3節では，MFCA が有する「計算の方程式」を捉え，MFCA がイノベーションを駆動した事例として有名なキヤノンのケースを分析する。第4節では，「正当化」の視点から，MFCA の「計算の方程式」に内在する「正当性」について考察を行い，最終節で今後の課題を提示する。

2 計算に焦点をあてる分析視角

2.1 インタラクティブ・コントロール・システムの概念とその限界

会計は，伝統的にイノベーションを阻害するもの，もしくはイノベーションとは関係のないものと捉えられてきた (Davila and Oyon, 2009)。しかしながら，

1990年代にその理解を変える契機となる概念が現れた。それが、サイモンズ (Simons, R.) のインタラクティブ・コントロール・システムである (Simons, 1995)。インタラクティブ・コントロール・システムは、「マネジャーが部下の意思決定行動へ規則的に、また個人的に介入するために利用する公式的な情報システム」(Simons, 1995, p.95) と定義され、たとえば予算等のコントロール・システムを双方向型で活用することを指す。

伝統的に、マネジメント目的で利用される会計（管理会計）は、診断的コントロール・システムの枠組みの中で理解されてきた。ここで診断的コントロール・システムとは、「マネジャーが事前に設定されたパフォーマンス基準と成果の乖離を測定・是正するために利用する公式的な情報システム」(Simons, 1995, p.59) と定義される。すなわち、戦略を遂行するうえで重要なパフォーマンス変数を決定すれば、後は部下に任せ、著しい乖離がない限り上司は介入しない。計算結果を集計し「診断」することを通じて、意図した戦略の達成をめざすシステムである。ところが、イノベーションを遂行するためには、「不確実性」の問題に対処しなければならない。不確実性が高い環境下においては、重要なパフォーマンス変数の決定自体が困難となり、診断的コントロール・システムはうまく機能しない。

そこで提示された概念が、戦略面での不確実性に対処するインタラクティブ・コントロール・システムなのである。ここで戦略面の不確実性は、ガルブレイス (Galbraith, J. R.) の不確実性の概念を援用して、以下のように定義されている。

> 「戦略面の不確実性とは、現行の事業戦略に対して脅威を与えたり、弱体化させる恐れがある不確実性、偶発性である。不確実性は、一般に、ある課題を遂行するために必要な情報と、組織が所有する情報の総量との差異から発生する (Galbraith, 1977, p.36)。戦略面での不確実性は、現行戦略の背景にある前提に対して脅威を与えたり、それを弱体化させる恐れのある、

---

1 インタラクティブ・コントロール・システムの概念は、マネジメント・コントロール・システムを体系づけた1995年の著書 *Levers of Control* において提示されているが、そのアイデアの源泉は、Simons (1987; 1990) に見ることができる。

既知および未知の偶発性を上級マネジャーが認知することで発生する」(Simons, 1995, p. 94)。

ここで重要なのは，不確実性を「ある課題を遂行するために必要な情報と，組織が所有する情報の総量との差異」から発生すると捉えることで，操作可能な変数としている点である。コントロール・システムの双方向型利用を通じて，組織ぐるみの対話を強制し，ディベートのための枠組みを提供することで，ルーティン経路以外の情報収集が可能となる (Simons, 1995, p. 96)。情報収集が促進されれば，情報量が増加するが，これは，変数化された不確実性の低減を意味する。さらに，対話の場は，イノベーション促進にあたって重要な要素である組織学習をも促すと考えられる[2]。

このように，イノベーションに付随する問題に対処しているインタラクティブ・コントロール・システムは，多くの会計研究者によって着目され，これまでにも，コントロール・システムの双方向型の利用がイノベーションをもたらすことを支持する実証研究や，その経路や条件を実証する研究が蓄積されてきた (たとえば，Abernathy and Brownell, 1999 ; Davila, 2000 ; Bisbe and Otley, 2004 ; Bisbe and Malagueño, 2009)。しかも，これらの研究群は，イノベーションと管理会計を対象にした研究の包括的なレビューを行っている Davila, Foster and Oyon (2009) によって，イノベーションと管理会計に関する研究のメインストリームと位置づけられている。

しかしながら，サイモンズのインタラクティブ・コントロール・システムの概念をイノベーションの文脈に当てはめる際には問題もある。それは，不確実性の概念の捉え方に起因する，人間の認知の限界に関連した問題である。すなわち，イノベーションのような不確実性が高い文脈においては，Simons (1995) が依拠したガルブレイスの不確実性の定義を構成している，「ある課題を遂行するのに必要な情報」が事前にはわかりえないのである。

---

2 組織学習のイノベーションへの有効性は，バーニー (Barney, J. B.) などにより提唱された RBV (resorce based view) のアプローチから，資源が蓄積される側面を捉えることで説明される。なお，ここでいう資源は，ケイパビリティやコンピタンスというタームで置き換えられることもある。

一般的に，不確実性が高い環境下において，探索を促して多様な情報を吸い上げるインタラクティブ・コントロール・システムが有効であるに相違ないであろう。また，そのプロセスを通じた学習によって組織能力が向上することにも疑いの余地はない。コントロール・システムを双方向に利用することによって情報量を増加させれば，またそのプロセスで組織能力が向上すれば，新たに動員する必要がある資源を捉えることができる可能性は高まる，すなわち，イノベーションの促進に役立つと考えられる。

　しかしながら，イノベーションにおける会計の役割について考えるとき，サイモンズの枠組みと，それに依拠した研究群から得られる知見は，「インタラクティブ・コントロール・システムはイノベーションの場を創る」という抽象的な理解にとどまってしまう。インタラクティブ・コントロール・システムの枠組みは，情報量や組織能力と動員される資源との関係性は明らかにできるものの，会計が作り出す情報と新たに動員される資源との直接的な関係性についての論点を後景に退けてしまうために，イノベーションの駆動に会計が果たしている重要な役割を見落とす可能性があるのである。

2.2 「計算の方程式」

　サイモンズのインタラクティブ・コントロール・システムの概念の限界は，情報が作り出されるプロセスをブラックボックスとしたことに起因している。このブラックボックスを開ける手段の1つは，「計算」に焦点をあてることであろう（國部，2013，6頁）。計算手法が作り出す情報は，その計算手法が有する「計算の方程式」に則って生成される。この「計算の方程式」が，ラトゥール（Latour, B.）の「計算の中心点」の議論（Latour, 1987）を通じて國部（2013）が主張するように，動員の原動力となるのである（9頁）。ここで方程式（equation）とは，何と何とが連関しているのかを語り，関係の本質を定義するものである（Latour, 1987, p.240, 邦訳406頁）。

　「計算の方程式」[3]の重要性は，Latour（1987）において，エジソンによる電

3　Latour（1987）は，「計算の方程式」というタームを利用していないが，著書の中で利用されている「方程式」というタームは明らかに「計算」との関係性の中で利用されていると考えられるため，本章では，「計算の方程式」と表現する。

力の事業化および白熱電球の発明事例で説明されている（pp. 239-240, 邦訳 404-406 頁）。エジソンは，電力の事業化にあたって，電気をガスと同じ価格で生産する必要があったが，そこで導線に必要な銅のコスト問題に直面する。銅の価格が非常に高いことが，電気がガスと競争することを不可能としていたため，彼は銅のコスト問題を解決する必要があったのである。

この解決プロセスにおいて利用されたのが，ジュールの方程式の1つである「エネルギーの損失＝（電流の二乗×導体の長さ×定数）／導体の断面積」という方程式と，「抵抗＝電圧／電流」で表現されるオームの法則の方程式であった。前式が示しているのは，配電における損失を減らすためには，たとえば分子を構成している電流を弱くし，分母となっている断面積を大きくする必要があるということである。ここで，分母である断面積を大きくすると，より多くの銅が必要となるため，前式によれば，電流を弱くすることが求められることになる。一方，後式によると，電流を弱くすることは，抵抗が高くなることを意味する。したがって，両式を勘案すると，高抵抗電球が求められることになるのである。当時，燃え尽きないフィラメントを見つけることは困難であったため，誰もが低抵抗電球を求めていた。しかしエジソンは，これらの方程式を利用した結果，高抵抗電球を製造すべきであるという結論に達し，後に白熱高抵抗電球が開発されることとなったのである。

このように，資源の動員は，「計算の方程式」に強く関連している。「計算の方程式」への着目は，情報と動員される資源の直接的な関係性を捉えにくくしているサイモンズのインタラクティブ・コントロール・システムの枠組みの問題を克服する方法になりうるといえよう。「計算の方程式」が，情報と動員される資源の架け橋となるのである。

2.3 「計算の方程式」と会計

「計算の方程式」の分析視角は，会計の文脈にも当てはめることができる。それどころか，たとえば前章で議論したように，会計計算によって作り出される情報である会計数値は，構築的な性質を有しているために，その「計算の方程式」と資源の動員は強く関連していると考えざるをえないのである。そこで本項では，「計算」に焦点をあてることにより会計情報と動員される資源の関

係性を捉えた Mouritsen, Hansen and Hansen（2009）を,「計算の方程式」の観点から考察することで,「計算の方程式」と動員される資源の関係性を探ることとしよう。Mouritsen, Hansen and Hansen（2009）は,3社の事例分析によって,「管理会計計算は,企業ならびに,そのイノベーションと技術,境界を問題化する」（p.739）ことを主張した研究である。この研究において管理会計計算は,イノベーション活動と企業全体の関心事を結びつけるものとして捉えられている（p.739）。

たとえば,測定にかかわる問題がそれぞれ大きく異なる研究開発部門や大学の実験室などに対して測定システムを製造・販売しているために,「ソリューションを与え,問題を解決すること」が社是で強調されている SuitTech 社の事例（pp.741-743）では,顧客と交渉プロセスを行う販売エンジニアがイノベーションの担い手となっていた。ここで注意したいのは,販売エンジニアの業績評価指標として販売業績が採用されていた点である。販売業績を計算する方程式は,「販売業績 = Σ（販売価格 × 販売数量）」と表現できるであろう。この方程式は,イノベーションの担い手である販売エンジニアの関心を,いかに売上を多くあげればよいかという点に集約させる。すなわち,業績評価指標としての販売業績は,販売エンジニアが,顧客へソリューションを与えるためにさまざまな部品を組み合わせることによってイノベーションを起こすことを求めていたといえるのである。また,これに伴って同社では,販売エンジニアがさまざまな部品を企業内外から調達することも認められていた。

一方で,SuitTech 社の業務管理者は,販売エンジニアがコストを顧みないという点を問題視し,競合計算として直接費を包含した貢献利益を業績評価指標として提示した。この方程式は,「貢献利益 = Σ［（販売価格 − 直接費）× 販売数量］」と表すことができるであろう。この方程式が,SuitTech 社に新たな情報をもたらして,販売エンジニアが資源を動員するプロセス,すなわち,さまざまな部品を自由に動員するプロセスを問題化し,代わりにプログラム化された部品の動員が促されたうえに,そのために内部のソフトフェアのコンピテンシーを向上させることにもつながった。

同様に HighTech 社の事例（pp.743-745）においては,業績評価指標としての貢献利益は,自由な実験活動を認めていたが,競合計算として提示された間

接費を含む計算は，それを問題化し，効率的なイノベーション活動を要求していた。また，LeanTech 社の事例（pp. 745-747）では，ABC（activity-based costing）を利用して計算された業績評価指標としての利益は，部品のモジュール化を求めていたが，競合計算である資本コストを含む計算は，それを問題化し，市場標準のソフトウェアを利用することを要求した。

このように，Mourtisen, Hansen and Hansen（2009）が提示した 3 事例は，会計計算が有する「計算の方程式」が資源の動員と密接に関連していることを示している。さらに，新たな「計算の方程式」が，既存の「計算の方程式」と関連して動員されていた資源を問題化し，新たな資源の動員を要求したことも示している。ここから，動員される資源と直接的な関係性を有する「計算の方程式」に着目することは，サイモンズの枠組みでは見落とされていたかもしれないイノベーション駆動時の会計の役割を捉える際に有用であると考えられるのである。

3 MFCA によるイノベーションの促進

3.1 MFCA が有する「計算の方程式」

MFCA は，2011 年に ISO14051 として国際規格化されることで ISO14000 シリーズに組み込まれた環境管理会計手法である。MFCA の最大の特徴は，その名のとおりマテリアルに関連している。ここでマテリアルとは，さまざまな物質を包含する概念である[4]が，本章では，議論を簡潔にするために，「マテリアル＝原材料」と捉え説明する。MFCA においては，マテリアルのフローを物量と金額で追跡することで，製品の原価とマテリアルロス（廃棄物）の原価が同等に計算される。[5]

計算にあたっては，インプット（投入）されるマテリアルの物量とアウトプット（産出）されるマテリアルの物量を測定する必要がある。MFCA では，

---

4 たとえば ISO（2011）は，マテリアルの例として，原材料，補助材料，中間製品，洗剤用の溶剤，化学触媒などをあげている。さらには，エネルギーを運ぶ媒体である燃料や蒸気もマテリアルと見なすことができるとしている。

「インプットされるマテリアルの物量＝アウトプットされるマテリアルの物量（すなわち，製品に含まれるマテリアルの物量とロスとなるマテリアルの物量の合計）」である点に着目して計算を行うためである。この関係は，マテリアルが平衡していることからマテリアル・バランスと呼ばれる。ここでアウトプットは，製品とマテリアルロスの２つに区分されるため，これらの比重を計算することで，「資源生産性」を表すことが可能となる。資源生産性は，「資源生産性＝製品に含まれるマテリアルの物量／インプットされたマテリアルの物量」という方程式で計算される。

　MFCA の特徴の１つは，この「資源生産性」を基準に，加工費を製品とマテリアルロスに配賦することにある。加工費には，廃棄物の処理にかかる廃棄物処理費[6]を含めない。廃棄物処理費は，マテリアルロスの存在があるからこそ発生するものであるため，別個に把握したうえで，マテリアルロスのみに負担させることになる。図 5-1 は，単純化した MFCA の計算例である。原材料である板を切り抜く工程で，次の工程に流れる原材料（すなわち製品）が $100\,m^2$ 中 $65\,m^2$ であり，$35\,m^2$ を廃棄している場合，資源生産性は 65％ となる。原材料費は，製品とマテリアルロスに直課することになり（すなわち，650 万円と 350 万円），加工費は，資源生産性を基準として配賦されることになる（製品の加工費 ＝1500 万円×65％，マテリアルロスの加工費 ＝1500 万円×35％）。廃棄物処理にかかる廃棄物処理費は，すべてマテリアルロスに負担させる。

　この計算例は，MFCA の一側面しか捉えていない。実際には，たとえば，工程にわたるマテリアルのフローを考える視点があるし，在庫の存在を考慮する視点もある。さらには，加工費のすべてを，資源生産性を単一の基準として配賦することの妥当性も考慮すべきである。このように，「計算の方程式」の観点から MFCA を捉えると，MFCA はさまざまな「計算の方程式」から構成

5　原価とは，「経営における一定の給付にかかわらせて，は握された財貨又は用役（略）の消費を，貨幣価値的に表したもの」を指す（大蔵省企業会計審議会，1962）。ここで給付とは，同じく大蔵省企業会計審議会（1962）によると「経営が作り出す財貨」を意味する。これらの定義から MFCA を捉えると，MFCA は，マテリアルロスを給付と見なし，マテリアルロスを作り出すために消費された財貨または用役を把握して貨幣価値的に表す手法と理解することができる。

6　廃棄物管理コストとも呼ばれる。

図 5-1 MFCA の計算例

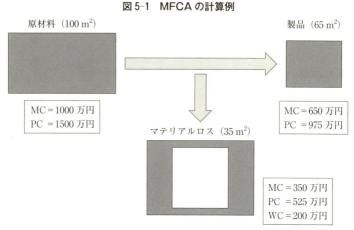

（注） MC は原材料費を，PC は加工費を，WC は廃棄物処理費を表す。

されていることがわかる。しかしながら，これらの方程式を網羅して説明を行うことは，議論を複雑にし，理解を困難にする。さらに，そもそも MFCA は企業内部で自由な形態で利用できるため，MFCA が有する「計算の方程式」も企業ごとに異なるのが常である（次章を参照されたい）。したがって，本章においては，「資源生産性の方程式」と，「マテリアルロス・コストの方程式」のみを利用して説明を行うこととする。それらはすなわち，「資源生産性＝製品に含まれるマテリアルの物量／インプットされたマテリアルの物量」および「マテリアルロス・コスト＝マテリアルロスの物量×マテリアルの単位価格＋加工費×（1－資源生産性）＋廃棄物処理費」である。

　MFCA が環境管理会計手法として位置づけられる理由は，マテリアルロス・コストを計算することにより，企業に資源生産性を向上させるインセンティブを与える点にある。マテリアルロスは，その名のとおりロスであり，それを製造するための資源の消費を貨幣価値で表したマテリアルロス・コストは，低減させることが望ましい。ここで上述の「マテリアルロス・コストの方程式」を見ると，マテリアルロス・コストを低減させるためには，資源生産性を向上させることが重要となることがわかるであろう。資源生産性を向上させれば，マテリアルロス・コストを構成する原材料費（＝マテリアルロスの物量×マ

テリアルの単位価格），加工費（＝加工費×（1－資源生産性）），廃棄物処理費のすべての低減につながる。[7] すなわち，MFCA は，マテリアルロス・コストの計算を通じて，資源生産性を向上させることを求めるのである。

3.2 MFCA によるイノベーション促進事例

MFCA の導入事例は多数あるが（たとえば，國部，2008），その中でも，キヤノンの宇都宮工場における一眼レフカメラ用のレンズ工程への導入事例は，最も有名な事例の 1 つとして知られている。導入に深くかかわった安城泰雄氏によって紹介されるだけでなく（安城，2003；2006；2007），多くのガイドラインや研究においても紹介されている事例である（たとえば，経済産業省，2002；中嶌，2006；中嶌・國部，2008；ISO，2011；Schmidt and Nakajima, 2013）。またこの事例は，MFCA がイノベーションを促進した事例としても知られている（中嶌，2006；ISO，2011）。本章では，このキヤノンの事例を，「計算の方程式」に着目することで再解釈する。なお，以下の事例は，これらの先行研究および安城氏へのインタビュー・データ[8]を参考に記述した。

レンズ工程に投入される主要原材料は，硝子である。壊れやすいという特質を持つ硝子を原材料にすることは，不良率の問題と向き合うことを意味する。キヤノンでは，「歩留率＝完成品個数／投入原材料個数」という「計算の方程式」で表現される歩留率を高めることを通じて，不良率の問題と向き合っていた。1970 年ごろの歩留率は約 70％ であり，不良率を下げることで歩留率を高めることが長らく改善テーマとされていた。そして，MFCA が導入された2000 年ごろには，改善努力の結果，歩留率は 98％ 以上になっていた。したがって，レンズ工程は，改善テーマがほぼ解決した工程として捉えられていた。

ところが，MFCA によってマテリアルロス・コストを計算したところ，全対象工程でインプットされたコストの 32％ がマテリアルロス・コストとなっ

---

[7] 製造原価の削減につながるか否かは，また別の話である。製造原価の削減のためには，製造原価を発生させる要因（＝コスト・ドライバー）となる要素の改善が必要となる。したがって，資源生産性の向上により削減される製造原価は，資源生産性がコスト・ドライバーとなっている原価のみである。

[8] インタビューは，2012 年 12 月 27 日に筆者によって行われた。3 時間にわたるインタビュー・データは，録音，文字化されている。

ていることが判明する。さらに，その3分の2が荒研削と呼ばれる硝材を荒削りする工程から発生していることも明らかになった。競合計算としてマテリアルロス・コストが計算された結果，対象のレンズ工程は再び，改善テーマが残っている工程と捉えられるようになったのである。

　前述のように，マテリアルロス・コストを低減させるためには，資源生産性を向上させる必要がある。そこでキヤノンが目を付けたのが，原材料である硝材のニアシェイプ化である。ニアシェイプとは，削る部分を少なくすることを意味する。つまり，ニアシェイプ化は，削り滓を削減することを通じて，資源生産性を向上させる取り組みである。マテリアルロス・コストの情報によって，キヤノンは，原材料のニアシェイプ化にサプライヤーと協働で取り組むこととなった。当時，ニアシェイプ化の技術は，他のカメラレンズ，たとえばコンパクトカメラには適用されていたが，曲率が高い一眼レフカメラへの適用は，技術的に困難であったため，採用されていなかった。しかし，マテリアルロス・コストの情報によってニアシェイプ化の技術の動員が強く求められた結果，実際にもニアシェイプ化を達成したキヤノンは，大幅なコスト削減を実現した。

　この事例を「計算の方程式」に焦点をあてて解釈すると，新たな「計算の方程式」，すなわち「マテリアルロス・コストの方程式」が，現状の方法を問題化し，さらに異なる資源の動員を求めたことが明らかである。歩留率の計算と異なる結果を生み出すマテリアルロス・コストの計算によって，対象工程は問題化された。さらに，資源生産性向上の要求がニアシェイプ化という技術の動員を要求し，実際にその技術が動員されることで，キヤノンはイノベーションを果たしたと解釈できるのである。

4　会計計算と資源動員の正当化

4.1　正当化の視点

　第2節のMouritsen, Hansen and Hansen（2009）の事例および前節のキヤノンのMFCA導入事例は，ともに，「計算の方程式」が資源の動員と関連していること，また，新たに導入される「計算の方程式」は，新たな資源の動員を

要求することで，イノベーションを促進することを示していた。会計によって作り出される情報と新たに動員される資源との直接的な関係性を捉えることを可能にする「計算の方程式」へ着目することによって，サイモンズのインタラクティブ・コントロール・システムの概念の枠組みでは捉えることのできなかった，イノベーション駆動時の会計の役割を捉えることができたといえよう。しかしながら，この理解は，会計計算の構築的な役割に関する議論をイノベーションの文脈にただ当てはめているのみであるともいえるため，本節で，この議論をさらに一歩進めたいと考えている。

資源の動員を主題にしたイノベーション研究である武石・青島・軽部 (2012) は，イノベーションの実現過程における2つの重要な特質を捉えている。それは，「革新である故に不確実性に満ちているという特質」と「経済成果を実現するためには他者の資源を動員する必要があるという特質」である (6頁)。これら2つの特質は，1つの矛盾をはらんでいることを意味する。それは，「事前には技術的にも経済的にも成否が不確実な中でさまざまな他者の資源を動員しなくてはならない，という矛盾」(11頁) である。イノベーションに関する問題に取り組む際には，その実現を困難にする，この矛盾と向き合う必要があるが，そこで彼らが提示するのが「正当化」の概念である。ここで正当化とは，「多様な相手に向かって多様な理由によって資源動員への支持を獲得していく」さまと定義される (24頁)。イノベーションの推進者は，事前には技術的にも経済的にも成否が不確実な中で，資源動員のために何らかの正当性を訴えることによって他者の支持を獲得していくが (20頁)，そのプロセスを明らかにする重要性を彼らは訴えているのである。

彼らのアプローチは，「客観的な経済合理性がない (一定の水準を下回っている)」(21頁) 場合を想定しており，「経済合理性」を計算する会計計算手法の正当性は，そもそも同書の考察対象にはなっていない。たしかに，会計情報の正当化への寄与は，その構築的性質に鑑みれば，所与と捉えても問題ないかもしれない。しかし，それでは，イノベーション駆動時の会計計算の役割について理解を深めることはできないであろう。そこで着目すべきは，会計計算手法の多様性である。投資判断時に利用するDCF (discounted cash flow) 法をはじめとした「経済合理性」の計算にも，何らかの予測が介入していることからも，

「計算の方程式」の性質は多様であり，その結果として会計計算手法が作り出す情報の性質もまた多様だと考えられるのである。こうした「経済合理性」の問題は，サイモン（Simon, H. A.）が示した「合理性の限界」の観点から，結果に関する知識の不完全性やそれに伴う予測の困難性によって生じるものと考えられる（Simon, 1997）。このような問題がある限り，会計計算が作り出す「経済合理性」の正当性は考察の対象とする必要があるということになるだろう。

そこで本節では，MFCA を事例に，MFCA が有する「計算の方程式」の「正当性」（「真っ当な理由」；武石・青島・軽部, 2012, 21 頁）に焦点をあてた探索的な考察を行うことで，イノベーションを駆動する会計計算の役割に関する理解を深めるための1つの方向性を提示する。本章が分析の視角としている「計算の方程式」の概念を提示したラトゥールは，アクターネットワーク理論（actor network theory，以下 ANT）の提唱者の1人として知られている。ANT では，たとえば MFCA のエージェンシー（行為能力）がアプリオリに決定されているとは考えず，エージェンシーは他のアクターとの関係性の中で規定されると捉える（Latour, 2005）。したがって ANT に忠実に従えば，MFCA が有する「計算の方程式」の正当性は各事例で異なるものになると考えられるため，MFCA に正当化の機能をアプリオリに与えること自体が批判の対象となりうる。しかしながら，上述のように「計算の方程式」の正当性について考察する意義は少なくないと考えられるため，以下では批判を承知のうえで，探索的にこの問題に取り組むことにする。

4.2 正当化の局面における MFCA の強み

前節では，MFCA が有する「計算の方程式」として，「資源生産性の方程式」（「資源生産性＝製品に含まれるマテリアルの物量／インプットされたマテリアルの物量」）と「マテリアルロス・コストの方程式」（「マテリアルロス・コスト＝マテリアルロスの物量×マテリアルの単位価格＋加工費×（1－資源生産性）＋廃棄物処理費」）を紹介した。「マテリアルロス・コストの方程式」は，マテリアルロス・コストという会計情報を作り出すため，会計計算の構築的な役割についての議論からも明らかなように，資源動員の正当化と直接関連しているといえる。しかし一方で，この方程式には，「資源生産性の方程式」が組み込まれている。

計算されたマテリアルロス・コストの情報を受けて，実際に新たな資源が動員されるとき，その資源の内容に強く影響を与えるのは，「資源生産性の方程式」である。マテリアルロス・コストの低減のためには，「資源生産性の方程式」に着目することが重要になってくるからである。したがって本項では，正当性の観点から，「資源生産性の方程式」が有する強みを探索的に考察することとしよう。

　まず，「資源生産性の方程式」の強みとしてあげられるのは，MFCAが環境管理会計手法として地位を築いていることからも明らかなように，方程式から生み出される資源生産性の数値を向上させることが，環境負荷の削減に寄与する点である。環境負荷の削減は，社会的に正当化されている要素であると考えられる。企業にとって，資源生産性の向上は取り組むべき課題であるし，開示情報としても利用可能であるためアピールの題材となりうる。「資源生産性の方程式」は，その規範的性質において強みを有していると考えられる。

　また，対象を会計数値で表現する技術としての会計計算の側面は，普段あまり強調されることがないとしても，重要であることに変わりはない。この観点からは，MFCAを構成する「資源生産性の方程式」が，その表現する対象と直接関連しているために理解されやすいという点も，強みであるといえよう。たとえば，MFCAの説明の際に利用した図5-1の板の例では，板の資源生産性を向上させることで，廃棄物であるマテリアルロスが削減されるのが目に見える。物質として存在するマテリアルを対象に計算を行う「資源生産性の方程式」は，その改善効果の物質的可視性からも，正当化にあたっての強みを内在していると考えられる。

　一方，正当化は，コミュニケーションを通じて行われる。この観点からMFCAを捉えると，MFCAは会計計算手法であるものの，それを構成する「資源生産性の方程式」が作り出す情報だけでも，目標とするマテリアルロス・コストの低減のためのコミュニケーションは可能であることがわかる。貨幣情報を作り出す「マテリアルロス・コストの方程式」は正当化にあたって強力な役割を発揮すると考えられるが，たとえば企業内部の部門間もしくは企業間でコミュニケーションを行う際には必ずしもそうした会計数値を持ち出してくる必要はなく，「資源生産性の方程式」を構成している物量に関する数値だ

けで議論ができるのである。ここでは，この会計数値を利用しないということの利点を強調したい。会計数値というコミュニケーション媒体が，部門間や企業間のコミュニケーションの阻害要因となりうることは，想像に難くないからである。

経済的効果の表れ方からも，「資源生産性の方程式」の強みを抽出することができる。資源生産性を向上させることによる経済的効果は，おもにマテリアル購入量の削減として表れる。この優位性は，時間生産性向上による経済的効果と比較すればわかりやすい。時間生産性向上による経済的効果は，時間当たりのアウトプット（産出）が増えることを通じて表出する。しかし，時間生産性の計算対象である従業員や機械設備は，短期的には削減することが困難であるコミッティド・キャパシティ・コストとして位置づけられるため，その経済的効果は，おもに製造量の増加に伴う売上高の増加を通じて表れる。改善の効果を時間軸から捉えると，時間生産性を向上することによる経済的効果は，マテリアルの購入時に経済的効果が表れる資源生産性向上の効果に比べると遅く表れる。このことから，資源生産性向上の経済的効果の発現は，時間生産性向上の経済的効果の発現よりも確実性が高いといえるのである。

5 おわりに

会計計算は，「計算の方程式」に従って，会計情報を作り出す。既存の計算手法とは異なる「計算の方程式」が導入されることによって作り出された会計情報は，新たな資源の動員を要求する。したがって，動員が要求される資源の内容は，その「計算の方程式」に強く関連している。こうしたことから，情報と資源動員の架け橋となる「計算の方程式」に焦点をあてることは，Mourtisen, Hansen and Hansen（2009）やキヤノンの事例が示すように，イノベーションを駆動する会計の役割を捉えることを可能にする。本章では，会計計算が有する「計算の方程式」の「正当性」に焦点をあてた考察を行った。具体的には，MFCA を対象に，「資源生産性の方程式」の正当性に焦点をあてることで，資源動員の正当化の観点から MFCA が有する強みを考察した。

以上の考察から示唆されるのは，会計計算手法によって正当性のレベルは異

なり，結果，資源動員の正当化の実現可能性も異なってくるのではないかということである。また，会計手法ごとに内在する「計算の方程式」が異なるということからは，動員されやすい資源も異なることが示唆される。たとえば，キヤノンの事例では，資源生産性を向上させるための技術が動員されていたが，これはMFCAが資源生産性の向上を求める手法であったからにほかならない。

なお，正当化の概念は，正当性を訴える「相手」と，資源動員が正当化された「理由」から構成される（武石・青島・軽部, 2012）。本章では，ここでいう「理由」への会計計算の寄与を，「計算の方程式」を通じて議論してきたわけであるが，同じ会計計算手法が利用されている場合においても，「相手」の関心によって，正当化の実現可能性は異なってくると思われる。たとえば，サプライヤーに対しては，前節で述べたような理由から，貨幣情報を伴わない「計算の方程式」の存在が重要であるかもしれない。また，ほかにも「理由」に関連する論点として，正当化のプロセスを捉える際には，たとえばSnow et al. (1986) の「フレーム整合プロセス」の概念が有用かもしれない。フレームは，ゴッフマン（Goffman, E.）の1974年の著書 *Frame Analysis* から援用されてきた概念であり，個人の解釈様式を示す。スノーらは，このフレームを整合させるプロセスを，連結（bridging），増幅（amplification），拡張（extension），変換（transfromation）の4つに分類している。このプロセスが正当化のプロセスと大いに関連していると考えられるため，会計計算がどのように正当化を果たすかの道筋を理解する際にも有用であると推測されるのである。

本章では，資源動員の正当化への会計計算の寄与に焦点をあてた考察を行ったが，当然ながら会計計算のみがその役割を担うわけではなく，正当化にあたって会計計算を補完するものも存在する。たとえば，Miller and O'Leary (2005) では「技術マップ」が資源動員の正当化に役立つことが示唆されているし，Revellino and Mouritsen (2009) は「ナレッジ・マップ」が資源動員の正当化に寄与することを示唆している。また，ダイナミック・ケイパビリティ[9]の議論に見られるような，必要に応じて新たな資源を動員することを可能にす

9　ダイナミック・ケイパビリティとは，「急激な環境変化に対処するために，内外のコンピタンスを統合・構築・再配置する企業能力」（Teece, Pisano and Shuen, 1997, p. 516）を意味する。

る企業能力も，資源動員の正当化に影響を与えるであろう。さらに，本書第2章の議論から示唆されるように，資源動員の正当化にあたっては，感情の次元が考慮される局面もあろう。

　正当化の問題は，会計計算が有する力（power）と強く関連している。会計計算が有する力は，会計現象を作り上げている多様な構成要素によって強化される（Justesen and Mouritsen, 2011, p.183）ことに鑑みれば，さまざまな事例で，イノベーションを駆動する会計計算を取り巻く要素との関係性の中でその働きを捉えることが，イノベーションを駆動する会計計算の役割についての理解を深めるためにも重要となろう。

　本章では，イノベーションを駆動する会計計算の役割についての理解を深めるための1つの手段として，会計計算が有する「計算の方程式」の「正当性」に着目する有用性を，探索的な考察を通じて示してきた。しかしながら，会計計算の実践は，それを取り巻く要素との関係性の中でなされることに鑑みれば，会計計算が正当化にあたって担う具体的な役割や正当化への寄与の形態は個々の事例によって異なるはずである。したがって，イノベーションを駆動する会計計算の役割についての理解を深めるためには，会計計算が有する「計算の方程式」の「正当性」に着目したうえで，会計計算を取り巻く要素との関係性の中でなされる資源動員の正当化プロセスを捉える事例の考察が重要となる。このような事例が蓄積されていくことで，私たちはその理解を深めることができるのである。

　　＊　本章は，JSPS 科研費 JP 26780266 による研究成果の一部である。

第6章

可視性の創造と変容
マテリアルフローコスト会計実践の時系列分析

東田明・國部克彦・篠原阿紀

1 はじめに

　組織における会計変化を理解するためには，会計を組織内外の要素と独立した技術として捉えるのではなく，それらと相互に結びついて組織に埋め込まれたものとして理解する必要がある。さらに，会計は組織内外の要素から影響を受けるだけでなく，会計自身が作り出す可視性がそれらに影響を及ぼす存在でもある（Hopwood, 1987）。

　こうした会計の可視性に関連して，会計学の領域では，計算技術の能動的役割について，多くの研究が蓄積されている（たとえば，Briers and Chua, 2001；Chua, 1995；Robson, 1992）。そこでは，管理会計や財務会計という計算技術および計算装置が新しい可視性を創造して，組織や社会に影響を与え，その計算技術が埋め込まれているコンテクストとともに変容するプロセスが研究されている（たとえば，Hopwood, 1987）。さらに，近年では，ラトゥール（Latour, B.）やカロン（Callon, M.）らの翻訳の社会学を応用して，管理会計計算の構成的役割を究明しようとする研究も進んでいる（Justesen and Mouritsen, 2011）。

　このような会計手法の分析視角は，環境管理会計という新しい会計実践の分析にも効果を発揮することが期待される[1]。環境管理会計は，企業経営において環境と経済の連携を図る手法であり，環境に関する新しい可視性を企業経営の

中に注入し，企業経営を環境配慮型に転換することに資する手法とされる。

しかし実際には，利益追求を目的とする営利組織である企業経営内部において，環境管理会計が創造する新しい可視性と既存のマネジメントの考え方はつねに一致するわけではなく，むしろさまざまなコンフリクトも生み出す（國部, 2007）。こうした環境管理会計の実践を理解するためには，環境管理会計が組織に埋め込まれるプロセスとその構成的役割に焦点をあてることが求められる。しかしながら，環境管理会計の構成的役割については，日本において少数の研究はあるものの（北田ほか, 2012），比較的長期間にわたる実践を対象とした研究は行われていない。そこで本章では，会計手法として環境管理会計の主要手法であるマテリアルフローコスト会計（material flow cost accounting，以下 MFCA）を導入して活用してきた A 社（匿名）の事例について，2000 年代はじめから 10 年代はじめに至る約 10 年間の変容を分析することで，環境管理会計計算の構成的役割を分析することを目的とする。

本章に入る前に，MFCA の計算技術的特徴について説明しておこう。MFCA は，マテリアルのフローを物量と金額で追跡，評価する手法であり，リサイクルや廃棄の対象となるマテリアルロスのコストを計算できるところに特徴がある（前章も参照）。通常の原価計算では，マテリアルロスのコストは総額で製造原価に含まれてしまうため，分離して把握されることはない。これに対して，MFCA はマテリアルロスのコストを計算することで，企業経営者や管理者に対して，マテリアルロスの削減行動を促す効果があるとされている（中嶌・國部, 2008）。本章では，MFCA によるマテリアルロス・コストの算定を新しい可視性の創造と捉えて，この新しい可視性の創造が，組織活動プロセスの中で，どのように変容するのかを明らかにすることを目的とする。

ちなみに，これまでの MFCA 研究は，計算技術の開発研究に重点が置かれてきたが（中嶌, 2011），本章では，MFCA 自身もアクターと捉え，そのネットワークにおける計算技術そのものの変容を分析する。このようにして計算技術が持つ構成的役割を明らかにすることで，技術開発研究では明らかにされてこ

---

1 社会環境会計研究におけるアクターネットワーク理論の適用可能性については，Barter and Bebbington（2013）を参照。

なかった MFCA の側面を究明する。

2 A社における MFCA の導入と展開

研究対象として取り上げる A 社は，化学メーカーで東証 1 部に上場している。A 社は MFCA に 2000 年代初頭より取り組んでおり，その後全社展開を図り，継続的に活用してきた企業である。

筆者らは 2000 年代初頭から約 10 年間にわたり，A 社の研究を行ってきた。A 社に関する以下の記述は，インタビュー調査，社内外の資料および A 社所属の社員による論文や講演資料に依拠している。インタビュー調査の期間は 2003 年から 13 年までであり，この間に半構造化インタビューを 12 回実施した。インタビューの対象は，経営者，環境経営担当専務，環境経営部，E カンパニー，H カンパニー，S 工場工場長，生産革新センター部長である[2]。また，参考にした資料については，社内報などの内部資料，CSR レポートやアニュアル・レポートなどの公表資料である。

2.1 MFCA 導入以前

A 社は化学メーカーということもあり，従来から環境問題には敏感な企業であった。環境管理部の設置は 1970 年代初頭と早く，90 年代半ばには環境マネジメントシステム（ISO14001）認証取得活動を開始し，2000 年代初頭にはゼロ・エミッションを達成している。

経済業績の面で大きな転機となるのが，営業赤字に陥った 1990 年代末であり，その後 2000 年代はじめまで営業赤字の状態が続いた。この時期，A 社は事業の見直しと組織改革を迫られることになる。こうした苦境の中，新社長として X 氏が就任する。同氏は事業の統廃合を行い，組織体制を従来の事業部制からカンパニー制へ移行した。また，X 氏は，副社長時代に，全従業員の意識を 1 つにするための社会的価値目標として「環境創造型企業」という言葉を

---

[2] インタビュー対象者の所属と役職は，いずれもインタビュー当時のものである。また，企業名，部署名，個人名はいずれも仮名とする。

事業計画の中で打ち出しており，この「環境創造型企業」をめざすことで，経営成績の好転を図った。

しかしながら，この事業計画の中で，どのように「環境創造型企業」をめざすのかといった内容は具体的になっておらず，また，環境保全への取り組みはお金のかかることだという意識を多くの従業員が持っていた。そこで，環境保全活動を経営レベルに引き上げる議論をまとめ，経営会議に報告することを目的とした環境経営プロジェクトが立ち上がった。

このプロジェクトのリーダーであったP氏は，当時の議論を次のように振り返る。

> 「環境はお金のかかるものだという認識がA社グループ従業員の中の意識にはどうしてもある。そうではなくて，環境保全活動は経営に直結するもの，利益に直結するものという理解が浸透すれば環境経営はきっと加速するだろう。そのような環境経営にしていきたい。ではそのためにどういうミッションがあるだろうか，そしてそこから何が生まれてくるか，ということをいろいろ議論しました」(P氏)

このプロジェクトでは，「ベクトルの統一」「環境で事業を創る」「環境で経営の効率化を行う」という3つの視点から環境問題に対する取り組みを経営レベルに引き上げるための議論が行われ，その結果は役員会に報告された。そして，環境経営プロジェクトの提言を受け，環境経営をより強力かつ迅速に推進するために，環境経営部が設置された。

2.2　MFCAの導入

環境経営プロジェクトにおいて，環境保全活動が企業の利益に直結するためにはどうしたらよいか，その手法や戦略について考えていた環境経営部部長のP氏は，2000年代前半に開催されたあるシンポジウムでMFCAのことを知った。その際にP氏は，廃棄物の削減をめざす同社の方針にとって，MFCAによるマテリアルロスの可視化が有効であると直観した。

P氏は，早速，A社での試験導入に踏み切った。P氏はM工場の工場長に

MFCAの導入を依頼し，まずT製造部の1製品1製造ラインで試験的に導入することが決まった。

試験導入に踏み切る前に，P氏は社長に対してMFCAの有効性についてのプレゼンテーションを行っている。X社長からは，「おもしろい。これまで考えてなかったが，そういう経営手法を導入することで，現場を底上げすることができるなら是非やってくれ。成果目標値を明確にして推進を図ってくれ」という言葉が返ってきた。これは，MFCAが，当時，環境創造型企業をめざすと標榜していたが，それを表現する明確な指標がなかったA社社長のX氏のニーズに合致したためである。しかし，まだこの段階では，MFCAは机上の理論の域を出ておらず，導入後に，以下のような現場の異なる反応に遭遇することになる。

社長が肯定的見解を示したにもかかわらず，導入当初，製造現場からはMFCAに対してかなり否定的な反応が返ってきた。T製造部は歩留まりの高さを自負している部門だったこともあって，「うちの工場はデータもきちんと揃っており，不良率も把握している。これ以上何を見るんだ」といわれた。P氏はそこで，「まあ1度やってみましょう。出口で見るのではなくて，工程の中を見るのがMFCAなのだから」と説得を試み，試験導入が実施された。

MFCAの導入は，まずデータを収集することから始まるが，そこからすでに試行錯誤の連続だった。マテリアルのフローを見るために，途中の工程でマテリアルがリサイクルされて再投入される場合にはデータをどうするのか，エネルギー・コストはどう扱うのかなどについては，そのつど話し合いながらルールを決めていった。また，必要だが既存の生産・会計データベースにない情報は，P氏自らが計器類を用いて測定した。後に生産技術のコンサルティングを行うA社子会社のG社から，数名がこの導入プロジェクトに参加することになり，その中に1人，会計システムに明るい人物がいたため，その人物と一緒に考えながらデータの収集から分析までを進めていくことになった。

このようにして，試験導入にはデータの取得から分析までに約半年の時間がかけられた。当時の日本にはMFCAを導入していた企業がほとんどなく，参考になるものもあまりない状況だった。しかしP氏は，「だからこそやりやすかったのではないか。使いやすいデータを加工していった」という。そしてそ

れを「A社のMFCAだと決めていった」。MFCAは，理論上はいくらでも精密に計算することができるが，実践では目的に応じて簡素化するほうがよい場合も少なくない。A社の場合も，実践への適用可能性を重視して，簡素化した手法として導入が試みられたのである。

こうした後に，M工場におけるMFCAの試験導入の成果が，X社長に対して報告されることになった。なお，M工場で製品にならない材料が多いことは，以前から指摘されてはいたものの，製造工程において端材が生じるのは当然であり，またそれらは生産ラインに再投入されるので問題ないと認識されていた。ところが，MFCAの計算によってマテリアルロスのコストが明らかになると，工場内では，素直な驚きの反応が出た一方で，このような数値を外部に出さないでほしいという反応もあった。しかしP氏はそこで，「この数値は，悪いということを責めるためのものではなくて，改善の余地がこれだけあるということを示すためのものだ」と諭したのだという。

P氏はこの結果をもとに，「経営赤字の時代だけれども，人を削減するよりも製造業なのだからマテリアルロスを削減することが大事なのではないか」とX社長に提案した。「M工場はA社の主幹工場であったため，そこで成果を出したことは，今から振り返るとよかったんじゃないかと思う。これが小さい工場の小さい工程だったら，そこだからできたんじゃないかといわれてしまう。M工場のT製造部でマテリアルロスがかなりの割合あるということがわかったということは，工場長もびっくりしていた」とP氏はいう。

この試験導入についてX社長は次のように語っている。

「（環境経営に対して）私の意識としてかなり決定的な影響を与えたもの（の1つ）は，MFCAという考え方を取り入れて，M工場のT製品の生産ラインで実態調査をやったことだ。T製品のラインのインプットとアウトプットの差が，25％くらい消えてしまっていることがわかった。投入量の25％が消えているとは一体これはなんだと。これが私にとっては非常に大きなショックだった。それで次の新しい中期計画には生産革新というのを入れた。その生産革新の革新は私はMFCAだと思う。この25％の行方を追いかければ相当エコノミーにつながると考えた」（X社長）

X社長のこの言葉は，A社においてMFCAによる新しい可視性が経営の手段として認められたことを示しているといえよう。

2.3 MFCAの全社展開

M工場での試験導入の結果から，MFCAによって環境負荷削減とコスト削減の同時実現が可能であることが社内で理解されるようになり，P氏はMFCAの全社展開をめざして，導入を試行するためのモデル事業所を各カンパニーから選んだ。しかし，P氏にとってはここからが「苦労のスタート」だった。

X社長の一定の理解のもとモデル事業所に赴いたP氏であったが，現場からは先のM工場での導入時と同様に抵抗の言葉が返ってきた。また，MFCAという新しい手法に対する不信感もあった。「そこから何が見えてくるんだ。わざわざいらない手数を使って分析して。今現在やっている原価計算と何が違うのか」というように，とりわけ従来から行っている原価計算との違いについての説明を強く求められたという。現場において原価計算はあくまでも原価を算定するものであって，それが改善活動と結びついていなかった。しかし現場では，ヒト・時間・生産性といった観点からの改善活動は日々行われていたため，既存の原価計算や改善活動とどのように違うのかという説明が求められたのである。

このような抵抗に対し，P氏は一貫して「MFCAは工程の一部分ではなく，工程全体のマテリアルのフローを見るものだ。マテリアルフロー活動なんだから全社活動になるべく，経営との同軸化を探ろう」，「環境を切り口に，廃棄物やCO_2を削減する活動がコストダウンにつながると，製造現場の活動と同一化されるんだ」と説いて回った。現場にある原価計算の数値をどのように活用するかについても議論を重ね，また，正確な計算をすることよりも，マテリアルロスを可視化することが重視された。

こうして全社展開を進める中で，P氏はいくつかの課題に直面したが，それらはいずれも，「A社におけるMFCAとは何か」という問題に帰結するものであった。たとえば，導入推進者であったP氏でさえも，財務部でも経理部でもない環境経営部が会計手法を導入することにはためらいがあり，また上述

のように，現場からは既存の原価計算との関係を問われるなど手法そのものに対しても反発を受けていた。そこで，P氏は，「マテリアルフローコスト会計」という名称は使わず，「マテリアルフロー活動」として，MFCAの導入を推進しようとした。こうした取り組みにより，A社におけるMFCAは，既存の原価計算とは独立に，マテリアルロスの計算手法として位置づけられることになる。また，正確なコスト計算よりも，いかにマテリアルロスを削減するかに重点が置かれるようにもなった。

MFCAによって計算されるマテリアルロス・コストは，同社では「ロスコスト」と呼ばれている。ロスコストには，原材料費，エネルギー費，システム費（労務費や減価償却費，その他管理費など），廃棄物処理費が含まれる。

マテリアルロスが明らかになると，その削減案の提案と実行可能性の検討が行われる。このプロセスでは，工場の製造部や生産技術の担当者，生産技術のコンサルティングを行うG社のメンバーなどで実行可能性を確かめる。そして，分析結果に基づき，各生産事業所単位で，ロスの内訳，内容，削減のための課題，具体的対策がまとめられた一覧表が作成される。これをもとに，カンパニーの責任者や工場長，ワーキンググループと事務局が一堂に集まり，各カンパニー単位でロス削減活動に優先順位が付けられ，ロス削減の目標値が設定される。このように，マテリアルロス削減のためのPDCAサイクルが構築されていったのである。

こうした取り組みの成果は，生産現場の担当者も感じていた。

> 「MFCAを始めるというときに，かなりもめた。工場側としては，こういうフローの中のどこでどういう廃棄物が出ているというのは感覚的にわかっていた。でも，いまさらそれを電卓たたいて指標を作るという意義が見出せなかった。しかし，ロスがいくらかという金額ベースではわかっていなかった。その点で設備投資をして改善していこうというふうになったところがMFCAの一番の成果だと考えている」（S工場工場長）

---

3 本章では「マテリアルフロー活動」という語は使わず，「マテリアルフローコスト会計（MFCA）」で統一している。

「従来だと加工の段階で出るロスは仕方がないと諦めていた。技術的な改善もしたけど諦めていたところもあった。それが MFCA を入れて計算したらどこが多いかわかる。多いところに手をつけないといけないということで取り組みが始まるというケースが生まれた。やったらなんとかなるんだということが数値でわかった。別に MFCA でやらなくても無駄がどこにあるかはみんな知っている。でも，さすがにその効果たるやそこが明確になったのは大きい。マテリアルロスをリストアップすると行動が推進される。やはり探索程度の気持ちでやると『できない』が勝ってしまう」
（E カンパニー部門長）

2000 年代半ばには，全事業所における MFCA に基づく分析が終わり，その結果は経営会議で報告された。この結果は X 社長に驚きを持って受け止められ，この後，中期経営計画に生産革新がテーマとして組み入れられた。また，MFCA によって明らかになったロスコストの削減に関する中期計画が作成された。この時点で，MFCA による新しい可視性は，経営計画にまで反映されることになったのである。

そして A 社にとっては，明らかになったロスコストの削減をいかに進めていくかが次なる課題となった。

2.4　MFCA と生産革新の連携

MFCA はマテリアルロス，つまりロスコストを測定する手法であるが，ただ測定しただけでロスコストを実際に削減できなければ，製造現場としても達成感が得られず徒労に終わってしまうであろう。もちろん，環境経営手法で利益を上げるという当初の目的も達成できない。つまり，MFCA を導入する企業にとって，マテリアルロスの削減活動の成否はきわめて重要なのである。

ところが，この段階で A 社は大きな課題に直面した。それは，MFCA の導入から全社展開に至るまでを推進してきた P 氏が所属していた環境経営部という部署に起因するものであった。すなわち，環境経営部は MFCA を通じてマテリアルロスを可視化することはできたが，それを削減するための手法や知識を持たなかったのである。

MFCAの導入は，当初より，P氏とコンサルティング会社のG社の数名だけという体制で推進されてきたものであった。そこでP氏は，MFCA情報の集計を行いながら，改善のためのバックアップをする部隊がほしいと，当時上司であった環境経営担当専務Z氏に直接かけあい，政策会議でMFCAのための組織作りについて提案を行った。

　一方，このころ，A社で1つの組織が立ち上がろうとしていた。それが，後に本社直属のコーポレート部門の研究開発センター内に設置されることになる，生産革新センターである。当時，コーポレートの研究開発担当の常務取締役であったY氏は，A社の生産活動についてある懸念を抱いていた。それは，生産活動は利益を生み出す源泉であるにもかかわらず，その活動が従来の取り組みに基づいて積み上げられたコスト削減の目標値に沿って行われており，部分的な問題解決に終わっていたということであった。ある自動車メーカーの工場を見学した際に生産活動の根底にあるべき思想の重要性に気づいたY氏は，生産ラインのあるべき姿を構築し，そのあるべき姿に向かって生産活動を革新する必要性を感じていたのである。

　また，生産活動の経営への貢献をどう明らかにするかということも，もう1つの課題であった。カンパニー制の導入によって各カンパニーの独立性が高まったことを受け，生産に関する改善活動は各カンパニーが個別に取り組み，その効果は各カンパニー独自の指標によって経営者に報告されていた。つまり，指標がカンパニー間で統一されておらず，またその指標も企業の利益に対する貢献の程度がわかりにくいものだったのである。

　こうした問題意識を持っていたY氏は当時，生産活動に関する新たな組織を立ち上げるべきかどうかを思案していた。一方では，上述のようにP氏が，MFCAを計算手法として利用するだけではなく，ロス削減活動とつなぐ仕組み作りを思案していた。そうした状況下で，研究開発担当常務Y氏と環境経営部専務Z氏，そしてP氏の3人が集まり，環境経営部にMFCAの実働部隊を作るか，新たな組織でその任務を行うかの話し合いが重ねられた。そして，最終的にはY氏が，生産技術のスペシャリストを集めて生産革新センターを設立し，この新たな組織でMFCAを引き受けることを受諾した。さらに，これまでMFCAの導入を主導してきたP氏も，MFCAとともに生産革新セン

ターに異動することになった。

　P氏の異動を機にMFCAの担当ではなくなった環境経営部は，それ以後MFCAと直接かかわることはなくなった。しかし，P氏はそうだとしてもまったく無関係・無関心になるのではなく，MFCAを理解して全社での流れをうまく導き出してほしいと，環境経営部のメンバーに求めたという。

　その一方で，MFCAが生産革新センターに移ることについて，環境経営部のメンバーは当然と考えていたようである。それは，次の環境経営部のある部長の発言から推測できる。

> 「(MFCAは) 生産技術の中に組み込もうという活動。ある意味でこういう生産革新とかいうことを，環境経営部がやってること自体異質なんですね。環境という切り口で始めたから環境経営部の人間が始めましたけれども，実際これは生産技術の問題」

　こうして，MFCAは環境経営部から生産革新センターへと移管され，以下のようなMFCAの推進体制ができ上がった。生産革新センターが事務局を担い，各カンパニーのMFCAは生産技術に関する部署が統括する。MFCA推進の実行部隊は各ラインのメンバーとG社であり，ラインごとにMFCA情報をもとに課題を洗い出し，改善策に取り組む。実行が困難な活動などについては，必要に応じて生産革新センターのスタッフが現場に入り込んで支援する。

　また，Y氏が抱えていた課題の1つであった，生産活動の経営への貢献を明らかにするということへの対応として，生産革新センターが設立された際に生産革新指標が設定された。これは，外部損失費（製品に関する苦情・クレーム対応の費用），内部損失費（製造工程で出た不良品などの処分にかかる費用），生産性改善（製造に使用される原材料や人件費などの改善費用），安全損失コスト（設備災害や労働災害などに伴って発生する費用），環境コスト（事業所内で発生した廃棄物の処理とエネルギーにかかる費用）の5項目で構成される。この5項目それぞれについて，カンパニーごとの削減目標値が設定され，生産革新センターのスタッフが各カンパニーに入り込んで，コスト削減に取り組む。これらのコスト削減額は経営への貢献として，全社の営業利益の増分にどれだけ影響しているかを示

す指標となるのである。

　結果的に，生産革新センターに移管された MFCA は，この生産革新指標の目標達成に貢献する手法として位置づけられることになった。A 社では，MFCA によって明らかになるマテリアルロスにかかわるコストをロスコストと呼んだことは，先に述べたとおりである。原材料費，エネルギー費，システム費，廃棄物処理費を含んだロスコストを削減することが，生産革新指標の目標達成につながり，それはコスト削減という形で会社の利益に直接貢献するものと捉えられるようになった。このようにして MFCA は生産革新指標と直接につながり，生産革新活動の重要な位置を占めることになったのである。

　　「今後のうちの増分営業利益のいくらを生産革新で獲得するんだという目標を立てた。そのときに MFCA の考え方を全部に入れていこうと」（X 社長）

　2000 年代後半になると，MFCA の運用は各カンパニーに任されるようになる。全社展開は行ったものの，取り組み状況は各カンパニーや事業所で異なっていたが，P 氏自身もマテリアルロスの大きい重要な事業所を中心に取り組めばよいと考えるようになってきていた。また，MFCA の計算は，製造係長や製造課長といった現場の人々に担われるようになり，マテリアルロスの改善についても，製造現場が主導して PDCA サイクルを回すようになった。改善が困難な場合は生産革新センターのスタッフが手伝うが，基本的には製造現場で完結する活動となった。

　このように，MFCA が環境経営部から生産革新センターへ移り，さらに製造現場主導で実施されるようになった後，A 社の生産活動を取り巻く大きな外部環境の変化が起こる。それが，2000 年代後半の原材料費の高騰とリーマン・ショックに端を発する経済不況であった。売上高増が見込めない中でいかに利益を上げ，また原材料費の高騰にいかに取り組むかが，社内で大きな課題となり，生産革新の重要性はさらに高まった。

　このことで，生産革新は前中期経営計画に引き続き，2000 年代末からスタートした中期 5 カ年計画においても，主要な柱の 1 つとして位置づけられた。

そして続く3カ年のロスコスト削減目標が設定され，MFCAはこの中期経営計画においても引き続き，主要な手法として位置づけられた。

また，上述した原材料費高騰などの課題に対処し，さらに生産革新を強化するために，2000年代末に生産革新センターの改編が行われ，購買グループなどとの連携が図られた。この改編が行われた当時，生産革新センターのヘッドであったQ氏は，同組織の設立時を振り返り，「生産革新センターは始めた当初は逆風だった。しかし，最後には全社を動かしてくれて，結果として大きな成果を上げてくれた。生産革新センターはMFCAがなかったら成果を上げられていなかっただろう」，「MFCAを導入していなければ，原材料の価格高騰がそのままコスト増につながっていたでしょう」と述べている。

P氏もまた，A社でのMFCAの導入と展開について振り返り，次のように述べた。

> 「MFCAはロスコストの削減のツールだからクローズアップされているが，これが廃棄物削減のツールだったらこれだけ全社を動かすことはできなかった」（P氏）

> 「MFCAの導入が最初のM工場のT製造部で終わっていたら，環境経営部が推進するという形のままだったら，ここまでの成果には結びつかなかっただろうと思う。そういう意味ではラッキーの連続だった。T製造部長がやろうといってくれて，Z氏がフォローしてくれて，Y氏が生産活動の立場から進めてくれて，推進部隊のメンバーが動いてくれて。X社長も社外にMFCAを導入していることを公表してくれて。必要なときに必要な人が出てきてくれた偶然の重なりだったと思う」（P氏）

このように，MFCAによる新しい可視性は，経営計画に組み入れられるだけでなく，主担当のP氏の意見を中心に，上司がそれに賛成する形で推進体制が整備され，組織レベルの実践にまで展開していったのである。しかし，このような社内ネットワークが変化するとともに，MFCAも変化を余儀なくされることになる。

2.5 ロスコスト概念の変化

2000年代末にMFCAの導入と展開に理解を示してきたX社長が退任し，A社では，新経営者のもとで新たな5カ年の中期経営計画がスタートした。この中で，生産革新に関する重点課題へエネルギー半減と生産性2倍が新たに加えられ，これら2つの課題についても，当初はMFCAと連携させて推進することがめざされた。

とくにエネルギー半減については，MFCAによってエネルギーのムダを明らかにし，エコジャストインタイム（eco-just in time，以下ECO-JIT）などの手法を活用してエネルギー削減を進めることがめざされた。このMFCAを活用したエネルギー削減は，MFCAの新たな展開が試みられた取り組みといえる。生産性2倍についても，時間あたり生産性や労働生産性だけではなく，材料のムダを減らすという視点が含まれており，MFCAの活用も考慮されたものであった。

ところが，2010年代に入ると，同社のMFCAを取り巻くネットワークに大きな変化が生じた。その1つは，これまでMFCAの導入および推進を担ってきたP氏の退社，もう1つは，生産革新センターを設立したY氏（後に専務取締役に就任）の退任であった。

とはいえ，それ以前よりMFCAを取り巻くネットワークは少しずつ変化していたのである。その1つが，先に述べたようなMFCAの実施体制の変化である。マテリアルロスの測定や改善活動などのPDCAサイクルはカンパニーや事業所が主体で行うようになり，生産革新センターの役割はロスコスト削減活動の支援となっていた。MFCAの定着を図ろうとすれば，いつまでも生産革新センターが主導することはできず，これは当然の成り行きであったろう。

また，MFCAの活用はカンパニーに委ねられたものの，ロスコスト削減は生産革新指標と連携していた。この指標が維持されている限り，MFCAも生産革新指標の目標達成のための手法として活用されるはずであった。しかし，以前はP氏を中心に生産革新センターが強力に推進していたMFCAの活用がカンパニーに委ねられたことで，各カンパニーはマテリアルフロー情報収集にかかわるコストを非常に強く意識するようになる。既存の会計や生産管理デー

タベースにないマテリアルフロー情報は手作業で収集されていたため，収集に際してはコストがかかり，この収集コストの低減が課題となったのである。この課題の解決とMFCAの社内定着を図るために情報システムの構築がめざされたこともあったが，結局実現されなかった。

一方で，新経営者のもとでスタートした中期経営計画に，生産性2倍やエネルギー半減といった目標が新たに加わり，ロスコストの削減以上に注目を集めた。そうした中でカンパニーに委ねられたMFCAの活用は，情報収集の煩雑さなどを理由に次第に停滞していった。

以上のようなMFCAを取り巻くネットワークの変化の中で，MFCAによって削減対象として表されたロスコストの概念が変更されることとなった。それは，前年材料ロス率と当期材料ロス率の差に当期材料費を掛けたものとして，新たに定義された。材料ロス率とは，使用材料に占める廃棄される材料ロスの割合として示されるものである。これはつまり，対象とするロスコストの範囲を，MFCAが対象としてきたロスコストの範囲から，廃棄される材料に限定したロスコストへと縮小したのである。ただし，材料ロス率の計算においては，廃棄される材料だけではなく，投入される使用材料が含まれていることから，MFCA導入前に取り組んでいた廃棄物削減やゼロ・エミッション活動とは異なり，投入材料を考慮に入れたうえで資源生産性を高めようとしているものと理解できる。また，インプットとアウトプットの比率を捉えるだけでなく，それを金額評価している点についても，MFCAと同じく，マテリアルロス削減の動機づけを意図していることが窺える。

すなわち，ロスコストの定義は変更され，対象となるマテリアルの範囲は縮小されたものの，インプットとアウトプットの差を見ながら資源生産性の向上に努め，それを金額評価することで資源生産性向上に取り組むインセンティブを与えることをめざすというMFCAの精神は，受け継がれていると見ることができる。これは，生産革新指標との連携を維持しているために可能だったといえよう。

このように，MFCAによって創造された可視性は，それを取り巻く社内ネットワークの変化によって，その計算的特徴は残しながらも，変容を遂げていった。

3 MFCAによる計算の力学

前節のA社の事例について，MFCAを取り巻くネットワークの変化という観点から改めて考察し，その意義を明らかにしよう。

A社におけるMFCAの導入と展開には，当時A社が抱えていた2つの問題が契機となった。まず，MFCAの導入の契機となったのは，営業赤字からの脱却を模索する中で，同社が環境経営を柱の1つに据えようとしたことである。このとき，会社として環境経営を推進することで利益を獲得することをめざしたものの，それを実現するための手法が存在しなかった。そうした中，当時環境経営部の部長であったP氏がMFCAと出会った。MFCAは多くの場合，直接的にコスト削減につながることから，A社がめざした「環境で利益を獲得する」という意図に沿うものであった。全社展開によって明らかになったマテリアルロスの大きさは，経営会議で報告され，経営者に大きなインパクトを与えた。このことがきっかけとなり，中期経営計画に生産革新が組み込まれ，マテリアルロスの削減活動が本格化した。

第2のMFCAの展開の契機は，MFCAの導入を推進した環境経営部のP氏がマテリアルロス削減のための権限や知識を持っておらず，直接関与できなかったことであった。MFCAの導入によってマテリアルロスが明らかになっても，それが削減できなければ会社としても導入の意義は薄れる[4]。また，先行研究が示すように，従来の製造現場における改善活動によって削減できるマテリアルロスは限定的であり，大きな改善効果を得るためには，製造方法や設計，材料の変更などに取り組むことが必要となる（國部, 2011）。そして，そのためには部門横断的な取り組みが必要となり，全体を統括する責任者を置くことが有効である（東田, 2011）。つまり，全社的に取り組むことが求められ，それを支援する組織が必要となる。

そこでA社では，環境経営部から生産革新センターにMFCAを移管するこ

---

4 こうした課題に対して中嶌（2011）は，MFCAをマテリアルロス削減のために使用するだけではなく，資源生産性の管理指標として活用することを提案している。

とになった。これには，P氏がそれを求め，MFCAという手法がそれに合致しただけではなく，当時，A社の生産活動強化と評価指標の設定を思考していた研究開発担当専務のY氏の考えと，MFCAが適合したことも作用した。すなわち，従来A社ではカンパニーごとに生産活動が行われ，同社はその成果を会社全体として見る指標を有していなかった。また，カンパニーの独立性が強いため，各カンパニーが個別に活動を行い，全社的な取り組みが実施されにくいという問題も抱えていた。さらに，このときまでの取り組みは，既存の生産の仕組みや活動を所与として行われてきており，生産活動の根底にあるべき思想が存在しなかった。これらの課題を解決し，会社全体の生産活動を強化するために，Y氏は新たな組織を設立しようとしていた。こうした流れと，MFCAが創造した新しい可視性が適合したのである。

このように，A社におけるMFCAの導入と展開を振り返ると，推進者のP氏や生産革新センターにMFCAを受け入れたY氏，当時の社長で環境経営を経営の中核に据えたX社長など，キーパーソンの存在によってこの流れが可能になったように見える。たしかに，彼らが重要なアクターであることは間違いない。しかし，それだけではない。ここで考察しておくべきことは，MFCAという手法が，マテリアルロス・コストの可視化を通じて，これらのキーパーソンのニーズの統合を可能にしたという点である。このことゆえに，強力な推進者とサポーターがいなくなった後でも，MFCAは形を変えて維持されていると考えられる。

そこで注目すべき点は，可視化を可能にするMFCAの計算手法としての特徴である。それには，情報を収集するインプットの側面と，計算結果として表されるマテリアルロスなどの指標，つまり計算のアウトプットの側面がある。MFCAによる計算の力学を解明するためには，この2つの側面が，A社のMFCAの導入と変容のプロセスに与えた影響を考察する必要がある。

A社は既述のとおり，カンパニー制を採用していたため，それまでの生産管理活動は各カンパニーによって個別に実施されており，共通の評価手法は確立されていなかった。そのように各事業所やカンパニーが個別に生産管理に取り組んでいたのは，個別に問題を見つけていたからであり，それが全社共通の活動を難しくしていたといえる。しかし，カンパニーや事業所によって製造す

る製品が異なれば当然対象となるマテリアルも異なるが，どの事業所にも何らかのマテリアルフローは必ず存在する。この各カンパニーあるいは事業所に共通するマテリアルフローを，問題発見と評価指標のための基礎情報にすることができるという点が，MFCAの重要な特徴の1つなのである。これは，計算による能動的な働きかけの側面である。

もう1つの計算に関する側面は，計算のアウトプットの側面である。上述のとおり，A社のMFCAでは，マテリアルロスとロスコストがそれにあたる。ここでは，これらの指標が持つ意味を，次の2つの観点から考察したい。1つは，ロスコストの中心であるマテリアルロスの性質について，もう1つが，ロスコストとして金額評価された指標についてである。

まず，MFCAで計算されるマテリアルロスは，純粋にインプット量とアウトプット量の差額であり，そこには標準値や基準値といった人為的に作られた概念は含まれない。このマテリアルロスを徹底的に削減しようという姿勢は，会社の生産活動を強化することであると同時に，それは前述のようにY氏がその欠如を問題視していた生産活動の根底にあるべき思想の育成につながると考えられたのである。

Y氏は生産革新センターを立ち上げる前に，ある自動車メーカーの工場を訪問し，1件の工程ミスでも徹底的に改善するという姿勢に感銘を受けたと語っている。同時に，このようにして徹底的にムダのゼロをめざして生産性を追求するという思想が，A社に欠けていたことを痛感したという。このような生産活動における思想の育成をめざして，1990年代半ばから始まる中期経営計画では，不良ゼロ，事故ゼロ，廃棄物ゼロという目標が立てられた。これらがゼロになることを徹底的にめざすことを通じて，生産活動の思想を育もうとしたのである。こうした背景があった中に，MFCAは導入された。マテリアルロスの削減に取り組むことは，不良ゼロや廃棄物ゼロという目標と直接かかわることから，MFCAとマテリアルロス削減活動が生産活動の思想育成に大きく影響したと推察される。このことは，MFCAをマテリアルロス削減のためのツールと捉えているだけでは実現されない。A社が生産革新活動を支える主たる手法としてMFCAを導入したからこそ，生まれた効果である。

生産革新センターを率いたY氏は当時の活動を振り返り，「生産ラインごと

に思想づくりの活動を行ってきたことで，現場の皆さんの意識は大きく向上したと思います」と述べている。

　もう1つの計算のアウトプットの側面について，マテリアルロスを貨幣評価したロスコストが環境経営計画の中期目標として設定されると同時に，生産革新指標と密接に連携したことが重要である。具体的には，生産革新指標5項目中の内部損失費と環境コスト，そして生産性改善による原材料費の削減は，ロスコスト削減から直接影響を受ける。そしてこれらは直接，損益計算書上の利益に結びつく。つまり，ロスコストの削減は，ロスコスト削減額として表されると同時に，生産革新指標として他の生産管理手法の成果と同様に，カンパニーの生産管理活動が利益に及ぼす影響として表される。このことで，MFCAの計算指標は，環境面だけでなく，直接利益にかかわる指標として，A社内で影響力を持つことができたのである。

　このように，マテリアルフロー情報の収集というインプットの側面と，計算結果の指標というアウトプットの側面の両方について，MFCAが各カンパニー共通のフレームワークを提供できたこと，そしてMFCAのマテリアルロスに対する考え方が，A社の生産活動の思想育成や評価指標の設定につながったことが，この計算手法が同社内に普及することを可能にしたと考えられる。

　2010年代に入って，MFCAの導入や普及を推進した担当者が退社するなど，MFCAを取り巻くネットワークは大きく変化し，その活用自体も停滞することとなった。しかし，その中においても，MFCAはロスコストの定義を変更しながら，マテリアルのインプットとアウトプットを捉え，それを金額評価することで資源生産性向上の活動を動機づけるという，MFCAの基本的な精神をA社内に残していた。それは，上で確認したように，MFCAという計算手法が生産活動の思想育成に貢献し，またMFCAを生産革新指標と連携させたことで，その指標が依然として維持されているためである。

　しかしながら，一方でMFCA導入当時のような積極的な姿勢が影を潜めていることも事実である。これは，MFCAを支えていた人的ネットワークの変化が大きな影響を与えている。MFCAという計算手法は，それを求める人的ネットワークによって影響を受ける面と，計算手法として能動的に影響を与えながら持続する面があることを，本章の事例は示しているといえよう。

第6章 可視性の創造と変容

4 おわりに

　本章では，環境管理会計の主要手法であるMFCAが創造する可視性が，A社の中でどのように導入され，その後展開し，変容したかを記述的に分析した。そこでは，利益獲得につながる環境経営手法の不在とマテリアルロス削減部隊の不在という問題が，変容プロセスにおいて重要な契機となっていたことが示された。

　また，そこには，これらの課題の解決を期した導入推進者やそれをサポートした人々がいたことも示された。しかし，そうした人的アクターが重要であることは間違いないが，MFCAの変容プロセスには，他のアクターも重要な役割を果たしていた。それが，生産革新センター，生産革新指標，中期経営計画である。こうした企業経営全体，もしくは生産活動を支援する企業の中心的な仕組みと連携しながら，MFCAは変容したのである。そしてそのことによって，MFCAそのものの活用が停滞し，ロスコストの概念が変化した後も，生産革新指標と連携し，生産活動の思想と結びつくことで，MFCAの精神は社内に維持されていると考えられる。

　本章では，MFCAという環境管理会計手法が持つ構成的な力を，組織コンテクストから分析することによって，MFCAが組織コンテクストから影響を受けると同時にコンテクストそのものを創造していくプロセスを記述した。これは，環境という要素が計算装置によって，営利組織に取り込まれていくプロセスに関する一事例でもある。

　＊　本章は，環境省環境研究総合推進費（課題番号E-1106）による研究成果の一部である。

第7章

人材を計算可能にするアレンジメント
人材紹介を活用した中途採用の比較ケース・スタディ

矢寺 顕行

1 はじめに

　これまで経済学を中心として行われてきた労働市場の議論は，求人企業と求職者の間に労働の需要と供給による市場メカニズムが働いていることを前提として，雇用問題や個別企業の採用の問題に対して規範的な示唆を提供してきた。たとえば，日本においては，1990年代に人材紹介業，人材派遣業といった市場の仲介者に対する規制緩和が行われたが，この規制緩和の推進の背後には，仲介者の介在によって市場メカニズムを機能させることができるという経済学の議論が存在していた。これによって，労働の需給調整や雇用の流動化の促進，さらには個別の企業における採用の効率化が達成できるという主張がなされたのである。

　ただし，個別企業の採用の実践に目を向けるならば，こうした規範的な示唆が，その背後にある経済学における2つの前提によってはじめて可能になるものであることに注意しなければならない。2つの前提とは，第1に，企業が採用の対象とする人材のプールがあらかじめ存在していること。第2に，企業がそうした人材のプールにアクセスし，人材を評価し，選抜するという一連の計算が可能であることである。すなわち，経済学においては，具体的に求人企業が行う計算過程については議論の外に置かれ，仲介者の役割は，人材のプール

にアクセスし，人材を評価し選抜するという，一連の計算能力を持った求人企業が行う労働の取引を補完する存在として，理論的に導き出されたものであるといえよう。

したがって，具体的な個別企業の採用実践を理解しようとするならば，人材の計算がいかにして可能となり，ある人材がどのようにして他の人材から区別された人的資源として採用されるに至るのかという計算そのものを，問題として取り上げる必要があるのである。

こうした具体的な個別企業の人材の計算に注目すべき理由はもう1つある。それは，企業特殊技能を持つ人材が市場を介して獲得されているという現象である。企業特殊技能とは，長期継続的雇用を前提とした内部育成によって獲得されるもので，個別企業のコンテクストに依存した人的資源であり，ほんらいその企業でのみ価値を持つ資源である。しかし，おもにこうした技能を蓄積してきたように思われる人材も，労働市場を介して他企業に中途採用されることがある。そこで注目されたのが仲介者としての人材紹介であったのだが，単に効率化という側面から人材紹介を理解しようとする限り，個別企業においてのみ価値を持つ人材が，いかにして人的資源として他企業から評価されるのかを説明することはできないであろう。だからこそ，企業が人材紹介をどのように利用して人材を人的資源として計算可能な形に変換していくのかという問題を取り上げる必要があるといえるのである。

本章では，市場の社会学と呼ばれる領域に依拠して人材の計算の問題にアプローチし，労働の取引を補完する存在として規範的に論じられてきた人材紹介という仲介者の役割を捉え直していく。さらに，人材紹介を利用した中途採用を行っている3社の具体的な事例から，人材紹介の役割の多様性と，人材の計算実践を明らかにしていく。

市場の社会学は，需要と供給を調整する抽象的な概念としてではなく，取引における計算を可能にする人やモノの集合体として市場を捉えることで，計算そのものを議論の対象とする。この視点によれば，労働市場は，人材の計算を可能にする諸装置の集合体であり，個別企業が人材の計算を行う空間だということになる。人材紹介もそうした装置の1つであり，個別企業の取引を補完するものという視点から，個別企業が行う計算そのものを可能にするものへと捉

え直される。つまり，人材紹介をはじめとする装置を媒介することによってはじめて，人材は計算可能な人的資源となり，同時に，企業は計算を行うことが可能になる。

さらに，企業が行う計算は，多様でありうる。なぜなら，企業が位置づけられる計算の空間はそれぞれ異なっているため，装置の1つである人材紹介を利用するという点で共通していても，その他の諸装置，たとえば，各企業の採用方針や求める人材要件などは当然のことながら異なっているからである。したがって，これまでおもに経済学によって指摘されてきた人材紹介が果たす中途採用の効率化という役割の背後に，多様な計算のあり方が存在していると考えられるのである。本章では，3つの企業の人材紹介を利用した中途採用の事例から，その人材紹介の利用の多様性を明らかにしていく。

2　労働市場に関する経済学的なアプローチ

経済学において，労働市場は労働をめぐる企業と個人の間の取引として理解されている。労働経済学では，この取引に関しては，市場における情報が不完全であることが前提とされる。求人企業は求職者に関する情報のすべてを雇用契約の前に入手することができず，同様に求職者も企業の情報のすべてを事前に知ることはできない。たとえば，求職者の年齢や持っている資格などは知ることができるが，その能力やモチベーションなどの情報は，実際に仕事について働いてもらってみなければ知ることができない。同様に，求職者も，企業が採用時に交わした契約を今後も守ってくれるかというような，将来の問題についての情報を得ることができない。

このような情報の不完全性を前提とし，双方の情報を伝達し不完全性を緩和する仕組みが議論されてきたのである。そして日本においては，1990年代に，労働の取引を仲介する人材派遣や人材紹介といった仲介者に，こうした役割が期待されて規制緩和が行われた。

人材紹介のような仲介者は，情報を仲介することによるマッチングの促進と情報探索コストの削減という機能を持つとされる（阿部, 2005；樋口・児玉・阿部, 2005）。こうした労働市場を補完する制度を整備することで，取引が進み，

市場メカニズムが機能することで，労働の需給調整や個々人の技能に応じた適切な賃金が決定されるようになるといわれている（宮本, 2004）。

　企業においても，人材を外部労働市場から獲得するか，企業内部で育成するかといった問題は，労働にかかわる取引コストの観点から議論されてきた（たとえば，阿部, 2005）。ウィリアムソン／浅沼ほか訳（1975）は，課業の特異性によって知識と熟練を獲得すれば市場での取引が困難になるため，内部労働市場と結びつくと主張する。なぜなら，課業の特異性は労働取引について企業と個人の相互依存性を高め，企業特殊訓練を必要とするものであり，そうした訓練によって獲得される技能は，他企業では価値を持たない企業特殊技能となるからである。こうした技能は，外部労働市場から調達することは困難であり，したがって，内部労働市場と結びつくこととなる。これに対して，一般技能は，他の企業においても役立てることができる技能であるため，取引コストが発生することもなく，外部労働市場を通じて獲得することが可能である（宮本, 2004）。

　このようにして，企業の人材獲得方法は，企業内部での育成と外部労働市場からの調達の2つに整理される。日本企業の雇用は，新規学卒者を一括で採用して内部育成する内部労働市場型を特徴としていたが，1990年の不況により，内部育成だけではなく，人材を外部労働市場から獲得する人材と内部育成すべき人材とに適切に区分する，雇用ポートフォリオが議論されるようになった（たとえば，Lepak and Snell, 1999；平野, 2006；西村・守島, 2009）。

　たとえば，Lepak and Snell（1999）は外部労働市場と内部労働市場の活用がそれぞれ個別に議論されていることを現実を反映していないとして批判し，外部労働市場と内部労働市場の両方を活用した適切な雇用のミックスを，人材アーキテクチャ（human resource architecture）という概念を用いて提示した。人材アーキテクチャは，取引コスト理論と人的資本論，資源ベース戦略論に基づいて，人材を市場から調達するのか，内部育成するのかを判断しようとするものである（p.37）。人材アーキテクチャの枠組みは，人的資本の価値（value of human capital）と人材の特殊性（uniqueness of human capital）の2次元のマトリクスで描かれる。彼らによれば，企業のコア・コンピタンスに直接的に関与するような戦略的価値を持つ人材は市場から獲得することが困難であり，内部育

成という方法が好ましい。一方，人材の特殊性とは，企業特殊技能を有する程度のことである。企業特殊技能は，先述のように，個別企業のコンテクストに依存した企業特殊訓練によって形成される。したがって，人材の特殊性が低い場合，あるいは，もし特殊性が高いとしても企業のコア・コンピタンスに直接影響を及ぼさない人材は，市場から獲得し非正規雇用するほうが効率的だとされる。

このように，Lepak and Snell（1999）をはじめとして，雇用ポートフォリオの議論は，企業において外部労働市場と内部労働市場の双方が活用されている現実を反映し，規範的な雇用形態のミックスを提示するものである。

しかしながら，ここまで紹介してきたような議論は，いずれも経済学的な仮定のうえに成立していることに注意しなければならない。まず，労働取引の対象となる求職者と求人企業のプールが仮定されている。さらに，両者は，完全な合理性を持ち，経済的な計算を行うホモ・エコノミクスとして仮定される。労働市場においては，求人企業は人材のプールから該当する人材を選び出し，アクセスし，評価するといった一連の活動が可能であることが前提とされているのである。

こうした前提を置くことで，はじめて，望ましい労働市場のあり方や雇用形態のミックスを提示することが可能となる。しかしながら，これらは分析モデルのうえでの証明にすぎないという見解があることもまた確かである（盛山，1995，11 頁）。経済活動の実相により迫ろうと考えるのであれば，こうした前提そのものを問わなければならない。

3 市場の社会学による分析視角

上述のような合理的な計算を行うことができるホモ・エコノミクスを仮定することに対して，こうした前提そのものを問題とした研究領域として，近年，市場の社会学と呼ばれる領域が注目されている（たとえば，Fligstein and Dauter, 2007；Fourcade, 2007）[1]。中でも，経済活動における計算がどのようにして可能

---

1 Fligstein and Dauter（2007）は，市場の社会学をネットワーク，制度，遂行性という3つ

となっているのかを明らかにしようとするのが，Callon（1998）において提示された，アクターネットワーク理論を市場に適用した研究である。市場での取引を捉えるための基本的な分析の枠組みが提示されたのは，Callon and Muniesa（2005）においてである。

経済学の議論では，市場における行為者は生来的に計算を行うものとして捉えられてきた。カロン（Callon, M.）らは，この計算するということ自体を否定するのではなく，計算という行為がどのようにして可能となるのかを問う。計算という行為が可能になるためには，まず，市場で取引されるモノが，取引主体によって価値があると認識され，計算が可能な形に変換されなければならない。Callon and Muniesa（2005）は，計算概念を，モノが計算可能になる，すなわち取引される対象となる3段階のプロセスとして捉え直した。

第1は分離である。無限にあるモノの中からある1つのモノを選択するには，それが他のモノと分離されていなければならない。モノが計算可能となるための第1段階は，モノをそれ以外のモノから分離し，ある空間に配置されることで，取引の対象となるプロセスなのである。ここで，計算の対象となるためにモノが位置づけられる空間を，計算空間（calculative space）という。計算には，対象がどのような計算空間に位置づけられるかによって，多様な方法がありうる。

第2に，分離されたモノは，ある特定のルールや指標と関係づけられ，整理されなければならない。そうすることによって計算の対象となったモノを比較することが可能となり，1つのモノを選択することが可能となる。

最後に，モノは「新たな実体（new entity）」として生成されなくてはならない。新たな実体とは，たとえば合計として表される数字や注文表などを指している。つまり，具体的なモノが数値や表などの形式で表されることで，はじめて計算は完遂するのである（Callon and Muniesa, 2005, pp. 1231）。

この分離・整理・新たな実体の生成といった3つのプロセスを経て，モノは計算可能な取引の対象へと変換されるのであるが，それぞれの段階は，モノが

の領域に大別し，それぞれの異同をまとめている。本章が取り上げるアプローチは，主としてネットワークと遂行性に関係するものである。

さまざまな道具やルールと関連づけられることで成立していることがわかるであろう。このような種々の道具やルールの配置は，社会技術アレンジメント（socio-technical arrengement）と呼ばれる。また，そうした道具やルールは経済活動を可能にする装置として捉えられ，市場は，そうした装置の集合体として捉えられる（Muniesa, Millo and Callon, 2007; Callon, 2008）。

つまり，モノは多様なアレンジメントの結果として変換されていき，最終的に新たな実体となることではじめて計算可能な財になるのである。たとえば，Cochoy（2008）はスーパーマーケットにおける計算空間の1つとして，ショッピングカートに注目し，事例分析を行っている。まず，モノは商品棚に置かれることで購買の対象となり，カートに入れられることで他のモノと分離される。そうして分離されることによって顧客は自分のカートの中で見積もりを立てることが可能となる。最後に，カートに入れられたモノは，計算機と関係づけられることによってはじめて，数量的に計算されることとなる。ただし，このような計算は商品棚やカート，計算機といった限られた道具によって決定されるわけではない。ほかにもたとえば買い物リストや携帯電話など，装置は無数に存在し，買い物をする個々人が位置づけられるアレンジメントは多様なものになる。

このように，アレンジメントによってモノは計算可能になるのであるが，同時に，人の計算をするという行為もまた，アレンジメントによって可能になっていると捉えることができる。Callon and Muniesa（2005）は，これを分散された計算的エージェンシー（distributed calculative agency）という。つまり，人が何らかの行為を遂行するためには，具体的な他の人や道具，ルールなどとの関係性が必要となる。能力はこれらの人や道具などに分散していると考えられ，エージェンシーはこれらの集合体として捉えられる。

先のスーパーマーケットの例でいえば，買い物をする人は，ショッピングカートや商品棚，買い物リストといったモノのアレンジメントによって計算を行うことができているということになる。ただ，分散された計算的エージェンシーという概念が強調する点は，行為能力が個人の所有物としてあるのではない，ということであり，個人がある一定の能力を発揮できることを否定するものではないということには留意が必要であろう。ここではすなわち，個人の思考や

能力は，社会技術アレンジメントの編成のあり方（configuration）に依存しており，それによって多様になりうるということが主張されているのである（カロン／川床訳，2006，41頁）。

ここまでの議論からも明らかであるが，市場の社会学における「計算」という概念には，一般的に考えられているような，具体的な価格の合計等の計量的な計算である以前に，質的なものを量的なものに変換するプロセスが含まれている。つまり，市場の社会学において計算は，数字の演算だけではなく，多くのものをある基準に従って並び替え，整理し，秩序づけることによって比較を可能にすることまでも含めた，一連のプロセスとして捉えられているのである。

以上が，市場の社会学における計算の説明である。この分析視角を労働市場の分析に応用することで，労働取引における計算の問題は以下のように捉えることができる。

第1に，労働市場は人材の計算を可能にする装置の集合体として定義される。求人企業の行う採用活動は，さまざまな人，道具，ルールといった種々の装置のアレンジメントを通じて行われることとなる。企業は採用すべき人材のプールを前提とすることはできず，人材が求人企業の計算空間に位置づけられることではじめて，人材一般と区別され，採用の対象となる人材にアクセスすることが可能となる。したがって，求人企業の経済活動を捉えるためには，求人企業が位置づけられている社会技術アレンジメントを明らかにしなければならない。

第2に，求人企業の採用活動は，そうしたアレンジメントを構成する人や道具，ルールに分散しているエージェンシーとして捉えられる。であるならば，求人企業が人材のプールの中から採用すべき人材にアクセスし，評価し，選抜するという一連の採用活動のプロセスは，求人企業をとりまくアレンジメントを通じて可能となっていると見ることができる。

4　人材紹介を介した中途採用の事例

以上の議論に基づいて，ここでは，人材紹介を利用した中途採用を行っている3つの企業の事例を検討していく[2]。

事例は，人材紹介に注目したアレンジメントの記述となるが，実際には，労働市場のアレンジメントを構成する装置は人材紹介以外にもさまざまなものがある。採用で用いられるメディアだけを取り上げてみても，インターネットやフリーペーパー，新聞・雑誌による求人，ハローワーク，縁故等，多様化していることが明らかにされている（豊田，2007）。その中で，人材紹介を議論の中心に置く理由は，1997年の規制緩和以降，利用する企業が増加を続けた結果，近年では中途採用の際に用いられるメディアの1つとして一般的なものとなっており，ここで取り上げる3社が共通して利用している装置であることによる。

　また，人材紹介を利用した中途採用の実践に注目した研究が少ないことも理由としてあげられる。人材紹介の役割については，既述のように経済学をはじめとして，理論的には議論されているものの，実際の採用の現場において，それがどのように活用されているかを具体的に検討した研究は未だ十分には行われていない。したがって，本章では3つの事例を比較検討することによって，人材紹介という装置の多様な利用のあり方と，人材の計算がいかにして可能となっているのかを明らかにしていきたい。

　事例の検討において具体的に記述されるのは次の2点である。第1に，求人企業がどのような計算空間に位置づけられているのか，それぞれの企業のアレンジメントを記述する。中途採用における計算空間を構成するものには，人材紹介に加えて，各社の採用に関する制度，求める人材の特性，立地や事業構成といった多様な要素がある。3つの事例からは，それぞれの求人企業が多様なアレンジメントに位置づけられていることが明らかになるであろう。

　第2に，明らかにされたアレンジメントを通じて現れる，それぞれの求人企業のエージェンシーを明らかにする。求人企業と人材紹介とのかかわり合いを中心に，人材へのアクセス，評価，選抜という一連の採用活動を計算的エージェンシーとして捉え，そのプロセスを記述していく。

2　事例は筆者が2008年に行ったインタビュー調査に基づいている。インタビューイーは各社において実際に人材紹介のコンサルタントとかかわり，中途採用を行っている人事部の担当者である。

4.1 人材紹介のエージェンシー

3社の具体的な事例の検討に先立って，ここで人材紹介の内部で，どのようにして人材を選び出し，紹介に至るのかについて確認しておきたい。

求職者は，ウェブサイトから登録することによってクライアントとなり，カウンセリングの対象となる。人材紹介のコンサルタントは，登録の際に求職者がウェブ上で記入した履歴書や職務経歴書，そして希望する職種や業種などが記載されたカウンセリングシートをもとに，カウンセリングの準備を行う。カウンセリングの準備段階で，先の書類にある情報をもとに，企業から提出された求人票をデータベース上で照合し，クライアントに紹介する企業を検索する。

カウンセリングでは，第1に，コンサルタントが先の書類を使いながらクライアントに質問をしていき，クライアントの人物像を理解すると同時に，クライアントに紹介する企業を絞り込んでいく。ここで行われるクライアントの理解は，クライアントの特性をある程度「パターン化」された言語に置き換えていき，求人企業に提出する「推薦状」を作成するプロセスでもある。

推薦状の作成とは，コンサルタントがクライアントから引き出した情報を言語化し，求人企業側が求める要件に合わせた文言に変えていく作業である。この作業は，カウンセリングを踏まえていることはもちろんであるが，それ以外にも，コンサルタント自身のこれまでの経験に基づいた多様な表現方法や求人企業側の情報によって行われる。

上記のプロセスを経ることによって，クライアントは企業に紹介されることとなるが，このとき企業側には，履歴書・職務経歴書・推薦状という3つの書類が提出される。最初は，企業がクライアントに直接会うのではなく，書類を通じて，要件に合うかどうかの判断が行われるのである。

本章の分析視角に基づけば，人材紹介が人材を紹介可能な形に変換していくプロセスは，インターネットや履歴書，職務経歴書の様式，人材紹介企業が採用しているルールといったものから構成されるアレンジメントとして捉えられる。一方，求人企業にとって人材紹介は，求人企業のアレンジメントを構成する1つの装置として捉えられ，人材紹介の利用の仕方はそれぞれの企業が位置づけられているアレンジメントによって多様なものとなる。以下では，3社に

ついて，それぞれのアレンジメントを明らかにし，そのもとで行われる中途採用の実践を記述していく。

4.2　A社の中途採用

　住宅メーカーのA社は，雇用については新卒採用にウエイトを置き，中途採用は各時点において必要不可欠な人材を補うキャリア採用と位置づけている。その割合はおおむね2割から3割の間である。A社は長期人員計画に基づき，年度ごとの採用人員を決定しているが，中途採用の人員計画は単純に新卒の数と離職者の数を差し引きして決定されるわけではない。求人は，全社戦略に基づく人材戦略をベースに，離職者が出た職種への補充等を検討し，優先順位を付けたうえで，採用部門や職種が決定される。A社の長期人員計画は，人件費や売上高等のさまざまな側面から，総人員を算定したうえで練られたものであった。

　先述のように，採用を行う際に用いるメディアには，新聞・雑誌に掲載される求人広告，自社ホームページでの求人情報の公開，縁故といった多様なものが存在するが，A社においてどの方法が用いられるかは，ターゲットとする職種の中途採用市場における流動性の度合いや，その職種を採用する難易度，それにかかる人事部採用部門の労力，採用にかかるコストなどによって判断されている。使い分けの基準は，採用難易度，利用料金，事業を展開するうえでの緊急度・重要度などといったさまざまな要因の兼ね合いのうえ，決定されている。

　人材紹介を利用して獲得される職種はおもに営業であった。A社における営業職の特徴は，第1に，プロフェッショナルとして顧客と良好な関係を構築しなければならないこと，第2に，営業のプロセスが1人で完結するものではなく，必ずチーム作業になることである。

　同社の営業の仕事は顧客との人間関係の構築から始まる。すなわち，住宅を購入する顧客の背景を知らなければ，どのような住宅を勧めればよいかがわからない。営業であれば顧客が何を求めているかを聞くのは当然のことかもしれないが，住宅の場合，顧客がどのような「くらし」を求めているかということと同時に，きわめて個人的な情報を聞き出す必要がある。というのも，年収や

預貯金，家族構成，親との同居など，家族が抱える諸問題に関する個人情報を入手しなければ，住宅建築に向けた具体的な計画を立てることができないからである。そのため，営業職では，はじめて会った人と良好な人間関係を築くための「人柄」という要素が，採用の際に重視される要点となる。

　住宅営業の第2の特徴は，チーム作業である。営業職は，契約をとってくるだけが仕事なのではなく，実際に住宅の着工から竣工・引き渡しまでの一連のプロセスすべてにかかわる。したがって，このプロセスに介在するさまざまな職務の人々ともコミュニケーションをとらなければならない。営業職には，社内の他の部門の人々に加え，工事を請け負う業者等とも関係をうまく構築することが求められるのである。

　営業職の特徴が以上のような2点にあると捉えていることからも，A社が，中途採用で求める人材に対して，顧客や社内のさまざまな人々と関係を構築できる人間的側面を，かなりの程度重視しているということがわかる。資格や経験などある程度の要件は当然ながら満たしていなければならないが，A社ではこのような人間的側面をより重視していた。

　上で述べたような新卒採用中心の雇用制度，長期人員計画や全社戦略に基づく人材戦略，営業職の特徴からくる求人要件といった要素を，A社の中途採用という経済活動を形成するアレンジメントとして捉えることができる。以下では，具体的に人材紹介とのかかわりに注目しながら，中途採用の実践を見ていこう。

　まず，募集に際しA社は，ある程度の要件を記載した求人票を人材紹介に提出する。人材紹介は求人票に記載される情報から人材を選択し，紹介する。人材紹介を活用することによってある程度のスクリーニング効果は得られるという。しかし，その効果は，自社のホームページや広告で応募者を集めるときと比較して，まったく適合していない人材を除外できるという程度である。

　中途採用によってA社が獲得しようとしている人材の特徴から，求人票に明確に記載できる要件だけでは，求める人材を見出すことはできない。A社にとって重要な要件は，社内外の人々とうまくかかわり合うための「人柄」といった，「文言」にして書くことができないものだからである。また，書かれた要件であっても，人材紹介側で多様な解釈が可能な表現となってしまい，A

社が想定している人材像を人材紹介も同様に想定できるとは限らないからである。

　「求める人材像なんかは，口頭では完璧に伝えられないですね。なんとなくでないと。どうしても，文言にして書かなければならないのであれば，『協調性』とか『リーダーシップ』とか『自律心』という，ごく抽象的でほとんど意味をなさない人材基準になってしまうよね。(中略) だから，何もかもが複合的に重なり合って，求める人材像を作り上げているので，口では伝えられないということになる」(A社採用担当・K氏)

　こうした側面は，企業特殊的であり，新卒採用して社内で育成することによって獲得されると，経済学において規範的には示されているものであろう。ただ，実際には，そのような人材であっても離職や人員計画上の必要性から中途採用する必要が出てくる。A社では，このような中途採用を可能とするものとして，人材紹介を活用しているということなのである。

　ただし，人材紹介が人材の持つ不可視的な側面を可視化する能力を持ち，要件に合う人材を紹介してもらうことが可能であるという理由から，人材紹介が用いられているわけではない。人材紹介の抱える限界を克服するのは，A社と人材紹介との対面でのやりとりと，人材紹介側で行われるトライ・アンド・エラーの繰り返しである。

　先述のように，人材紹介は紹介する人材を連れてきて紹介するのではなく，まずは履歴書・職務経歴書・推薦状といった書面で紹介する。これらの書面に関してA社と人材紹介は面談をし，書面の人材について，採用面接に進めるか否かを決定する。このとき，紹介してもらった人材を面接に進めることができない場合に，A社側は，その理由を伝える「ダメ出し」を行う。採用担当者のK氏はそのようなダメ出しを細かに行い，人材紹介側も，どこが要件に合っていないのか，理由を尋ねる。そういった繰り返しによって，紹介の精度が高められていくのだという。

　「人材紹介会社に『こんな人材が欲しい』っていう求人を出す。そうする

と，人材紹介会社はいろんなバリエーションの人を人選して持ってくる。それで，こちらは『これダメ』『これもダメ』っていってダメ出しをしていく作業をする訳。なんでダメかっていうのを何回かやりとりしていくと，〈A社〉が欲しがっている人材っていうのが向こうも見えてくるようになってくる」（A社採用担当・K氏）

このように，A社においては，人材紹介によって，求人要件にまったく合っていない応募を防ぐと同時に，要件に合いそうな特徴を有する人材へのアクセスが実現されていた。ただし，同社の営業職の要件には企業特殊的な面があり，人材紹介のような第三者がマッチングを行うのはきわめて困難である。しかし，だからといって自社で直接募集するのではなく，書面を通じた紹介の繰り返しによって，マッチングの精度を高めていくことで，人材の選択を可能にしようとしていた。

4.3 B社の中途採用

B社は製造企業の事業持株会社であり，本社は中核的な技術を担う部門とスタッフ部門で構成されている。傘下には5つの事業会社があり，それぞれの企業は独自に採用を行っているが，5つの事業会社で横断的に活躍してもらいたい人材は本社で採用し，出向という方法で人員配置を行っている。

B社でも，基本的には新卒採用が中心であったが，そのような中でも中途採用の位置づけが従来に比べると変化してきているという。すなわち，B社のグローバル化戦略から生じた必要性と，新卒採用での人員確保が困難になってきているという状況により，中途採用を積極的に行おうとする動きが出てきていたのである。採用する人数の構成でいえば，新卒採用を6割から8割の間とし，残りの2割から4割については中途採用の枠を設けて，外部の人材を積極的に取り入れようとしていた。

本社で中途採用され，各事業へ出向する人材は，B社にとっての中核技術を担うことができる人材であり，かつ社内で育成するのが不可能な技術を持つ人材である。具体的な人数や要件は，人事部が各部門に対して行う調査をもとに作成した「人員計画表」に基づいて決定されていた。

B社では，このように特定の枠を設けて中途採用を行ってはいたが，中途採用の人材であっても，採用すれば長期的に雇用する，長期継続的雇用が重視されていた。そのため，採用する人材についても，長期的にB社にとどまれることが条件となり，技術的な要件だけではなく，応募者の転職回数や離職理由，企業文化や社風といった不可視的な部分と人材との適合が重視されていた。

　以上のように，B社のアレンジメントは，次に述べるように人材紹介を利用していることに加え，事業持株会社であること，B社の業界においてグローバル化が進んでおり，また，新卒採用が困難となっていること，長期継続的雇用，技術的・経験的な求人要件，社風，文化的な要件といったものから構成されると考えられる。

　こうしたアレンジメントのもとで，B社の中途採用は行われている。B社においても，おもに利用される採用メディアは，人材紹介であった。その理由の第1は，「効率化」であり，とくに，人材紹介の持つスクリーニング効果である。ある程度の期間で応募者数を集めることができるのは新聞やウェブ広告であるが，そこで集めた人材の多くは要件を満たしていないことが多いという。B社の場合，広告で募集すると「仮に応募者100人のうち要件にマッチしているのは2,3人」の確率だという。このとき，さらに問題となるのは，要件に合っているか否かを問わず，応募してきた求職者全員に対応しなければならなくなるということである。B社の採用を行っているのは人事部であるが，採用を専門に行っている部門はない。そのため，採用に多くの時間がとられてしまうことが業務上の大きな問題となるのである。人材紹介であれば，紹介される人数はウェブ募集の応募者数をはるかに下回るが，要件に合う人材の数は多くなる。また，要件に合わない応募者への対応も人材紹介に任せることができる。

　　「新聞とか媒体を使って，『マイナビ』とか使って募集つのりますよね。で，使ってもさばききれないというのがあるんですよ。そこの数を効率化したい。ある程度の層の人たちとお会いして面談をして面接して判断したいと」（B社採用担当・S氏）

　人材紹介との取引のプロセスは，やはり求人票の提出から始まるが，B社で

は求人票を出す前段階として社内で「人員計画表」を作成し,それに従って人材紹介に求人を出すという決定が行われていた。人員計画表は,前述のように,人事部が各部門に対して行う調査をもとに作成される。外部から人材を採用するかどうかは,部門間でのローテーションや部門が他部門に出してもよいと思われる人材がいるかどうかを人事部と部門長が話し合ったうえで決定される。人員計画表をもとにして作成する求人票に記載される要件は,基本的に能力やキャリア,転職回数,現在何かの職についているかどうか等である。

ただし,B社が中途採用する人材に対しても重視している,社風などの不可視的な要件との適合性は,社内の人間でなければ評価できないため,人材紹介という第三者には委託できない。そこで同社は,無理に判断基準のあいまいな側面についてのマッチングまで人材紹介に任せることはせず,それは自社で時間をかけて行うべきと認識していた。

　「コア人材を採用しているので,そこに対してはやはりマッチングっていうのは凄く重要になってくる。そこはやはり時間をかけないといけない」
　（B社採用担当・S氏）

このような理由から,人材紹介に提出する求人票は,B社以外の人でも判断が可能な,可視的で測定可能な側面に限定された内容となっていた。B社が人材紹介に求めているのは,応募してくる人数を減らし,採用の可能性が高い人材を効率的に集めることだからである。

なお,中途採用にかかるコスト削減という一般的な人材紹介の機能は,B社においては,マッチングのコストというよりもそれに付随的に発生する補助業務の軽減に有効と捉えられていた。たとえば,面接の日程調整は,現職のマネージャーを中途採用で獲得するといった場合には非常に手間のかかる業務となる。なぜなら,B社は要件として他の企業で現職として働いていることをあげているため,応募者側の時間の確保が難しかったためである。こうしたことも,人材紹介を用いれば,日程調整は人材紹介に任せられるので,B社はそれに合わせればよいということになる。

このように,B社において人材紹介は,応募者数および採用にかかる補助的

な業務の削減による効率化を目的として利用されていた。

4.4　C社の中途採用

製造業を営むC社は，地方に本社を置く大企業である。C社の人事制度もまた長期継続的雇用を前提として設計されており，採用も新卒採用が中心で行われている。

同社で中途採用が行われるのは，次の2つの理由からであった。第1に，社内の従業員の年齢構成を保つためである。C社では年々の業績に応じて新卒採用人数の調整をしていたため，世代間で構成人数に差が生じてしまうことがあった。この差をなるべく少なくするために，中途採用によって人数の調整を行っていた。第2に，新しい技術を獲得するためである。業界において新しい技術や知識が必要となった場合に，新卒採用した人材を社内で育成するには時間がかかり，既存の従業員では対応ができないことがある。そこで，中途採用によって新しい技術を持った人材を獲得するという方法がとられていた。

C社が中途採用において抱える問題の1つは，地方都市に本社が置かれているということであった。場所を明記することはできないが，ここでいう地方とは，多くの人材が集中するような都市ではないということを意味している。したがって，募集をかけたとしても，都市に比べると，緊急に必要な高度な技術を持った人材が集まりにくかった。

以上のように，C社のアレンジメントについては，長期継続的雇用，新しい技術といった求人要件に加え，地方に本社を置いているという要素が特徴となっている。

こうしたアレンジメントのもとで，C社の中途採用は行われていた。中途採用では多様なメディアが用いられていたが，人材紹介が利用されるのは，広告媒体では確保できない専門的な技術を持った人材をターゲットにする場合であった。

C社は，人材紹介を利用する理由に，現職の人材にアクセスできることをあげている。人材紹介に登録された人材には，明確に転職意思を持った人材だけではなく，他社で現役として活躍しながら転職の機会を窺って登録している人材も存在する。今の仕事をすぐにも辞めたいと考えているような人材は，長期

雇用を前提とした採用を行っているＣ社にとっては，また辞める可能性がある人材と思われてしまう。一方，現在の職場でも活躍しているような人材であればそのような心配はなくなるが，このような人材は，当然，自分からＣ社の求人を積極的に見るわけではない。しかし，人材紹介を用いれば，そのような人材にアクセスすることができるのだという。

> 「転職を考えている人は勝手に自分で応募してくれますから。人材紹介を使う意味は，今の状態でまぁ転職したいなぁとおぼろげに思っているくらいの人をもっと明確化して持ってきてもらうと。背中を押してもらうような側面もあるんじゃないかと」（Ｃ社採用担当・Ｏ氏）

求人企業と人材紹介の基本的なやりとりについては，これまで見てきた事例と変わりはない。Ｃ社が求人票を人材紹介に提出し，人材紹介は候補者を紹介する。Ａ社やＢ社と同様に，要件に完全に一致した人材を紹介されることは少ないが，Ｃ社は，利用する人材紹介を数社に絞りＡ社と同様に長期的に取引していた。その数社と長期的な取引を続けることによって，人材紹介はＣ社に対する理解を深めていくのである。

具体的な人材紹介とのやり取りは，履歴書・職務経歴書・推薦書といった書面を通じて行われる。Ｃ社が技術的な面での求人要件を提示すれば，人材紹介はその要件を満たす候補者を何人か提示する。Ｃ社の担当者は人材紹介側のデータベースを直接見ることはないため，提示された候補者を基準として，さらに要件に関する交渉が行われるのだという。提示された候補者に足りない要件を指摘するのは当然であるが，当初の求人要件に新たな要件を加える形で人材紹介側に提案を出していく場合もある。同様に人材紹介の側も，ある候補者をＣ社に一度提示することで，その候補者を判断の基準として用いることができ，足りない部分や求められている要件が明確化されていく。

> 「やっぱりコミュニケーションとってると精度が上がってきますよね。それはいいコンサルタントさんなんでしょうね。（略）やはり人材紹介会社はたくさんありますよね。何十，何百とある中で，勉強してくる人たちが

いるんですよ。で、そういう人たちとわれわれも付き合いたいですからね。だから自然とそういう人たちと深くなってくるんですよね。深くなってくると、さらにわかってくるんですよね。で、いい循環ができて、だんだんだんだん関係が構築されてくる」(C社採用担当・O氏)

　C社でもまた、技術的な側面と社風といった不可視的な側面の両方が求人の要件とされていた。しかし、C社が取引する人材紹介の数を限定することによって、人材紹介側には何度も繰り返し行われる紹介の成功例が蓄積されていく。こうした採用担当者とのコミュニケーションの繰り返しによって、人材紹介は採用される人材の技術的な側面のみならず、社風・文化にかかわる不可視的な情報も獲得していった。

5　中途採用における人材の計算実践

　実際に行われている中途採用の実践は、求人企業が位置づけられるアレンジメントによって可能となる。この分析視角に基づいて、具体的に3社の中途採用の事例を記述してきたが、本節では3社の事例を比較しながら、人材紹介の活用の多様性と中途採用における人材の計算の実践を整理していこう。

　まず、事例の前にも確認したように、求人企業と求職者の間で労働の取引が行われるにあたっては、人材一般から自社が採用すべき人材として、分離されなければならない。このことは、言い換えれば、経済学が前提としている人材プールがどのようにして成立していくのかを明らかにすることである。

　人材紹介はウェブを通じた登録によって、人材一般から求職者を分離する。求人企業の3社は、人材紹介を利用することで、自社にとっての人材プールにアクセスすることが可能となっていたと考えられる。もちろん、人材プールへのアクセスを可能にする装置はほかにも存在するが、人材紹介を通じた人材プールは、あらかじめ要件をある程度満たした人材のプールになっていることが期待できる。

　次に、人材紹介から求人企業に紹介された人材は、それぞれの企業の求人要件に従って、評価されていく。経済学においては、こうした経済活動はホモ・

エコノミクスの仮定により問題とされることがなかったが，評価し選抜するという活動は，アレンジメントに分散された計算的エージェンシーとして捉えられる。

多くの場合，評価は，最初から実際に人材に会って行われるのではなく，人材紹介が提示する履歴書・職務経歴書・推薦状といった種々の書類を通じて行われる。それらの書類と求人要件のマッチングを検討することによって人材を選択していくのであるが，こうした形式に終始する選択は，要件が明確に定まっており，紹介される人材のこともまた，種々の書類のうえで決められた形式にまとめられていない限り不可能である。

ところが，求人企業によっては，求める人材の要件を明確に表すことができない場合がある。たとえば長期雇用が前提となっていると，社風や文化といった明確に定義しにくい要件の重視につながることがある。そこで，B社は，マッチングにおいては，第三者でも判断が可能な範囲を定めることで，人材紹介の利用を限定していた。したがって，B社にとって人材紹介は，面接時間の調整など，採用にかかわる補助業務を代行してくれる存在として捉えられていた。対照的にA社では，そうした明確化することが困難な側面のマッチングの精度を高めるために，人材紹介とのコミュニケーションを丁寧に行っていた。そうした相互行為によるマッチングの精緻化は，紹介に至らなかった人材を判断基準とすることで求める人材像に近づいていくという方法や，過去の採用実績などを用いることによって可能となっていた。同様に，C社も，人材紹介との相互行為によってマッチングの精度を高めようとしていた。そこでは，一度提示された人材を検討することで，新たな求人要件を加えて，求人企業の側から人材紹介に提案するといった方法もとられていた。

このように，3社の事例を見ただけでも，中途採用のプロセスにおいて，企業がそれぞれに異なる方法で人材紹介を利用していることがわかる。経済学において，情報探索コストの削減などといった点で市場を補完する存在と位置づけられている人材紹介は実際には，多様に機能するものであることがわかる。各社は，それぞれが置かれているアレンジメントに応じて，人材紹介の利用価値を多様に見出していた。

以上のように，本章では，アレンジメントは人材紹介や個別企業の雇用制度，

求人要件などの要素によって構成されており，個別の企業におけるアレンジメントがそれぞれの採用活動，すなわち人材を計算するエージェンシーを形成している様相を記述してきた。装置としての人材紹介は，計算における分離のプロセスにおいて，ある特定の人材を対象化する。さらに人材を評価し，選抜するという人材の計算が，それぞれの企業の雇用制度や求人要件とのかかわりに加えて，人材紹介との相互行為を通じてはじめて可能になっていることも明らかになった。

6　おわりに

　本章では，市場を，計算を可能にする装置の集合体として捉える視点から，企業の中途採用において，企業がいかにして人材を人的資源として計算可能なものとしていくのかを，人材紹介という装置に注目して検討してきた。中途採用における人材のプールは，人材紹介という装置を通じて，ある人材が取引の対象として分離されることで可能となり，人材の評価・選抜は，個々の企業の雇用制度や求人要件，人材紹介との相互行為を通じて可能となっている。さらに，そのように人材紹介が計算を可能にしていくアレンジメントは多様であることも明らかになった。

　最後に，本章では議論できずに残された問題として，この分析視角によって捉えることができるであろう，さらなる研究の課題を提示しておきたい。

　第1に，アレンジメントの変化についてである。事例において，人材紹介と求人企業の相互行為を通じて，マッチングの精緻化が行われていることに触れたが，行為がアレンジメントの結果として生じることを踏まえれば，活動がアレンジメントそのものを変化させ，新たな実践を導く可能性を指摘できよう。装置の集合体として市場を捉える分析視角は，こうした変化のプロセスを捉えることを可能にする。本章でいえば，人材紹介と求人企業の事例を，いかにアレンジメントを変化させ，新たな実践が生み出されたのかという視点からも記述し直すといった試みである。

　第2は，理論が実践においてアレンジメントを構成する1つの装置として捉えられることである。本章の前半で，経済学ベースの労働市場が提示する規範

的な示唆について,その前提を捉え直す作業を行った。しかし,こうした示唆そのものも,アレンジメントを構成する装置として捉えることが可能である。求人企業や人材紹介のような仲介者もまた,理論と隔絶されているわけではなく,経済学の専門的知識を資源として利用し,アレンジメントを構成していく実践の中にある。こうした問題は,理論の遂行性として金融理論やマーケティングの領域で経験的研究が進められている(たとえば,MacKenzie, Muniesa and Siu, 2007 ; Kjellberg and Helgesson, 2006)。労働市場に関しても,労働経済学や雇用ポートフォリオなどの人的資源管理理論,さらには人材の募集・選抜に関する産業組織心理学の理論と採用の実務の関係などについて,こうした分析を行うことができるだろう。

第8章

金融理論の実践
クレジット・スコアリングに基づいたアルゴリズミックな布置の日米比較

城田　剛

1　はじめに

　東京都が2004年に設立した新銀行東京は，クレジット・スコアリング（credit scoring）という，もともとアメリカで開発された個人向けの小口融資を評価する手法に基づいて，短期間での審査を特徴とする中小企業向け融資を行った。しかし，想定を超えるデフォルトのために多額の損失が発生し，2009年には，その融資を停止する結果となってしまった。その原因については，総じて，金融理論への過度な依存が主因であったとされた（たとえば，新銀行東京，2008a）が，アメリカでうまく機能していたはずの金融理論が，なぜ日本では機能しなかったのであろうか。

　この問題の本質は，そもそも理論と実践が相互に不可分な関係にあるという事実に見ることができるのではないだろうか。理論は実践に対して独立していると考えられることが多いが，一方で理論は実践を観察してつくられ，他方で実践は理論を基礎としている。したがって，金融理論の実践を検討するにあたっても，理論と市場を独立的なものと見ず，相互に不可分なものとして扱う視点が必要になる。この視点を提供してきたのが，カロン（Callon, M.）らによって進められてきた，経済化（economization）の実践を対象とした一連の研究である。経済化の実践において重要なのは，理論が実践で使われることによって

160　第8章　金融理論の実践

（時に理論が想定した以上の）現実をつくり出す遂行性（performativity）である。本章では，アメリカで開発されたクレジット・スコアリングと，東京都が設立した新銀行東京によって採用されたクレジット・スコアリングによる経済化の実践を比較検討する。

2　金融理論の実践を検討する理論的な視点

経済化の実践とは，端的にいえば，経済学が理論的に想定してきたような架空を現実のものにしていく活動である。Callon（1998a）は，理論上の市場（market）と現実の市場（market place）を弁別すべきだとする（p.1）。経済学において市場は理論上の架空であり，あらかじめ合理的な計算能力を持った主体が取引を行うことが想定されている。これに対し，現実の市場において，人々の計算能力は，利用可能であるさまざまなモノに委任（delegate）されている。たとえば，フランスのソローニュ地方で，大学で新古典派経済学を学んだ商工会議所職員がイチゴ市場をつくったという事例がある。そこでは，私的な人間関係を断つために，生産者と仲買人などの市場関係者は別々の部屋に分けられ，みなが同時に価格情報を見ることができる電光掲示板が設けられ，取引されるイチゴも，品質を均一にするために等級づけがされたうえで一定量のバスケットにパックされたという。こうして，合理的な経済人（homo economicus）によるイチゴ市場が実現されたのである（Callon, 1998a, p.20 ; Garcia, 2007）。

このような経済化の実践に対する彼らの視点を支えている理論的背景には，カロンも創始者の1人であったアクターネットワーク理論（actor network theory, 以下 ANT）がある（Callon, 1986 ; 1991 ; Callon and Latour, 1992）。ANT は，人やモノ（thing）を存在論的に区分せず，関係的なネットワークの作用（effect）として識別されるエージェンシー（agency）に注目する。

このとき鍵となる概念の1つとして，計算的装置（calculative devices）をあげることができる（Callon and Muniesa, 2005, p.1229）。今日，私たちは，最新の金融理論を知らなくとも，コンピュータのプログラムにアルゴリズムとして組み込まれたさまざまな金融商品やツールを利用することが可能になっており，計算的エージェンシー（calculative agency）をつくり出している（Callon, 1998a,

p. 23)。近年の金融市場の実践は，このような計算的装置の発展に支えられており，カロンらは，そうした関係的なネットワークの全体を，計算されたアルゴリズミックな布置（calculated algorithmic configuration）と呼んだ（Callon and Muniesa, 2005, p. 1240）。このアルゴリズミックな布置は，狭義の金融市場を超え，企業の戦略や政府の金融政策にまで，その領域を広げ続けているが，それは経済学でいわれるところの外部性（externality）を新たに生成し続けていることを意味する（Callon, 1998b, pp. 248-255）。

以上のようにカロンたちが提唱した経済化の実践に関する議論においては，経済学が想定した実践が生成するプロセスに光が当てられていた。しかし，今日の経済化の実践に関しては，経済学それ自体も計算的装置に含まれるようになっていることが見過ごせない。こうした，より動態的な理論と実践の相互関係性に光を当てるべく，言語論の遂行性概念を取り入れたのが，MacKenzie (2006；2007) である。彼は，Callon (1998a；1998b) がいうような金融市場のアルゴリズミックな布置に関して，理論上の架空でしかなかった経済学的な市場を形成するプロセスをバーンジアン遂行性[1]（Barnesian performativity）と呼び，理論に基づいた実践が理論を超えて発展していくプロセスをカウンター遂行性（counter performativity）と呼んだ。ここにきて，カロンらによって弁別された理論上の市場と現実の市場の区分も，理論が実践をつくり，実践が新たな理論化を求めるという，相互的な関係になっているのである。

金融理論の実践を捉えようとするとき，上述のように金融理論の実践を通じたアルゴリズミックな布置が新たな外部性をつくり出すことを指摘したCallon (1998a；1998b) および Callon and Muniesa (2005) と，実践を通じて遂行的に形成される市場に着目して理論と実践の動態的な相互関係を論じた MacKenzie (2006；2007) は，包括的な分析枠組みになりうると考えられる。そして，水平軸にアルゴリズミックな布置による「外部性の消失」と，その布置とは異なる新たな市場の形成による「外部性の生成」を，垂直軸に金融理論がアルゴリズムに変換されて計算的装置に組み込まれることで可能になる「理

---

1 「バーンジアン」という用語は，Barnes (1983) が，「何かがSと呼ばれることはそれをSにすることである」(p. 525) ことを遂行性と呼んだことに因んでいる。

162　第8章　金融理論の実践

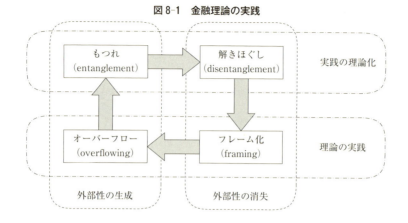

図 8-1　金融理論の実践

論の実践」と，現実の市場を観察して金融理論がつくられる「実践の理論化」を位置づけると，この2×2の相補的なマトリクスは，金融理論の実践を説明する4つの状態となりうるであろう。

　このマトリクスのもとで，Callon（1998a）が見出していた，経済化の実践においてモメントとなる活動を，改めて金融理論の実践に即しながら位置づけておきたい。まず，フレーム化（framing）とは，金融市場において金融理論が使われている状態である（Callon, 1998a, p. 16）。現実の金融市場における個人の行動は，経済学が想定する理念的な動きをせず，ランダムさを生じさせる別の理由を含んでいる。とはいえ，そのランダムさは観察することができ，その観察結果が取り入れられて金融理論がつくられる。そうした金融理論は，実践で使われることによって，人々の行動に一定の方向性を与える。ただし，人々の行動に一定の方向を与えた金融理論は，実践を安定化させるだけにとどまらない。方向性が与えられた行動が加速していくと，理論には予想もつかなかった実践が付随的に発生する。これが，オーバーフロー（overflowing）の状態である（pp. 17-18）。そして，ついには金融理論が前提としていたランダムさにも影響が及ぶようになり，もつれ（entanglement）の状態に至る（p. 19）。最後に，解きほぐし（disentaglement）は，金融理論が使われることで理論どおりにはならないもつれの状態となった金融市場を観察することにより，さらなる金融理論がつくられる状態である（p. 16）。金融理論の実践は，このマトリクスを右

回りで循環するプロセスとして捉えられるのである（図8-1）。

3 クレジット・スコアリングのアルゴリズミックな布置の日米比較

以下では，前節で検討した金融理論の実践を説明するマトリクスを分析枠組みとして，日米のクレジット・スコアリングを利用した実践を比較分析していきたい。ところが，比較分析といっても，これは，もともとアメリカで開発されたクレジット・スコアリングを日本（新銀行東京）に導入したものであり，その意味では，連続した1つのプロセスともいえる。しかし，アメリカでうまく機能した金融理論が日本ではなぜ機能しなかったのかという，本章の問題意識のもとでは，両者を異なるアルゴリズミックな布置として検討する必要があるだろう。

また，比較対象を得ることによって，必ずしも語られてこなかったコンテクストを識別できるというメリットもある。結論を先取りして触れておけば，もともとアメリカで開発されたクレジット・スコアリングとは，借手の信用リスクと関係が深い諸変数（個人・企業の属性や財務状況など）を用いた計量モデルによって，借手のスコア（評点）を算出し，これをもとに融資実行の可否や金利などの融資条件を決定するというものである（小野，2007）。この金融理論の実践が大企業融資から中小企業融資へと浸透していった背景には，アメリカでは，通信販売やカード・ローンなど生活に密着した業務からも信用リスクと金利の関係が国民に理解されているというコンテクストがあったのである。そのため，貸手と借手が金融理論を知らなくとも，自然と金融理論が想定する前提へと実践がうまく誘導されていく結果になった。

これに対して，当時の日本には，個人によって金利が異なるという慣習はなく，中小企業融資においても，金利が決まっている中で融資限度額が決められるという，アメリカとは異なるコンテクストがあった。また，信用リスクに対する理解も専門家に限られていた。ところが，こうしたコンテクストの違いがあるにもかかわらず，新銀行東京は，クレジット・スコアリングによって設計されたアルゴリズミックな布置に基づいて，アメリカと同じようなフレーム化

が起きることを期待してしまったのである。しかし実際には，借手に対して事前に想定していなかったデフォルト（貸し倒れ）が生じ，のみならずクレジット・スコアリングを利用した計画倒産事件までも発生した。こうした事態に対して，計量モデルの修正が続けられたものの，計算的装置であるコンピュータが機能すればするほど，貸手と借手の想定を超えたデフォルトを生じさせる結果になったのである。

なお，本事例の記述に使用したデータは，公刊書籍のほか，東京都・東京都議会・新銀行東京の公開資料，および東京地方裁判所民事第8部民事第一訴訟記録によるものである。[2]

3.1 アメリカにおける小口の個人向け融資に端を発したクレジット・スコアリングの開発

新銀行東京が使用したクレジット・スコアリングと日本の金融市場のあり方との比較対象として，はじめに，アメリカにおけるクレジット・スコアリングのアルゴリズミックな布置の変化を分析する。

(1) クレジット・スコアリングと与信業務の結合

アメリカのアルゴリズミックな布置にクレジット・スコアリングが組み込まれる過程を振り返ると，当初は，クレジット・スコアリングという理論は，実務とは独立した存在であったことがわかる。しかし，以下で見るように，クレジット・スコアリングは，通信販売およびクレジットカードのアルゴリズミックな布置の中で，与信業務の経費を節減するために，計算を可能にする布置に加わり，新たなアルゴリズミックな布置を生成していく。

クレジット・スコアリングの開発は，個人の信用度を数値化することを目的に，数学者ビル・フェアとアール・アイザックによって着手された。彼らによって，フェア・アイザック社が1956年にアメリカで設立されたが，60年代はじめまでは，クレジット・スコアリングが使用されることはほとんどなかった

---

[2] 新銀行東京の事例は，新経営陣と旧経営陣が，東京地方裁判所において係争した案件であるが，本章は，金融理論を活用した事業を理解するために作成した事例であり，対象となった事業の成否について特定の立場を支持するものではない。

(ルイス／アコム・プロジェクト・チーム訳, 1997) という意味で，上述のように実務からは独立した存在であった。

しかし，クレジット・スコアリングは，通信販売会社の顧客数とクレジットカードの発行枚数の拡大に伴って，現実に使用されるようになっていく。通信販売会社は，顧客数の増加によって，膨大な信用口座を処理する必要に迫られた。また，クレジットカード会社も，クレジットカード発行枚数の増加に伴い，与信業務の増加に直面した。その与信業務は，件数は多いものの，多くは小口の個人の取引であるため，大きな経費をかけると収益を圧迫するものであった。そこで，膨大な与信業務を軽減しようと，フェア・アイザック社のクレジット・スコアリングが注目されたのである（ルイス／アコム・プロジェクト・チーム訳, 1997）。こうして，クレジット・スコアリングは与信業務と結合し，理論を含むアルゴリズミックな布置を生成した。

(2) アルゴリズミックな布置の拡大

クレジット・スコアリングが現実の金融市場で使用されると，そこにFICOスコアという個人スコアが生成し，それ自体が商品となって，新たなアルゴリズミックな布置が生成された。その経緯は以下のようなものである。

貸出債権は，貸手にとってポートフォリオを構成する債権の1つである。貸手は，もし債権がデフォルトした場合，過去の回収率に照らし合わせることで，一定の回収率を見込む。また，デフォルトの発生率も推定する。こうした銀行経営・業務運営にかかわる事項を複数勘案して，それぞれの借手に対し，貸出の可否や上乗せ金利をはじめとした融資条件が決定されるわけだが（西岡ほか, 2002），その際にクレジット・スコアリングが用いられるようになったため，フェア・アイザック社は借手について勘案すべき属性情報を管理・蓄積し，その属性情報を販売するようになった。それらの情報をもとにした計量モデルから算出されたスコアに基づくと，デフォルト率が推定できるというものであった。

この計量モデルのスコアはFICOスコアと呼ばれ，クレジットカードの使用を通じてアメリカ国民に深く浸透した（小野, 2007）。それによって，生活に密着した部分でクレジット・スコアリングが使用されるようになり，信用リスク

という観念が埋め込まれた結果，アメリカ国民は，個人の信用リスクと金利の関係を認識するようになった。そうして，日本にはない，ミドルリスク・ミドルリターン[3]といわれる金融市場が生成した。

この FICO スコアは，それ自体が商品となり，政府の住宅政策をはじめとする生活に密着した個人ローンを布置に加え，新たなアルゴリズミックな布置を生成し続けていった。アメリカ政府は，1970 年代に住宅ローン債権を保証する政府系の金融機関（フレディマック，ファニーメイ）を利用して，銀行の個人向け住宅ローンを支援するようになったが，このとき融資を審査する金融機関では FICO スコアが使われた。信用リスクに応じて金利を調整することで銀行の収益は確保される。こうした流れは，自動車ローンをはじめとする生活に密着したすべての個人ローンに波及していった（ルイス／アコム・プロジェクト・チーム訳, 1997）。

(3) アルゴリズミックな布置の結合

クレジット・スコアリングはさらに，個人融資と中小企業融資の金融市場を結合して，新たなアルゴリズミックな布置を生成していく。

それまで中小企業融資は，中小の金融機関に担われていたが，1980 年代に，クレジット・スコアリングを中小企業向け融資に応用できることが大手銀行で認識された。従来，大手銀行においては，正確な財務情報に基づく利益を優先するトランザクション型[4]の銀行貸出が主流であった。一方，中小企業融資は，財務情報が正確でないことも少なくないため，長年の付き合いによって，直接的に情報を得ることが必要となる。このような銀行取引をリレーション型[5]の銀

---

3 日本では，銀行の低金利の貸出と商工ローンといわれる高金利の貸出市場しか存在せず，その中間の金利帯の市場はほとんどない。

4 トランザクション型といわれる銀行貸出は，一時的かつ個々の取引の採算性を重視する貸出である。この形態の場合，貸出先が大企業であれば，制度的に正確な財務情報が存在するので問題はない。また，キャッシュ・フローの点で多少劣っても，良質な資産担保を持つ企業であれば，資産を担保とした融資が可能である。問題は，良質な資産担保を持たない中小企業への貸出である。ここにスコアリング・モデルを用いれば，採算性を重視する観点から，個々の取引についてはスコアリング・モデルによるデフォルト率に応じて金利スプレッドを調整し，また，小口の貸出をポートフォリオとして束ねてリスク管理も行うことができるのである（益田・小野，2005）。

5 リレーション型の銀行貸出は，企業との長い付き合いを前提とした取引をいう。長い付き合

行貸出という。少額の個別の融資に対して大きな営業経費を必要とするリレーション型融資は，大手銀行には魅力的な事業ではなかった。しかし，クレジット・スコアリングが利用できれば，営業経費を節減でき，大手銀行でも十分に採算がとれる可能性が出てきた。

ただし，大手銀行が実際にクレジット・スコアリングを使用するには課題もあった。それは，中小企業の信用リスクに関するデータが十分でないことであった。そこで，中小企業向けの貸出を計画した大手の金融機関は，与信業務でクレジット・スコアリングを利用するために必要な企業の属性情報の時系列データを蓄積していった。そして，1990年代に入ると，大手の金融機関は，中小企業への貸出にクレジット・スコアリングを利用し，融資を開始した。

このとき，FICOスコアで実績を持っていたフェア・アイザック社は，中小企業のオーナーの信用リスクとその企業のデフォルト率の相関に着目したクレジット・スコアリングを開発し，金融機関へ販売した。この販売されたスコアは，多くの金融機関で，中小企業に対する独自の信用データの蓄積と併用され，中小企業向け融資に大手銀行が参入できる土壌はますます整ったのである（小野, 2007）。

中小企業融資という金融市場は，いうまでもなく，企業スコアと企業への融資から構成されており，個人スコアと個人ローンを含むアルゴリズミックな布置とは別の布置であった。クレジット・スコアリングは，当初は個人的なクレジットカード等の事業で使用されたが，信用リスクのデータが十分でなかった中小企業融資に使用されるようになったことで，個人融資の金融市場が中小企業融資の金融市場と結合した。クレジット・スコアリングは，このように異なるアルゴリズミックな布置を結合して，新たなアルゴリズミックな布置を生成したのである。また，フェア・アイザック社は，個人スコアと企業のデフォルトと関連づけた新たな理論としてのクレジット・スコアリングを生成したと見ることができる。

いを通じて企業情報を得ていくことによって，融資の対象企業のデフォルト率の低下をめざす。この方法は，情報開示が進んでいない中小企業融資において有効であるが，銀行にとっては，融資額に見合わない人件費がかかる。日本では，大企業に対してもこの方法がとられてきたが，アメリカでは，地域性の高い中小の金融機関での中小企業融資で行われている（小野, 2007）。

3.2 新銀行東京による中小企業向け融資の失敗

　東京都は，新銀行東京を設立して，トランザクション型貸出を行う，それまでの日本にはなかった新たな金融市場を生成し，東京都内の中小企業への融資事業を計画した。その際，前項で見たとおりアメリカで発展してきていた中小企業のクレジット・スコアリングを用いたのだが，アメリカのようにはならなかった日本におけるアルゴリズミックな布置について，以下で分析していこう。

(1) 東京都のアルゴリズミックな布置の創出計画

　東京都の新銀行東京による新たな市場の創出計画は，日本には存在しなかったトランザクション型の銀行貸出という，新たなアルゴリズミックな布置そのものをつくろうとする試みであった。すなわち，クレジット・スコアリングという理論で新たな市場を意図的に創造するということである。そこで，アメリカのアルゴリズミックな布置を模倣するために，まず，クレジット・スコアリングに用いる専用の計量モデルが検討された。次に，過去の中小企業のデフォルト・データを収集し，アメリカと異なる結果が出た場合に備えて，想定デフォルト率の引き上げおよび貸倒引当金の積み増しを行ったほか，開業後にもデフォルト・データを修正して対応できるように準備した。そして，都議会の議決を経て，資本，専門的スタッフ，コンピュータなどの施設を整え，新銀行東京は開業した。以下で，時系列に沿って確認していこう。

　2003年4月の東京都知事選挙で，「中小企業の能力を引き出す新しい銀行の創設」（選挙公報）を公約として2期目となる石原慎太郎が当選した。東京都は，これを受けて，新銀行の設立に向けた準備を始め，同年11月には，「東京の経済再生，都民生活向上，IT社会整備に貢献する新たな地域型トランザクション・バンクを設立・発展させることにより，東京発金融改革を推進する」とした，新たに設立する銀行の「新銀行基本スキーム」（東京都, 2003）を発表した。このように，新銀行は，トランザクション型の銀行貸出によって，担保や第三者保証にとらわれない融資を行い，中小企業に対する円滑な資金提供をめざしたものだったのである。

　2004年2月，東京都は，新銀行の業務内容をより具体的にまとめ，業務運

営の指針となる「新銀行マスタープラン」(東京都, 2004) を発表した。「新銀行マスタープラン」では,5つの商品が計画された。①ポートフォリオ型融資,②技術力・将来性重視型融資,③シンジケート型融資,④地域金融機関のリスク負担能力を補う仕組みとしての保証スキームと劣後ローン,⑤中小企業再生ファンドであった。主力商品となるポートフォリオ型融資は,原則無担保・第三者保証不要という点が,特徴とされた。そこで,決算書などによる定量的な評点化と,借手となるオーナー個人の信用情報調査・調査会社の定性情報に基づく倒産確率分析・反社会勢力排除チェックを行い,実地面談・実態調査のうえ,定性要因を踏まえて融資条件を決定することとした(東京都, 2004)。

ポートフォリオ型融資でめざす迅速な融資案件の処理では,自動審査を可能にするクレジット・スコアリングが重要となるため,東京都は,クレジット・スコアリングのシステム化を検討した。2003年7月,クレジット・スコアリングのシステム化の検討が東京税務協会にて開始され,外部コンサルタントを活用して,各社のクレジット・スコアリングに用いられている計量モデルの比較などの分析を実施した。続いて開催された検討会では,使用する計量モデルの検証について討議された。というもの,検証は通常であれば自行のヒストリカル・データを用いて行われるが,新銀行東京にはまだヒストリカル・データがないため,ポートフォリオ型融資のシステムの中で使用しているロジックをどのように検証するかが問題となったのである (東京地方裁判所, 2010)。

この問題に対処するため,中小企業の信用リスクのデータベースを保有する会社に,該当するデータを提供してもらい,東京都の仮想状況をつくり出し,シミュレーションによるテストが検討された。翌月,金融エンジニアリング会社であるA社がスコアリング・モデルを担当することが決定された。A社は,大都市圏を中心に,過去にコンサルタントを行った先のデータを収集・保有していると想定されており,同社の計量モデルは,それがベース・データになっていた (東京地方裁判所, 2010)。

こうして新銀行のために専用の計量モデルが開発されたものの,現実に母集団となる貸出先のデフォルト率と一致する保証はないため,開業後にデータを修正する必要が生じることが予想された。したがって,念のため,推定デフォルト率は,信用金庫や地域金融機関における通常よりも3倍高い0.8から0.9

とされた。さらに，この想定を超えて発生するリスクに備えて，一般貸倒引当金も，想定したデフォルト率の2倍分が計上された（東京都議会，2004）。

そして，東京都議会は，2004年3月，「新銀行マスタープラン」をもとに審議を行い，新銀行設立のため，1000億円の出資を決議した。東京都は，BNPパリバ信託銀行の全株式を22億8800万円で取得して新銀行の開発準備会社を設立し，2004年4月，新銀行東京は発足した。

同行の取締役代表執行役には，リレーション型の銀行貸出に慣れた金融業界の人材を避け，トランザクション型の銀行貸出を行える人材として，トヨタ自動車工業（現，トヨタ自動車）へ入社後1993年までおもに経理・財務畑を歩んできた，豊田通商常務監査役兼トーメン特別顧問（当時）の仁司泰正が就任した（『日経ベンチャー』2004年6月1日）。新銀行東京は，本格業務に向けた準備を進め，発足から1年後の2005年4月に開業した。

(2) 融資商品「ポートフォリオ」の失敗

ここでは，新銀行東京の主力商品であった金融商品「ポートフォリオ」の消滅過程を見ていくが，それは，アメリカ同様のアルゴリズミックな布置を生成することができずに，アメリカとの相違に対処していく中で日本の既存の金融市場に取り込まれていくというプロセスを辿った。以下で見るように，新銀行東京は，クレジット・スコアリングが機能しないという事態へ，データの修正ではなく，クレジット・スコアリングに用いる計量モデルそのものの変更という方法で対応した。しかし，クレジット・スコアリングはそれでも機能しなかったため，アメリカで主流のトランザクション型の銀行貸出を諦め，日本で主流のリレーション型の銀行貸出に再構成することになった。最終的に，新銀行東京は，トランザクション型の銀行貸出という新市場を創出できずに，日本の金融市場のアルゴリズミックな布置に取り込まれてしまったのである。

上述のように2005年4月に開業した新銀行東京は，開業から3カ月が経過した7月時点で融資・保証の実行件数が約1100件，実行額は200億円と計画を下回ったことを踏まえて，翌8月に，東京都が策定した「新銀行マスタープラン」の経営理念を踏襲しつつ，独自の業務戦略ならびに財務計画を「中期経営目標」として立案した。この「中期経営目標」では，初年度の融資・保証

残高が2580億円，3年後の目標として融資・保証残高は7380億円と設定された（新銀行東京，2005）。

このように融資・保証残高を目標に据えたことが，デフォルト率の軽視という結果を招いてしまう。それでも，2006年3月末には，新銀行東京の融資・保証残高は1930億円に達したが，中期経営目標には届かなかった。そこで，融資・保証残高を増加させるために，2つの対策が打たれた。①主要な貸出先を変更した。具体的には，それまで売上高50億円以上の企業としていたのを5億円以上の企業へと修正し，融資の小口化を試みた。②従来のインバウンド営業中心の体制から，アウトバウンド営業の強化を進めた。全店舗にそれぞれ3人程度のオペレータを配置し，企業へ1件ずつ電話をかけ，融資を募った（新銀行東京，2008a）。この行為は，目標額達成には有効だったが，計量モデルの母集団データの信頼性を損なうこととなった。

これらの結果，「ポートフォリオ」のデフォルト率が増加するという事態を受けて，新銀行東京は2006年6月，デフォルトを抑制するために，クレジット・スコアリングの支援システムの見直しを検討した。見直しにあたって，予想デフォルト率を算出するためのパラメータが固定されており入れ替えができないこと，各パラメータにセットされている係数の重みづけの変更が困難であること，また，信用格付や自己査定における管理体制と支援システム業務フローの不整合など，ユーザーがモデルを変更することが考えられていないシステムであることが問題とされた。これらの問題を解消するために，計量モデルの変更が検討された。具体的には，それまでのA社提供のモデルから，B社が提供していた，ベース・データとして導入先の信用金庫のサンプル（17万社）を用いた結果がセットされ，それを自由にカスタマイズできるというモデルへの変更である。こうして2006年11月，自行の融資実績によるデータ修正ではなく，スコアリング・モデルそのものの変更が行われた（東京地方裁判所，2010）。

しかし，新銀行東京は，2007年3月期の決算において，不良債権比率6.4%，利益余剰金849億円の赤字を計上した。また，この頃に，クレジット・スコアリングの自動審査を悪用し，ペーパー会社の財務諸表を作成して融資を受けた後すぐに計画倒産するという事件も発生していた。新銀行東京は，想定を大幅に上回る不良債権が発生した理由をクレジット・スコアリングに依存した融資

運営を行っていたことに，また，収益が圧迫されている理由を当初想定していた事業規模が過大であったにもかかわらずそれを実行するための組織・システムを構築したことに，それぞれ求め，こうした結果を踏まえて，2007年度から09年度を対象期間とする「新中期経営計画」を策定した（新銀行東京, 2007）。

その「新中期経営計画」では，不良債権問題の沈静化までは慎重経営を行い，採算の確保できる規模に資産を圧縮し，経費を抜本的に削減することとされた。「中期経営目標」で2007年度に1兆3270億円と計画していた総資産の目標も，09年度に4553億円へと，採算が確保できる適正な規模に圧縮し，良質資産へ組み替えることが計画された（新銀行東京, 2007）。

また，デフォルト圧縮のために，顧客管理・与信管理の体制を変更した。この変更がすなわち，人件費のかからないトランザクション型志向から，人件費のかかるリレーション型への，つまりはクレジット・スコアリングに頼らない体制への再構築だったのである。こうして，2006年末で62名だった営業推進担当者は110名まで増加された（新銀行東京, 2007）。

さらに，経営体制のガバナンスの強化を目的に，2007年6月，取締役会議長に元東京都副知事である大塚俊郎，代表執行役に元りそな銀行常務である森田徹が就任した。そして，開業後おおむね2年間の経営状況について，経営悪化の主因とされる不良債権を増加させた融資業務の管理を中心に調査し，経営悪化を招いた原因を究明するため，新銀行東京調査委員会が設置された。

しかし，2007年9月期の累積損失が936億円になることが明らかとなり，同年11月には，代表執行役に，東京都において「新銀行東京マスタープラン」の作成に携わり，その後，東京都港湾局長を務めた津島隆一が就任し，東京都に対して，400億円の追加出資を要請した。合わせて「新銀行東京再建計画」も発表された（新銀行東京, 2008b）。

2008年2月，追加融資を依頼された東京都は，東京都議会に対して，新銀行東京を支援する方針を説明，東京都議会予算特別委員会および経済・港湾委員会における審議が始まった（東京都議会, 2008a）。翌3月，新銀行東京が，東京都に対して新銀行東京調査委員会の調査報告を行った。その報告は，「極めて不適切な業務執行」「時期を逸した経営の舵取り」「事実の隠蔽や楽観的見通しの報告」「代表執行役への権限の集中」を，経営悪化をもたらした原因と特

定していた(新銀行東京, 2008a)。

　東京都議会では，400億円の追加融資は，BIS規制に基づいた自己資本比率を確保するためと説明された。審議は，知事の政治責任をはじめ，クレジット・スコアリングにも及んだ。これらの議論を経たことで，新銀行東京の今後の方向性は，リレーション型の銀行貸出を主流とする従来の日本の金融業界の考え方をもとにするものとなっていった。それでも出資への不安は強く，審議は難航したが，2008年3月，都議会は，新銀行東京への出資を決議した(東京都議会, 2008b；2008c)。東京都は，新銀行東京への経営監視や支援機能を強化するため，産業労働局に金融管理室を設置した。また，2009年9月には，東京都議会に「株式会社新銀行東京に関する特別委員会」が設置された。

　2008年12月，金融庁は新銀行東京に対して業務改善命令を出し，翌年1月，新銀行東京は業務改善報告をした。金融庁はさらに，新銀行東京の事業展開に対する批判が寄せられたことを受け，クレジット・スコアリングの利用を推奨項目から外した[6](金融庁, 2008a；2008b)。

　新銀行東京が発表した「新銀行東京再建計画」では，2011年度の黒字化をめざして，経営目標は中小企業支援の推進とされた。おもな取り組みには，東京の発展を支える幅広い産業・技術のうち，今後さらなる成長が期待される分野・業種への支援，事業意欲の高い既存顧客等に対する継続的な支援，地域経済の活性化を目的とする東京都との連携を前提とした支援が掲げられた(新銀行東京, 2008b)。

　こうした中，新銀行東京は，2008年3月には無担保・無保証融資を原則廃止することを発表している(『日本経済新聞』2008年3月18日)。そして，2009年8月，4代目の代表執行役である寺井宏隆のもと，主力であった融資商品「ポートフォリオ」の新規申込受付を終了した。

3.3　日米のアルゴリズミックな布置の比較

　前項までに記述してきた事例における金融理論と金融市場の実践のあり方を

　6　金融庁は，2003年3月，リレーション型の銀行貸出の機能を強化する手段の1つとしてクレジット・スコアリングの活用を推進した(金融庁, 2003)。

調べるために，以下では日米のアルゴリズミックな布置の変化の比較を行う。日米ともに時系列的なアルゴリズミックな布置の変化があるため，両国における時系列的変化を見たうえで，日米のアルゴリズミックな布置を比較することとしよう。

(1) アメリカのアルゴリズミックな布置の時系列的変化

アメリカにおけるアルゴリズミックな布置の変化を時系列的にまとめると，表8-1のようになる。アルゴリズミックな布置の変化①は，理論と与信業務の結合である。したがって，理論を含むアルゴリズミックな布置が生成したことになる。アルゴリズミックな布置の変化①の特徴は，数学者による解きほぐしによって理論化されたクレジット・スコアリングが，通信販売およびクレジットカードの業界の実務の要求によって，理論の外部性が消失し，理論の実践に取り込まれたことである。

アルゴリズミックな布置の変化②は，理論を含んだアルゴリズミックな布置の拡大である。アルゴリズミックな布置の変化②の特徴は，クレジット・スコ

表8-1 アメリカにおけるアルゴリズミックな布置の時系列的変化

アルゴリズミックな布置の変化①	理論と与信業務の統合	クレジット・スコアリング ＋ 通信販売，クレジットカード
アルゴリズミックな布置の変化②	理論を含む アルゴリズミックな布置の拡大	アルゴリズミックな布置の変化① ＋ FICOスコア＋アメリカ国民 ＋ 政府の住宅政策，自動車ローンなど
アルゴリズミックな布置の変化③	中小企業向け銀行貸出の アルゴリズミックな布置の生成	トランザクション型貸出 ＋ クレジット・スコアリング ＋ 中小企業
アルゴリズミックな布置の変化④	アルゴリズミックな布置の結合	アルゴリズミックな布置の変化② ＋ 新たなクレジット・スコアリング （FICOスコア） ＋ アルゴリズミックな布置の変化③

アリングの評点であるFICOスコアが商品となり，貸出金利と関係づけられることによって，政府の住宅政策，自動車ローンなどに幅広くアルゴリズミックな布置が拡大するとともに，評点が国民に浸透したことである。FICOスコアは，商品として区分けされた存在であるが，外部性を消失する理論の実践と同様に実践的な解きほぐしの主要な要素となった。

アルゴリズミックな布置の変化③は，基本的にアルゴリズミックな布置の変化①および②とは別の，中小企業向け銀行貸出というアルゴリズミックな布置である。アルゴリズミックな布置の変化③の特徴は，個人の与信に使われていたクレジット・スコアリングが，リレーション型の中小企業向け銀行貸出の実践を解きほぐす要素となり，同時に，トランザクション型の中小企業向け銀行貸出という新たな理論の実践に取り込まれたことである。

アルゴリズミックな布置の変化④は，個人向けと中小企業向けの銀行貸出という異なるアルゴリズミックな布置の結合である。アルゴリズミックな布置の変化④の特徴は，クレジット・スコアリングが，トランザクション型の中小企業向け銀行貸出の実践的なもつれの中で，個人の与信と中小企業の銀行貸出を結びつけ，新たな解きほぐしに至ったことである。したがって，新たな実践の理論化の例と見ることができる。

(2) 日本のアルゴリズミックな布置の時系列的変化

日本におけるアルゴリズミックな布置の変化を時系列的にまとめると，表8-2のようになる。アルゴリズミックな布置の創出計画は，計画のみの状態であり，アルゴリズミックな布置は生成していない。アルゴリズミックな布置の創出計画の特徴は，アメリカのアルゴリズミックな布置の変化③の状態と同じアルゴリズミックな布置を日本において創出しようとしたということである。すなわち，リレーション型の銀行貸出が主流であった日本に，トランザクション型の銀行貸出の計算空間を創出しようとしたものといえる。

アルゴリズミックな布置の変化①は，理論どおりに実行しようとする過程と，アメリカのアルゴリズミックな布置の相違によって発生した予測との違いに対する対処の過程である。アルゴリズミックな布置の変化①の特徴は，アメリカと同様の実践的なもつれを想定して，クレジット・スコアリングを使った実践

表8-2 日本におけるアルゴリズミックな布置の時系列的変化

アルゴリズミックな布置の創出計画	アメリカにおけるアルゴリズミックな布置の変化③をめざす計画	トランザクション型貸出 ＋ クレジット・スコアリング ＋ 中小企業
アルゴリズミックな布置の変化①	計画の実行	計画(トランザクション型貸出) (開発)↓↑(計画変更) クレジット・スコアリング (データ予測)↓↑(モデル変更) 評点＋金利 ↓↑(予想との相違) 中小企業
アルゴリズミックな布置の変化②	クレジット・スコアリングの排除	リレーション型貸出＋大企業 ＋ 中小企業

を行ったところ，アメリカとは違ったアルゴリズミックな布置であることが判明したということである．それに対処するため，新銀行東京は，計量モデルの変更などの新たな解きほぐしを行った．なお，アメリカと異なるアルゴリズミックな布置であるとはいえ，クレジット・スコアリングの計算能力は発揮され，機能していた．また，クレジット・スコアリングを悪用した計画倒産は，金融理論の前提を機能させないもつれであり，カウンター遂行性の例として見ることができる．

アルゴリズミックな布置の変化②は，計画変更後にクレジット・スコアリングを排除したアルゴリズミックな布置である．アルゴリズミックな布置の変化②の特徴は，トランザクション型の銀行貸出のアルゴリズミックな布置の創出に失敗し，クレジット・スコアリングがオーバーフローである外部性の中に排除されたことである．すなわち，リレーション型の銀行貸出という既存の日本のアルゴリズミックな布置に戻ったということになる．

(3) 日米のアルゴリズミックな布置の比較

両国のアルゴリズミックな布置の違いは以下のようにまとめられよう．

第1に，アメリカでは，個人ローンの金融市場にFICOスコアが浸透していたアルゴリズミックな布置の中で中小企業融資にクレジット・スコアリングが導入されたのに対して，日本では，リレーション型の銀行貸出が主流である中に，アメリカのアルゴリズミックな布置から切り離されたクレジット・スコアリングが中小企業融資に適用されたことである。第2に，クレジット・スコアリング導入後の対応に関して，クレジット・スコアリングによって生成すべきアルゴリズミックな布置に対して，クレジット・スコアリングの前提条件を破壊するアルゴリズミックな布置を生成していったことである。

第1の点は，アメリカにおける個人ローンのアルゴリズミックな布置との違いによるものである。日米のアルゴリズミックな布置の主要な違いとして，FICOスコアという個人評点の存在があげられる。アメリカでは，FICOスコアを通じてクレジット・スコアリングが機能していくことによって，金融理論が想定するような金融市場がつくられていった。これは，MacKenzie（2007）のいうバーンジアン遂行性を示した現象といえる。すなわち，アメリカ国民は，FICOスコアを通じて，クレジット・スコアリングがどのように計算されているかを知っており，金利をはじめとする融資条件がその個人評点によって決定されることも認識している。当然，中小企業の経営者も本人の個人評点を知っている。したがって，自身の経営する中小企業がスコアによって評価されることに慣れていたといえる。そのため，個人スコアに応じた金利は受け入れられ，アメリカにおいてミドルリスク・ミドルリターンという金融市場が生成した。

これに対して，新銀行東京の計画は，クレジット・スコアリングがMacKenzie（2007）のいうバーンジアン遂行性を示すことを前提としたものであった。しかし，新銀行東京の借手は，クレジット・スコアリングでどのようにスコアが計算されるかを知らなかった。新銀行東京によるクレジット・スコアリングのアルゴリズミックな布置への参加者は，クレジット・スコアリングという理論をほとんど理解しておらず，結果的に，クレジット・スコアリングという理論は，そのアルゴリズミックな布置からほとんど独立していた。日本において主流のリレーション型の銀行貸出では，融資限度額の評価が中心で，金利については，習慣的に大きな差は付けられない。もし，大きな差を付ければ，不平等という批判を受けたであろう。すなわち，日本では，ほとんどの借手に

トランザクション型の銀行貸出の経験がなく，借手にはスコアと金利の関係に対する認識が醸成されていなかったといえる。

　第2の点は，すなわち，新銀行東京自らがクレジット・スコアリングの適合性を破壊するアルゴリズミックな布置を形成していったということである。なぜならば，新銀行東京の参加者からほとんど理解されていなかったクレジット・スコアリングが，アルゴリズミックな布置の中で強力な計算能力を発揮し，機能したからである。クレジット・スコアリングは，母集団の違いをきわめて機械的に明確化するため，規模拡大という目標を達成しようとすればすれほど，多数のデフォルトを生成したのである。新銀行東京の経営陣は，都民・都議会等に対して目に見える成果を出すために，当初，短期間で規模を拡大する目標を掲げた。この目標に沿って行われた貸出先となる中小企業の範囲の拡大，および強力な営業行為は，クレジット・スコアリングが想定していない多くの借手を生み出した。これはすなわち，基礎となるデータの母集団の特性を変えてしまったことを意味する。

　新銀行東京の事例は，既存のアルゴリズミックな布置に，理論に基づく計画を持ち込むことによって新たな布置を創出することを目的としたが，逆に既存の布置によって計画そのものが変えられ，計画に使った理論を排除したケースである。アメリカでは，理論によってアルゴリズミックな布置が拡大し，日本では，アルゴリズミックな布置からその理論が排除されたのである。

　なお，新銀行東京は，その後，批判を受けながらも，何とか黒字化を達成したが，今後は，どのような形態の銀行貸出であろうと，東京の中小企業の活性化に寄与できるかどうかが問われることになる。新銀行東京は，東京都にとって，挑戦的で，壮大な社会実験となった。この経験が今後の東京都の新たな挑戦に活かされることを期待する。

4　おわりに

　本章では，計算的装置によって支えられたアルゴリズミックな布置という概念を導入することで，不可分な関係にある金融理論と金融市場の実践のあり方を分析する視点を再構成した。また，その概念を使った分析方法を示し，新銀

行東京の事例を実際に分析した。その結果，次のような金融理論と金融市場の実践のさまざまなあり方を見出した。確認できたこととしては，①金融理論を含むアルゴリズミックな布置の生成，②金融理論を含むアルゴリズミックな布置の変化，③アルゴリズミックな布置における金融理論の生成および排除の3点があげられよう。

　第1に，金融理論を含むアルゴリズミックな布置の生成である。アメリカにおいては，実務家の必要性によって，金融理論がアルゴリズミックな布置に取り込まれた。日本においては，既存のアルゴリズミックな布置にアメリカで発展した金融理論を取り込んだ。

　第2に，理論を含むアルゴリズミックな布置の変化である。この変化は，金融理論の遂行性を示している。アルゴリズミックな布置の変化には，アメリカで見られたように，関係する実務家の実践を取り込んでいくという拡大があった一方で，新銀行東京では，融資規模を拡大すればするほど，金融理論が計画の前提を遂行的に壊していった。

　第3に，アルゴリズミックな布置における金融理論の生成および排除である。理論の生成については，アメリカにおいて見られたもので，個人スコアと企業のデフォルトを関連づけたクレジット・スコアリングである。日本においては，そのクレジット・スコアリングは排除された。

　このように，利用される理論は，必ず特定のアルゴリズミックな布置に関連する。ある理論が特定のアルゴリズミックな布置で使用されると，その理論が成立したアルゴリズミックな布置とは異なる布置を必ず生成する。したがって，計算を可能にしている計算的装置を分析する視点はつねに欠かせないといえよう。

第9章

企業者の計算実践
事業計画の自己拡張と整合化

小川 智健

1 はじめに

　将来のことは誰にもわからない。にもかかわらず，私たちは将来を計算するための計画を欲する。企業者もまた不確実な状況に置かれるにもかかわらず，自らの活動の将来が約束されているかのように計画を立てる[1]。よく考えれば不思議なこうした現象は，国内・国外を問わず広く受け入れられており，MBAや起業セミナーで実施されるアントレプレナーシップ教育では，必ず事業計画の立て方が教えられている。

　本章では，将来のことがわからないから計画など立てられないといいたいわけではない。そうではなく，計画が，将来がわからない不確実な状況下で果たしてきた役割について検討したい。前述したように，アントレプレナーシップ教育では，企業者に事業計画の策定の仕方が教えられ，実務の現場で企業者に

1　OR領域で計画概念を議論したエイコフ゠サシーニ／松田ほか訳（1970）に代表されるように，将来が予測できない不確実な状況において事業計画が果たす役割は，情報経営研究でもなじみのあるテーマである。ただし，エイコフ゠サシーニ／松田ほか訳（1970）の議論においては，不確実性が高い場合には事業計画が複雑になるというように，できるだけ不確実性のないほうが計画立案にはふさわしいという想定が見られる。この点で，エイコフ（Ackoff, R. L.）と本章の立場は根源的に異なるものではあるが，本章をエイコフが今後の課題として残した領域について議論したものと位置づけることもできる。

よって実践されている。将来が確約されない不確実な世界において，計画はいかなる意義を持っているのだろうか。

本章では，企業者研究で言及されてきた計画の概念を再考することで，既存の計画概念に矛盾が存在していたことを明らかにし，矛盾を統合的に捉えることのできる計画概念を導出する。そのうえで，この新たな計画概念のもとで，不確実な状況における計画が，企業者にとってどのような役割を果たしているのかを事例を通じて明らかにする。これにより，企業者の計算実践について明らかにしようとするのが，本章の試みである。

ここで，本章を読み進めるうえで必要となる予備知識を含め，ポイントとなるところを説明しておきたい。本章では，既存の計画概念に存在していた矛盾を統合的に捉えるため，制度派経済学におけるオーストリア学派の考え方を導入する。オーストリア学派は，新古典派経済学が市場を均衡状態に着目することで静的に捉えようとした点を批判し，不均衡状態を含めた動的プロセスに注目することで，不確実性や無知について議論してきた学派である。

本章は，オーストリア学派の中でも，企業者と計画とのかかわりについて考究したラックマン（Lachmann, L. M.）の立場に依拠している。ラックマンの立場に依拠すれば，変幻流転する不確実な状況において，事業計画は，人々の行為を生み出す際の基点となる参照点として機能することで，企業者自身やステ

---

2 オーストリア学派の概要については，近年その動向について詳しい研究を行った尾近・橋本（2003）によると，以下のように説明できる。オーストリア学派は，財の稀少性から人間の欲求充足を分析（「主観主義効用分析」）する『国民経済学原理』（1871 年）を記したメンガー（Menger, C.）を第 1 世代とし，価値の帰属理論，機会費用を提唱したウィーザー（Wieser, F. von），時間依存的な利子理論，迂回生産の生産性を論じたベーム-バヴェルク（Böhm-Bawerk, E. von）を第 2 世代，企業者の新結合がもたらす市場の不均衡状態を強調したシュンペーター（Schumpeter, J. A.），社会主義の計画経済（「経済計算」）を批判したミーゼス（Mises, L. E. von）を第 3 世代，景気循環理論，社会に分散している個人の知識の社会的利用について論じたハイエク（Hayek, F. A. von）を第 4 世代，学派としての主観主義の立場を強力に推し進めたラックマン，企業者的発見によって市場の均衡化プロセスを説明しようとするカーズナー（Kirzner, I. M.）を第 5 世代とする学派である。

この学派は，第二次世界大戦中にその中心地であったオーストリアを離れることを余儀なくされたものの，1974 年からふたたび本格的に，アメリカを拠点として研究が続けられている。オーストリア学派の特徴の 1 つに，「生産における時間の要素を明示的に扱う」というものがある。また，思想的には，干渉主義を批判し，市場経済を擁護する自由主義の立場をとるものと見なされている。

オーストリア学派は，1974 年以降，ネオ・オーストリア学派とも呼ばれている。

イクホルダーの行動を導く計算根拠となる。その際，企業者は事業計画の「正しさ」を担保するために，ステイクホルダーとの関連づけが可能となる社会制度を事業計画に埋め込んでいる。

以上を踏まえた本章の事例記述では，企業者がステイクホルダーとの関係を変化させるために，行為可能性の拡張を企図するステイクホルダーを巻き込むことによって「正しさ」を維持し，参照点である事業計画そのものを拡張して整合化していく，ダイナミックなプロセスが描かれる。この記述によって，将来が予測不可能であるからこそ，事業計画そのものに自己拡張と整合化のダイナミズムが備わっていることが浮き彫りになり，また，企業者とステイクホルダーが互いに計画を利用する，企業者の計算実践が明らかとなる。

2 企業者研究における計画概念の再考

2.1 事業計画研究における計画概念

企業者研究で計画を中心的に議論してきたのが，事業計画研究（business planning research）である。そこでの計画は，創業者としての企業者が，事業機会およびそれを実現するための組織について考え，情報の収集と分析によってなすべき課題を明確化し，リスクを特定して戦略をつくり，財務計画を考えて，事業計画を書くことであるとされている（Gruber, 2007）。

そして事業計画研究では，おもに，以上のような計画と業績との関連を検証する研究が進められてきた。たとえば，計画と売上率の関連性の検証を試みた研究や，計画と利益率（profit, ROA, ROI）の関連性の検証を試みた研究，計画と廃業率の関連性の検証を試みた研究である。だが，これまでに計画と業績の確たる関連性が明らかにされたとはいえず，今なお検証と議論が続けられている（Brinckmann et al., 2010；Chwolka and Raith, 2012）[3]。

---

[3] 事業計画の有無とその結果との関連性の弱さが指摘されており（Karlsson and Honig, 2009），企業者を取り巻く環境変化の速さや不確実性によって，事業計画に書かれた内容が現実とそぐわないものになるとの主張がなされている（Allinson, Chell and Hayes, 2000）。事業計画と結果の変数間関係に関連性があると主張する論者と，それに対して批判的な立場をとる論者との間で議論が続けられている。

こうした検証がなされる中で，計画と業績との関連性を解くものと有力視されているのが，計画が有効となる状況要因を探索する研究である（Castrogiovanni, 1996；Gruber, 2007）。しかし，この状況要因を探索する研究は，その前提に矛盾を抱えている。というのも，そこには計画を取り巻く状況が予測可能である（将来の予測が可能である）という前提が滑り込んでしまっているのである。計画は将来が不確実だから必要とされる。ところが，状況要因が完全に明らかになるのであれば，そもそも計画はいらなくなってしまう。また，不確実性を除去することが可能であれば，企業者の存在そのものが必要とされなくなってしまう。状況要因を探索しようとする研究のもとでは，企業者の事業計画研究は成立しえないのである。

そのように考えると，状況要因を探索しようとする研究とは異なる立場に立って，計画概念の意義そのものを再検討しなければならないことがわかる。実は，不確実な状況における計画の意義については，実務家向けの MBA や起業セミナー，事業計画作成の手引書では実践的に教えられてきている。代表的な MBA の教科書が共通して指摘する計画の意義を大別すると，「経営の指針」（不確実性への対応），「ステイクホルダーへの説得材料」（投資家や社員等への説明資料）の 2 つに整理できる（たとえば，バイグレイブ = ザカラキス／高橋ほか訳, 2009）。

まず，「経営の指針」では，将来が予測不可能な状況だからこそ，事業計画が行動を起こすために必要であるとされる（バイグレイブ = ザカラキス／高橋ほか訳, 2009, 389 頁）。ここで重要な点は，計画概念は将来を考えることをすべて否定しているわけではないことである。たしかに，不確実性に満ちた状況で，将来を完全に予測することはできない。だが，予測できないからこそ，将来を計算しようとするときに，何がしかの根拠が必要になる。「経営の指針」となる計画概念のエッセンスは，その計算根拠となりうる点にある。反面では，それゆえに事業計画は完全なものとはなりえず，行動の結果に応じた修正があらかじめ織り込まれたものとなる。

次に，「ステイクホルダーへの説得材料」では，事業計画が，資金提供者や，従業員，就業希望者，取引先からの協力を取り付けるためのものとして説明される（バイグレイブ = ザカラキス／高橋ほか訳, 2009, 361 頁）。企業者の行動はさま

ざまなステイクホルダーに支えられている。事業計画は企業者の活動の根拠になるのと同様に，ステイクホルダーにとっての活動の根拠にもなる。このことを裏返せば，事業計画はさまざまなステイクホルダーを説得するための材料（の1つ）にもなるわけである。

以上のような事業計画作成の手引書における計画の意義に関する説明は，実務的であり，説得力もあるように思われる。しかし，2つの意義を統合的に考えようとすると問題が浮き彫りになる。行動の結果を踏まえて「経営の指針」たる事業計画を修正しようものなら，事業計画を「ステイクホルダーへの説得材料」として用いることで協力を取り付けたステイクホルダーをないがしろにする（反故にする）ことになる。他方で「ステイクホルダーへの説得材料」としての事業計画に固執しすぎると，「経営の指針」が現実的な経過にそぐわなくなることがあるだろう。これらの意義は，それぞれは納得的であるが，2つを統合的に考えようとすると矛盾が顕在化し，事業計画の意義を混乱させてしまう。

こうした2つの意義を整合化するためには，実践的な計画の働きについて，より掘り下げた理論的検討が必要になる。だが，立場の異なる従来の事業計画研究に，その理論基盤を求めることはできない。そこで次項では，計画を企業者にとっての参照点（criterion）と考える，独自の計画概念の理論基盤を構築しようとしてきた，制度派経済学におけるオーストリア学派の議論を検討する。

2.2　ラックマンの計画概念

本章では，企業者を計画とのかかわりから議論してきた，制度派経済学におけるオーストリア学派に着目する。オーストリア学派には，私たちが将来に対して根源的な無知にさらされていることを示す，万華鏡的世界（kaleidic world）という考え方に立脚する立場がある（Vaughn, 1994, p. 150, 邦訳206頁）。この考え方は，本質的に予測不可能な状況の中で，企業者が計画をいかに利用しているのかを検討する際の布石となるものであり，従来の事業計画研究とは理論的な立場として一線を画すものである。

オーストリア学派の中でも，とりわけ計画概念と企業者概念のかかわりについて議論を深めたのがラックマンである（Lachmann, 1970）。ラックマンは，オ

ーストリア学派のいう除去不可能な無知の立場を推し進め，将来の非決定性・予測不可能性を強調し，均衡化を所与としない立場にある（Vaughn, 1994；原谷，2004）。これに対して事業計画研究は，不確実性の除去を通じた計画の精緻化が可能であることを認めているため，除去不可能な無知の消滅，将来の決定性・予測可能性を強調し，均衡化を所与とする立場にあるといえる。その理論的立場の違い[5]は明白である。

そのうえでラックマンが計画概念に理論的に与えたのが，参照点という役割である。この概念定義は，ウェーバー（Weber, M.）のいう理念型（ideal type）に基づいている。ラックマンは，計画を特定の業績をもたらすものという単純な因果関係から捉えようとするのではなく，計画という概念を基点にすることで人間の行為が理解可能となることに注目する（Lachmann, 1970, p.30）。ラックマンの計画概念に与えられた参照点という理論的内包は，こうした方法論的な視座を持つものであるが，これによって，企業者にとっても計画は，準拠すべき参照点であり，社会的な正しさを帯びたものとして位置づけられることになる。

すなわち，この考えは，企業者にとっての事業計画の意義を従来とはまるで異なったものにするのである。従来の事業計画研究のように状況要因が本質的に存在すると考えるのであれば，状況要因が明らかになった時点で（事業計画の策定前であれ策定後であれ），実務的にも事業計画はより精緻なものへと修正されていくことになる。いわゆるミンツバーグ（Mintzberg, 1994）の創発的戦略にも見られるような，トライ・アンド・エラーの考え方である。しかし計画が

---

4 企業者の事業計画研究における計画は，無知が除去可能であることを前提とした精緻化しうるものと考えられるため，均衡状態を志向していることになる。仮に，すべての無知が除去された（不確実性が完全に消滅した）場合，人間の行動は正確に予測することができるといえる（尾近，1990）。そのとき，個々人の計画に不一致は発生していないため，市場に均衡状態が達成される。これに対しラックマンの立場における計画は，無知が除去不可能であることを前提とした精緻化しえないものであるため，必ずしも均衡状態を志向していない。不確実性は完全には消滅しえず，人間の行動を正確に予測することもできない。個々人の計画に不一致が発生しているとき，市場に均衡状態は達成されない。

5 オドリスコル＝リッツォ（O'Driscoll and Rizzo, 1985）によると，「ニュートン（Newton, I.）的な時間」を採用した場合，決定論的立場となるために予測不可能性を捉えることが困難になるとされ，ベルクソン（Bergson, H. L.）的な「現実の時間」を採用することで非決定論的立場から予測不可能性についての理解を試みることが提言されている。

失敗を前提としているのであれば，事業計画の位置づけ方からの見直しが必要となるだろう。

これに対し，ラックマンの立場をとれば，正しさを付与された事業計画は，ステイクホルダーの行為の可能性を拡張するがゆえに必要になると考えることができる。そうであれば，事業計画を簡単に変更することはままならなくなる。ステイクホルダーが行為の可能性を拡張する際の基点としてきた従来の事業計画を簡単に反故にすることは，ステイクホルダーの行為の足場（土台）を崩すことに等しいからである。

このことは事業計画がまったく変化しないことを意味するものではない。計画が変化しうるという経験的事実についてラックマンは，計画は書き換え（rivise）られなければならないとも指摘している。ここで注意が必要なのは，ラックマンが指摘する書き換えが，従来的な意味での修正とは異なるということである。正しさが付与されることで，行為の可能性を拡張する際の基点となっていた参照点を，そう簡単に変更することはできない。ただし，既存の計画をそのままに，新たな計画を付け加えるのであれば，ステイクホルダーの行為の足場を崩すことなく，計画全体を変化させていくことができる。計画の書き換えとは，計画の書き足し（overwrite）を意味すると考えられるのである。[6]

2.3　本章のフレームワーク

本節では，状況要因の探索を通じて不確実性を除去しようとする事業計画研究が抱えた問題，および事業計画の実践的立場から萌芽的に見出されてきた含意と，その含意を理論的に基礎づけるためのラックマンの計画概念を検討してきた。最後にこれまでの検討を振り返り，本章のフレームワークを提示しておきたい。

---

[6] この考え方については，ベルクソンのいう「記憶」と「行為」の関係も想起されたい。「実際，過去はおのずから自動的にみずからを保存する。おそらく，あらゆる瞬間に過去全体がわれわれにつきまとう。（略）おそらくわれわれは，自分の過去のわずかな部分と共にしか考えていない。しかし，われわれは，生まれつきの心の湾曲を含む過去全体と共に，欲し，意志し，行動している。（略）その毎瞬間が新しいもので，以前あったものに付け加わる。もっと先に進もう。それは新しいだけではなく予見不可能なものである」（ベルクソン／合田ほか訳，2010, 22-23頁）。

第9章 企業者の計算実践

図9-1 事業計画を参照点とした企業者の行為の拡張

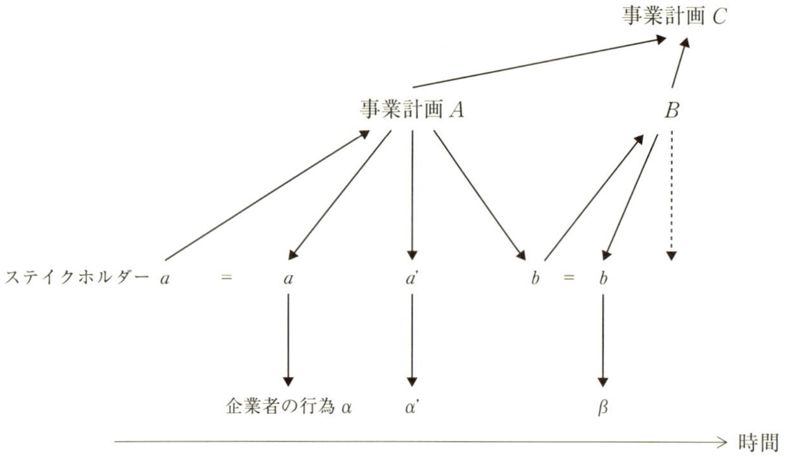

```
                            事業計画 C
                       ↗          ↗
                事業計画 A        B
              ↗   ↑   ↖       ↗  ↑ ⋮
ステイクホルダー a  =  a    a'    b = b
                  ↓    ↓       ↓
              企業者の行為 α   α'       β
                                          → 時間
```

　第1に,事業計画は,不確実な状況において,将来を計算したり,ステイクホルダーを説得するために必要な参照点である。既存の事業計画（図9-1における A）では対応しきれないステイクホルダー（b）が現れた（見出された）とき,企業者はそのステイクホルダーに対応可能な新たな事業計画（B）を書き足す。企業者が事業計画（A, B）を参照することで,ステイクホルダー（a, a', b）に応じた多様な具体的行為（$α, α', β$）が可能になる。また,増殖した計画間の整合性をとるための事業計画（C）も新たに書き足されていく。以上のことから,事業計画は増殖し,並走的に存在することになる。参照点となる事業計画は,一般的な意味での修正がなされるというより,新たな事業計画を書き足され,企業者の活動に影響を与え続ける（図9-1）。

　第2に,企業者は新たな事業計画を書き足す際に,既存の社会制度を取り込む[7]。[8]不確実な状況においてステイクホルダーを説得するには,正しいと見なされる事業計画が必要となるため,社会的に受容されている制度を取り込む必要

　7　オーストリア学派のいう社会制度として,法律,慣習,言語,貨幣,道徳,国家がある。
　8　Lachmann (1970) は,計画を方向づける点 (points of orientation) として社会制度を位置づけている (p. 38)。points of orientation については Vaughn (1994) を参照 (pp. 155-156, 171, 邦訳212-213, 236頁)。

がある。事業計画を，組織のあるところには当然策定されているものとして捉えたとき，計画を持っているという正しさのみで，多様な目的を持つステイクホルダーに対応できるとは考えにくい。ステイクホルダーを説得するために事業計画に必要とされる正しさとは，ステイクホルダーが埋め込まれている複数の社会制度の価値に求められると考えられる。そこで本章は，事業計画の正しさは，外部の社会制度に埋め込まれているという立場をとる。

　以上は，実践的に見出された「経営の指針」「ステイクホルダーへの説得材料」という相矛盾していた2つの実践的意義を，Lachmann の計画概念のもとで整合化したものである。これによって，不確実な状況における事業計画が，企業者によって策定され，利用されていくプロセス，つまり，企業者が事業計画を参照し，事業計画の拡張と整合化を繰り返しながらダイナミックに前進する具体的なプロセスを捉えることが可能になるのである。

3　子育て支援 NPO 法人 B の事例

　本節では，調査対象として，特定非営利活動法人 B（NPO 法人 B）を取り上げる。NPO 法人 B は，O 氏を中心に母親たちによって 2000 年 4 月に設立された。同 NPO 法人は子育て支援事業を主たる目的としている。NPO 法人 B の活動は，日本における子育て支援 NPO 法人の成功事例としてモデル化され，各地で模倣されている[9]。

　NPO 法人は営利を目的としない。それゆえ組織の存続は，ステイクホルダーとの関係性に大きく依存しており，不確実な状況下に置かれている。本章では，NPO 法人を運営する企業者の中でも，組織の存続にまつわる問題を乗り越えてきた O 氏を調査対象とする[10]。

　ラックマンの計画概念は，前述のように，分析者が計画を参照点として企業者の行為を解釈し理解するための方法論としても展開されていた。本章では，

---

[9] NPO 法人 B の活動がモデルの1つとなった地域子育て支援拠点は，2010 年時点で 1965 カ所にも上る（厚生労働省ホームページ「地域子育て支援拠点事業実施状況（平成 22 年度）」）。
[10] 本調査は，2011 年 3 月から 11 年 12 月にかけて行われた。データは，O 氏へのインタビュー・データと，O 氏と NPO 法人 B について書かれた公表資料である。

企業者の計画を捉える際，具体的な観察対象として事業計画の構成要素に着目し，分析者が企業者の計画を理解する。事業計画の構成要素は，当事者（分析対象者である企業者とステイクホルダー）のみならず，分析者にとっても共通了解が可能なもの，つまり，当事者と分析者の媒介となるものである。それゆえ本章では，具体的な観察対象として，事業計画に含まれる事業ミッション，事業内容，マーケティング計画，収支計画，資金計画，人員組織計画の各要素（たとえば，バイグレイブ＝ザカラキス／高橋ほか訳，2009，363-387頁）に着目し，分析者が企業者の計画を分析的に記述する。公表資料と企業者へのインタビュー・データから，新たな計画が策定された時点で存在していた計画を捉え，計画に関連した出来事との関係から，企業者にとっての計画の意義についての理解を試みる。

3.1 事業ミッションの原風景

O氏は，事業を立ち上げる前に，大手旅行代理店系の国際会議運営会社で10年の勤務経験を有している。O氏は1994年，出産を機に同社で1年間の育児休業を取得した。この間，O氏は阪神淡路大震災や地下鉄サリン事件を通じ，自分の子どもを傍で見守らなくてはという思いを強く感じるようになり，育休からの復帰後1年間勤務した後，1996年に退社し子育てに専念することにした。

O氏は会社を辞めた当時を振り返り，「専業主婦の生活は（女性にとって）パラダイスだと思っていました」と語っており，当時の自分には楽観的な見通しがあったことを告白している。

しかし，子育ての現実はO氏が考えていたようなものではなかった。O氏がまず直面したのは，いわゆる公園デビューである。仕事を介して人とのつながりを構築してきたO氏にとって，見知らぬ母親たちと新たに関係をつくっていくことは，想像以上に困難が伴うものであった。このような経験が，核家族で子育てをする際の困難さを実感させる出来事となった。

当時O氏を取り巻いていた子育ての状況は，O氏の考えていた理想の子育ての状況には程遠かったのである。O氏の考えていた理想の子育て環境とは，1人で抱え込んでしまいやすい育児不安を解消できるような，母親にとって人間関係をつくりやすい環境であった。それは，隣の家で夕飯を食べたり，おす

そ分けし合ったりしながら，親たちが気兼ねなく，近所に子どもを預けることができるというO氏が慣れ親しんだ故郷青森の環境に近いものであった。

しかし，O氏が当時置かれていた現実の延長線上には，望ましい理想の未来は見えてこなかった。公園デビューの替わりになる何か[11]をつくりたい。これが，O氏がNPO法人を立ち上げた動機であり，その後，「事業ミッション」として洗練されていくことになる。

O氏は長男が2歳になった1996年に，子どもがいても親同士で子育て支援ができるよう，自分の子どもの世話をしながら子育て情報誌の編集にかかわるようになった。子育て情報誌をつくる中で，地域や行政のことに徐々に詳しくなっていったO氏は，誰もが通える親子の居場所がこの地域にはないということに，確信を持つに至った。

3.2 事業計画の策定における困難

子育て情報誌を作成する中でO氏は，地域社会における在宅子育て家庭を対象とした子育て支援を実践しているM市立Zという行政の施設と偶然にも出会う[12]。この施設は，在宅で子育てをしている家庭の母親（とくに，子どもを保育園に通わせていない母親）にとっても利用できる常設（いつでも立ち寄ることができる）の子育て支援施設であり，0歳から3歳までの子どもを育てている母親を対象としていた。同施設は，いわゆる保育園や幼稚園と異なり，資格を有したスタッフが子どもを預かり教育する営利組織ではなく，子どもを育てている，あるいは子どもを育てた経験のある地域の親たちが，ともに協力して子育てを行う拠点として設立されたものであった。

専業主婦が在宅で子育てをすることにまつわる問題が社会に知れ渡っていなかった当時，このような理想の施設があることに衝撃を受けた[13]O氏は，同施設を訪問し，その運営方法をつぶさに見ていく中で，自らの暮らすY市K区にも，人口規模から考えて子育て支援施設には大きなニーズがあり，同様な施

---

[11] これがその後，O氏の理想とする，もう1つの家（早期教育をする場ではなく，生活を共有する場）というコンセプトへと洗練されていった。

[12] O氏の問題意識を考えると，人伝えなど別のきっかけで出会っていた可能性も考えられる。

[13] 在宅育児により子育てが密室化し，親子関係の問題が潜在的に蓄積されていくケースがある。

設が十分に運営可能であると考えるようになった。施設運営の事業計画における「マーケティング計画」として，O氏は次のように考えた。M市立ZのあるM市は人口13万人，1年あたりの出生数1000人，施設数2カ所である。これに対しY市K区は人口32万人，1年あたりの出生数3200人であった。すなわち，K区はM市よりも3倍の出生数があるため，施設数もM市の3倍の，6カ所が見込める。M市の施設では，1日あたり80組の利用者がいたため，K区の場合，その3倍の240組の利用者が潜在的には見込める。

前述のように，O氏が子育て情報誌の作成に携わったのは，都市部における子育てが困難に満ちているという自身の経験から，母親を支援したいという動機があったためである。しかし，O氏の理想である，母親にとって人間関係をつくりやすい子育て環境を都市部で実践するM市立Zとの出会いから，O氏は子育て情報誌とは異なる支援を展開する必要性を抱くようになった。M市立Zのような施設が常設されることで，在宅で子育てをしている家庭の母親も利用しやすくなるとO氏は考えたのである。

O氏は早速，子育て情報誌をつくっていたときに知り合った仲間，取材の過程で出会った子育て支援施設に詳しい専門家（大学教授，臨床心理士），M市立Zの園長，そして地元の人々に協力してもらいながら，支援施設の設立に動いた。2000年の4月には子育て支援施設であるH施設としての形が整い，事業が本格的に始動した。しかし，早くも1カ月後には，O氏が予想しえなかった苦悩が訪れることになる。

それは同施設を維持するための資金繰り（「収支計画」）にまつわる問題であった。事業を立ち上げる当初，O氏は1カ月あたりの会費を5000円に設定しないと事業を続けることは困難であると考えていた。この会費の内訳は，施設が提供するサービスに対する対価ではなく，施設を維持するために最低限必要

---

14 今でもO氏とNPO法人Bの運営に尽力しているH氏がいる。
15 内装と水周りで150万円かかり，内装費はO氏の退職金，水周りは大家とつながりのあった人に協力してもらっている。保証金6カ月分と礼金については，商店街の会員になることを条件として，控除してもらっていた。子連れの母親をスタッフとして採用し，週1から2回，1回あたり3時間程度の勤務とすることで，少ない負担で協力してもらえるように，シフトが組まれた。
16 この施設は，名称にも人々に開かれた場所という意味が込められており，カナダの子育て支援の理論でいわれるドロップインと非常に近い考え方で設立されている。

な費用であった。しかし実際は，金額を決める会議で相当な議論を重ねた結果，3000円ということになった。施設を維持するには，最低限，安定的に家賃（NPO法人Bの場合，月20万円）と光熱水道費分を稼ぐ必要があり，月3000円の会費とした場合，当初から70組近い親子を会員として確保しなければならなかった。

3000円という価格設定は，O氏が，5000円では利用者に高いと思われるのではと感じたメンバーにも協力してもらえるよう，メンバーの意向を考慮したことによるものであった。ここでは，施設を維持するための賛同金の価格が，組織内のコンフリクトを調整し，人的資源を動員する役割を果たしていたと考えることもできる。だが，このときのO氏の計画は，潜在的な問題をはらむものであった。オープン後の現状として，オープン前に入会した利用者が幾人かはいたものの，利用者が右肩上がりには増えていかないという状況が続き，O氏の資金に対する不安は日増しに大きくなっていったのである。

O氏は，起業の最初の段階ですでに，採算性の見込みが低い計画のもとで動かざるをえなかった。そうしなければ組織を維持できない可能性があったからである。しかし，結果としては，地域の父母から予定していた会費を得ることができず，利用者の数も伸びず，資金繰りが悪化するという問題が発生した。

3.3 並走する事業計画

O氏が重圧に潰されそうになっていることがスタッフの誰の目にも明らかになり，O氏とスタッフの話し合いがなされることになった。このプロセスの中でO氏は，H施設を運営するために，H施設と並走して，幼稚園・保育園の情報誌を販売するという着想を得ることになる。幼稚園・保育園の情報誌は，引っ越してきたばかりで，幼稚園や保育所の情報が得られない子育て家庭のニーズがあり，母親たちの口コミでその存在が知れ渡るようになれば，書店で販売すること（「マーケティング計画」）で十分に採算がとれると考えられたのである。

こうした出版物であれば，同地域の出生人数に大きな影響をもたらす出来事がない限り，統計からわかる出生人数を参考に売り上げ部数と収益の見込みを立てることができる。それに比べ，子育て支援のボランティア施設であるH

施設は，単体で収益を上げられる事業ではなかった。同施設は，地域での子育てに賛同する有志の父母が集い，ともに子育てをする非営利の共助の場として構想されていたからであり，地域の父母に理解してもらい，父母たちの協力があってはじめて成り立つものであった。そのため，子育て支援という「事業内容」がまだ地域に理解されていなかった段階の，事業を立ち上げてからわずか1カ月目で，資金繰りの重圧という事態を迎えてしまったものと考えられる。

こうして，幼稚園・保育園の情報誌の販売事業はH施設の運営事業の収益部分を担うものと位置づけられ，その「収支計画」が次のように策定された。本体価格は480円で，出生人数を目安として発行部数は約2500部とされた。Y市K区の出生数は年3200人（2008年時点）であり，もちろんその全員の親が購入するわけではないが，新生児の家庭だけでなく，幼稚園や保育園に入園する直前の子どものいる家庭も需要層に含まれることが考慮されたものであった。この情報誌は，今もY市内の書店で継続的に販売されており，達成可能な「収支計画」であったことがわかる。

O氏はH施設を維持するために，幼稚園・保育園の情報誌を販売しつつ，地域の人にとっては耳慣れない自分たちのやっている「事業内容」，いわゆる子育て家庭のための子育て支援事業という事業内容を，地域の人たちに理解してもらう方策を採ることにしたのである。その中で，施設を安定的に運営するための「収支計画」を，改めて策定する必要に迫られていた。

3.4 社会制度と関連づけられていく事業計画

O氏が施設運営のための「収支計画」に頭を悩ませていたころ，地元の新聞に，自分たちの事業が記事として取り上げられるという話が持ち上がる。しかしそこに書かれた内容は，O氏にとって意図していなかったものであった。新聞の見出しには「空き店舗に子育て支援施設」と銘打たれていたものの，その内容は子育て支援よりも商店街の活性化を強調したものだったのである。自分たちの組織の使命（「事業ミッション」）は，子育て中の母親たちの支援にあると受けとめていたO氏にとっては予想外の紹介のされ方であった。

とはいえ，このときO氏は，誤解が大きくならないように新聞社に訂正を求めたりはしなかった。むしろO氏は，地域活性化の事業として紹介された

ということに興味を覚えたという。そもそも商店街は買い物を通じたつながりを可能にする場所であり，商店街における子育て支援は実現可能性が高いのではないかと考えられた。しかし一方で，自分たちの事業・施設が地域に知れ渡り，さまざまな利用者が来るようになれば，保育士資格や幼稚園教員免許を持っていないスタッフが多いことに対し，抵抗感を持つ親も出てくるのではないかということも想定された。こうしたことから，地域の人たちから自分たちのやっている事業・施設に対する信用を得るためには，行政との連携や商店街の活動への参画に取り組むことに意義があるとO氏は判断した。

　奇遇にもO氏は，商店街婦人部総会のくじ引きで，施設開業の2年目に商店街婦人部会計，3年目に商店街理事（販売促進担当）という要職に就くことになった。商店街の人たちと活動をともにすることを通じ，当初は地域との連携を視野に入れていなかったO氏は，地域との連携を通じての，子育て家庭の子育て支援事業という「事業内容」を策定することになった。

　さらにO氏は，NPO法人Bが商店街の中に位置する施設であることを踏まえ，施設運営事業を成立させるために，地域における子育て支援をアピールできるさまざまな助成金制度を利用していった。設立1年をすぎた夏には，NPO法人Bをはじめとするいくつかの施設をモデルに，厚生労働省が地域子育てに関する新たな国庫補助事業を考案した。国庫補助事業は，事業年数が長いことがその特徴である（単年度ではなく，最低でも3年間の継続がなされる事業である）。商店街の中で子育て支援に取り組んでいたO氏は，H施設がこの国庫補助事業の対象事業となり，収支問題の解決を図れるよう動き出していく。

　しかし，国庫補助事業の対象となるまでには一筋縄ではいかない苦労があった。O氏の取り組みについてはY市の福祉部局が好意的な態度を示し，福祉部局によって国庫補助事業への予算申請書が作成・提出されたものの，財政部局の承認を得られず，2002年度の予算案に計上されなかったのである。国庫補助事業では市が補助金を一部負担しなければならない（Y市の場合3分の2の

17　非常勤8名（うち保育士2名），親子ボランティア5名，シニアボランティア4名（2011年時点）。
18　これは実は，地域での子育てというO氏が理想としていた子育て環境である故郷の原風景へとつながっている。

負担が求められる)ため,市としては予算を付ける判断が難しい面があった。上述の通り,この事業は厚生労働省がNPO法人Bをモデルの1つとして考案したものであったが,市の予算として承認されなければ,モデルとされたNPO法人であっても利用することはできない。諦めかけたO氏であったが,この直後(2002年3月),偶然にも市民による町づくりを掲げた市長が新たに就任した結果,状況が一転することになる。市の補正予算から地域子育てに関する事業への補助金を拠出することが決定し,地域子育てに関する事業への申請が可能となったのである。審査の結果NPO法人BはY市の地域子育てに関する事業の対象施設となり,市の補助事業として補助金を得られることになった。[19]

この経験からO氏は,H施設の運営資金として補助金をうまく獲得できるよう,補助金の交付主体を見据えて,施設の「資金計画」を策定していくことになる。補助金をNPOの運営を安定させるための財源として捉えていく中で,補助金の交付主体に合わせてNPO法人Bの存在価値を周知する形で,補助金の申請を実施していったのである。

このようにしてボランティア施設であるNPO法人Bの運営の仕方を摑んでいったO氏は,当初の「事業ミッション」を実現させるために,さらなる活動を展開していった。O氏は,Y市から委託をされ,自分たちが行った親子の居場所調査のデータ(3.2項で言及した,施設運営における「マーケティング計画」の内容に近い)の裏づけを持って,市の次世代育成行動計画を扱う委員会で提言を行ったのである。その内容は,Y市における子どもの人口規模や子育て家庭のニーズに鑑みれば,より大きな公共事業として,子育て支援施設が必要とされているというものであった。

3.5 事業計画の整合化

O氏の提言は,Y市の新しい子育て支援のプランに反映され,モデル事業として実施されることとなり,その後,すべての区に事業が展開されることになった。O氏は委託事業としてD施設の運営を受託し,NPO法人B全体としての事業を安定させることのできる大きな事業を実施することが可能になった。

---

19 10団体中3団体が受託しNPO法人Bも入っていた。

D施設は，子育て支援の拠点となる施設（2006年設立）であり，当事者性（ボランティア性）の高いNPO法人Bの中でも，事業性が高い事業である。[20]

　しかし行政の委託事業としてD施設が運営できたと同時に，O氏はこれまでに考えていなかったことも考慮していかなければならなくなった。O氏は「失敗できない大きな責任感を感じ，自分たちの事業モデルが全国に紹介されることを念頭において活動するようになりました」と語っている。これは，D施設という行政の委託事業においては，実施したことが公的な見解に直結してしまうことに所以する。また，行政の委託事業を請け負うようになったことによって，地域の拠点としてのネットワークづくりや人材育成といった点で，子育て支援者や支援組織との地域連携（D施設の「事業内容」）を担うこととなり，自分たちの施設のことのみ考えていればよいという状況ではなくなった。これらの点において，それまでのように地域子育てに関する事業として施設を運営していたときとは，違うことを求められるようになっていったのである。

　D施設を開設したことによって，行政の計画に基づく施設運営が求められ，H施設の「事業内容」との違いに困惑するスタッフや，施設への来客の増加に伴って人員を増やしていった中で理念の一致が困難なスタッフも出てくるようになってしまった。そこで，スタッフたちとの考え方のすり合わせが検討されたり，リクルーティングの方法も，知り合いの紹介から，外注にするのはどうかという提案が組織内で出たり，常勤職員と非常勤職員で分けるといった工夫を試してみるなど，NPO法人B全体の事業計画としてこれまでとは異なる「人員組織計画」の策定が必要となった。その後もNPO法人Bはさらに，グループ保育事業，ファミリーサポートセンター事業，メールマガジンの配信，新たな情報誌作成，商業施設との連携など，子育て家庭に必要な事業を幅広く展開していき，2013年には，スタッフの適材適所の配置，安定的な雇用の確保といった「人員組織計画」が策定されていた。

　O氏が，行政からの委託事業であるD施設の施設運営に着手した結果，行政の計画にのっとった施設運営が求められ，組織内でこれまでとは異なる「人員組織計画」が策定されることとなった。このことにより，HとDという施

---

[20] 収益を安定させるための事業展開の可能性がある事業。

設それぞれの位置づけが再定義され，O氏が並走的に策定してきた複数の事業計画は整合化が可能になったのである。

4 事業計画の理論的意義

　前節で記述した事例において，企業者が事業計画の拡張と整合化を行うという現象を捉えることができた。これは裏を返せば，事業計画自体が拡張と整合化を求めて，企業者を動かしていると捉えることもできる。本節では，前節の記述に基づき，不確実な状況に置かれた企業者に対する事業計画の理論的意義を，具体的に明らかにするための考察を行う。

　第1に事業計画は，その計画では対応できない出来事を生み出すがゆえに，事業計画そのものを拡張させていくダイナミズムを有している。O氏のこれまでの事業展開の軌跡を見ると，①ボランティア施設の事業計画（事業ミッション，事業内容，マーケティング計画，収支計画）→ ②出版物の事業計画（事業内容，マーケティング計画，収支計画）→ ③ボランティア施設の新たな事業計画（事業内容，資金計画）→ ④行政委託施設の事業計画（事業内容）＋NPO法人B全体の事業計画（人員組織計画）という順で，事業計画が策定（拡張）されていった。O氏はボランティア施設，書籍販売，行政委託施設という，それぞれに異なる特徴を有する3つの事業を共存させるため，NPO法人B全体の事業計画を策定することで，並走的な3事業の計画間の整合化を行った（図9-1における複数の事業計画とそこから創出される事業計画の関係）。

　このことは，既存の事業計画によって対応できない出来事が発生するたびに事業計画が自らを拡張し，全体の事業計画を創出することによって各々の事業計画を整合化していると見ることができる。これは，将来を予測することができるという前提のもとで，不確実性の除去を志向してきた事業計画研究では見過ごされてきた現象である。既存の研究では，当初の事業計画で対応できない出来事の発生は，計画の誤りを意味し，積極的な位置づけが与えられることはなかった。しかし現実には，事業計画があるからこそ，既存の事業計画では対応できない出来事が生み出され，新たな事業計画の策定が促される。このように事業計画には，自らを拡張し，整合化するダイナミズムが備わっているので

ある。

　第2に事業計画は，拡張した事業計画を実現するため，企業者を通じて新たなステイクホルダーを動員する（図9-1における事業計画とステイクホルダーの関係）。①の，ボランティア施設の事業計画を実現するために動員対象となった主なステイクホルダーは，（自分の子どもを子育て支援施設Hに行かせたいと考える）地域の子育て家庭，立ち上げ当初のスタッフである。②の，出版物の事業計画を実現するために動員対象となった主なステイクホルダーは，（自分の子どもを幼稚園・保育園に行かせたいと考える）地域の子育て家庭である。③の，ボランティア施設の新たな事業計画を実現するために動員対象となった主なステイクホルダーは，マスコミ，地域の子育て家庭を含めた地域住民，行政関係者である。④の，行政委託施設の事業計画を実現するために動員対象となった主なステイクホルダーは，行政関係者，他の子育て支援関係者，新たに採用したスタッフであり，NPO法人B全体の事業計画を実現するために動員対象となった主なステイクホルダーは，新旧のスタッフである。

　O氏は，これらの多様なステイクホルダーと新たな関係性を構築していったのであるが，その根本にある考え方だけは揺るぎないものとしていた。O氏の根本にある揺るぎない考え方，起業の動機は，子育て家庭の幸せ，子どもが生まれてよかったという感覚，子どもを中心につながる社会づくりを実現するための，子育て家庭に寄り添う子育て拠点（もう1つの家）でありたいという事業ミッションであった。それを実現するために，当事者同士でできること（共助），地域の人たちに理解してもらうこと，かかわってもらうこと（共助），行政と手を組めば実現できること（公助），企業と組んで実現できること（共助，社会貢献，経済活性化）を全方位で行う必要があり，このような多様なステイクホルダーとかかわる必要があるとO氏は考えていた。

　企業者は，自身の揺るぎない考え方を，新たに策定する事業計画に注入する。ステイクホルダーは自身の行為可能性を拡張するため，事業計画のもとに集まってくる。企業者の事業ミッションが基軸となり，集まったステイクホルダーが後ろ盾となることによって，事業計画は自己拡張と整合化を繰り返す。事業計画に事業ミッションとして書かれていたO氏の揺るぎない考え方は，自身の行為可能性の拡張を企図したステイクホルダーの後ろ盾によって，正しさを

帯びたものとなり，それが基軸となって拡張された事業計画は整合化していった。O氏は事業ミッションを実現させるために，既存の事業計画を参照点として新たな事業計画を策定し，そのつど見出したステイクホルダーと関係性を構築していた。

O氏は，新たな事業計画を策定する際，既存の社会制度を組み込んでいった。すでに受け入れられている社会制度を事業計画に組み込むことで，ステイクホルダーを説得しやすくなり，拡張された事業計画は実現しやすくなる。O氏の場合，地域子育てに関連する行政の政策[21]を組み込むことで，行政の協力を取り付けようとしていた。事業計画に組み込まれる可能性のある社会制度としては，ここで言及した行政の政策以外にも，特定のステイクホルダーだけが共有している理念，コンセプト，ミッション，スローガンという，言語化された形式の社会的な制度や，行政からの委託で実施された親子の居場所調査のデータに見られるように，数値的な評価を行う形式の，より広く社会で共有された制度もあろう。

以上の経験的な分析から得られた事業計画の理論的意義は，以下の2点に集約される。第1に，事業計画は，それ自体を「拡張」させ「整合化」していくダイナミズムを備えている。第2に，行為の可能性を拡張しようとするステイクホルダーによって「正しさ」を帯びた事業ミッションが基軸となり，拡張し続ける事業計画はそれ自体を整合化しようとする。なお，拡張した事業計画の実現は，企業者によるステイクホルダーの説得を通じて行われていく。こうした説得には，事業計画に既存の社会制度を組み込むことが有効な手立てとなる。

本章では，ラックマンの視座から「経営の指針」「ステイクホルダーの説得材料」という事業計画の意義を統合的に捉え，事業計画にまつわる企業者活動の経験的調査を通じ，不確実な状況における事業計画の意義を理論的に明らかにしてきた。予測不可能な世界における事業計画は，自己拡張と整合化を繰り返すことによって，人間の行為可能性を拡張する足場（存在論的基盤）である。将来が予測不可能であることを前提とすれば，変化し続ける事業計画には参照点としての正しさを維持することが必要とされ，事業計画の拡張と整合化がマ

---

21 少子化対策，育児不安の払しょく，予防型支援に関連した政策があった。

ネジメントの要諦になると考えられる。

5 おわりに

　企業者は計画を欲する。将来のことがほとんど全面的に予測できないにもかかわらず。本章では不確実な状況における計画の意義を探るべく，事業計画研究の再考を通じ，不確実な状況に置かれた企業者が計画を必要とする理由について検討してきた。そのために本章で理論的に議論してきたフレームワークは，経験的研究を通じて，企業者活動における複雑な計算実践を捉えることに対し，一定の貢献があったものと考える。

　本節で，経験的な検討を通じて明らかになったさらなる発展的課題に触れて本章を閉じることにしたい。まず，本章ではラックマンの議論に基づき，事業計画を不確実な状況における参照点として位置づけてきた。しかし，なぜ事業計画が参照点となりうるのかということについて，経験的には共有されていると考えられるとはいえ，その感覚がどこからきたものであるのかということには，さらなる理論的検討が必要であろう。

　加えて，経験的な事例分析を通じて明らかになったように，事業計画の正しさを高めるために，すでに存在する社会的な制度が組み込まれていた。しかし，組織自体が公式に表明する事業計画の正しさと，すでに存在する社会的な制度が持つ価値の違いについて十分に検討することができなかった。今後の研究課題として，組織的に掲げられた事業計画の正しさがいかなる性質を持っているのかを，事業計画に組み込まれつつも，組織外部に存在する社会的な制度と比較検討していく可能性が考えられる。

　最後に，事業計画を通じて可能になる計算の概念を深耕する必要があるだろう。本章でも示されたように，広く社会的に制度化された基準として，数値的な評価がある。数値化された評価は，文字どおり算術的な意味での計算も可能になる。だが，本章で議論してきた企業者の計算は，単なる算術としての理解より，もう少し抽象化しなければ捉えられないようにも思われる。予測不可能である不確実な状況に置かれた企業者自身，自ら掲げ，追加した個々の事業計画に働きかけられ，その結果，組織全体の事業計画の変更へと誘われる。また

ステイクホルダーも，企業者に提示された事業計画を通じて独自に判断する余地（space）が与えられる。このように，事業計画を通じた計算とは，計画をそのまま遂行するというよりは，事業計画に関与する主体の反応的かつ戦略的な行動を導くものと捉えるべきではないだろうか。企業者的な計算概念は，このような文脈で議論されることにより，新たな意義が見出されていくであろう。将来のことは誰にもわからない。それゆえにこそ，私たちは将来を計算するための計画を欲するのである。

＊　調査にご協力いただきましたO様に心より感謝申し上げます。NPO法人Bのみなさまのますますのご発展を祈念いたします。

第 10 章

企業間取引の物質的実践
金属切削加工を可視化する計測機器

上西聡子・松嶋登・早坂啓

1 はじめに

　日本に独特な企業間取引として，製造業を中心に，大手メーカーとサプライヤーが長期的な取引を行う系列取引があげられよう。系列取引は，日本の高度経済成長を可能にした大きな要因として内外から注目され，単なる部品や製品の取引という次元を超え，企業を跨いだ製品開発や販売網，金融機関との連携など，ビジネス・システム全体に及ぶようになった「ものづくり」の仕組みとして，日本人のアイデンティティを象徴しているように言及されることもある。しかし，多くの議論は，日本の製造業において1970年以降に顕著に見られ始めた系列取引を対象として日本企業の競争力を探る制度分析に集約されるものであり，その後の長期的な景気低迷や国際的な生産拠点の分散，ITの発展とともにその説明力を失いつつある。これはすなわち，効率的な企業間取引のあり方が変わってきたということでもあるといえよう。私たちは，こうした企業間取引の動態的側面に向き合っていかなければならないのである。

　企業間取引を説明する支配的な視座は，その名のとおり取引コスト理論（transaction cost theory）に求められるであろう。この理論は，古くはコース（Coase, R. H.）の「企業の本質」（Coase, 1937）による，ワルラス（Walras, M.-E. L.）以降の一般均衡を前提としてきた新古典派経済学がいうように資源配分な

いし生産調整が市場を通じて行われるなら，「組織（企業）がなぜ存在するのか」という問題提起に始まった。この問題提起は，その後，新古典派経済学では組織と市場の選択問題として知られるようになるが，そこでは企業を市場と同様に資源配分の仕組みとして捉え，あくまでも市場を利用するよりもコストを節約できるという意味合いで企業の存在意義が認められることになる。他方，コース自身の構想には，企業も市場も同等な資源配分の一形態として捉え，両者の差異を「平等な関係を前提とした売買契約（短期契約）と権威関係を予定した雇用契約」という異なる制度化のあり方に見て取るという，新古典派経済学の問題設定とも制度派経済学のそれとも捉えられる二面性があった（大野・花田・平野，1998，188-189頁）。

　その後の取引コスト理論は，主流の新古典派パラダイムに一面特化することで，発展を遂げていく。その中心的な担い手が，ウィリアムソン（Williamson, O. E.）であった。彼は，コースによる選択問題に取り組むに際し，師であるサイモン（Simon, H. A.）が提唱した限定合理性（bounded rationality）を参照しつつ，とりわけ効用を最大化しようとする取引主体間に存在する機会主義の脅威（threat of opportunism）として発展的に捉え直し，機会主義的行動から生じる取引コストを節約するための統治構造（governance structure）を論じた。ウィリアムソンらは統治構造を備えた組織こそが制度にほかならないとしたが，これにより，組織か市場かという単純二分法を超えて，さまざまな制度が考察されるようにはなった。中でも系列取引は，一方で企業特殊的な投資を取引相手に依存しながら，他方で取引相手の複数化による競争原理を導入することで，価格の吊り上げ（ホールド・アップ）を行う取引相手の機会主義的行動を抑制する中間組織として注目されてきた。

　しかし，既存の取引コストの説明には，論理的な矛盾も指摘される。それは，限定合理性しか持ちえないはずの取引主体が，取引コストを節約する統治構造の設計においては，超合理性（hyper rationality）を持つとの前提が滑り込んでいることである（Roberts and Greenwood, 1997）。系列取引についても，サプライヤーの機会主義的行動を超合理的に制御する統治構造と単純化されており，状況ごとの多様性や，時代とともに変化する取引の動態的側面に注目してきた経営学者からは，不満が述べられてきた（下川，1992，60頁）。

この矛盾は，論理的には2つの方向性で解消されると考えられる。その1つは，取引の機会主義的行動だけに注目し，限定合理性の前提を外す方法である。それが Alchian and Demsetz (1972) を嚆矢とした所有権理論や，Jensen and Meckling (1976) に始まったエージェンシー理論だといえよう。ここでは彼らの議論に深く立ち入らないが，彼らは，新古典派経済学における功利主義的な（あるいは代表的な）個人を出発点として，資本所有者（プリンシパル）と経営者（エージェント）との均衡関係を規定する要因を探求した。ここで重要なのは，企業が所有権に対する法的擬制としてのみ捉えられており，実質的に「組織（企業）がなぜ存在するのか」という問い自体から距離を置くことになっている点である。つまり，アダム・スミス (Smith, A.) の「見えざる手」の作用を理論化しようとした，ワルラスの一般均衡が抱えた問題，すなわち人々の欲求充足を極大化する同質的な個人に還元することで，現実の利害対立を無視するという現実的妥当性の問題に立ち戻っているのである。経済学としては主流派に属す展開といえるが，系列取引に関しても，この主流の経済学のもとではあくまで擬制としてのみ扱われ，均衡に至るより長期的なプロセスでは消滅する一時的な存在として捉えられることになる。

　取引コスト理論の論理的矛盾を解消しつつ，系列関係の多様性や動態的側面に注目するための，もう1つの方向性は，統治構造それ自体を制度化されたものとして捉える立場である。これはつまり，限定合理性を統治構造の設計者にも適用することである。たとえば，経済学内から新古典派経済学が前提としてきた功利主義的な個人の概念を見直し，企業の進化能力を捉え直そうとしたのが，Nelson and Winter (1982) を嚆矢とした進化経済学であった。実のところ，経済学者である彼らは，個人主義的前提そのものは置いているのであるが，Cyert and March (1963) に提示された組織ルーティン概念とともに，限定合理性しか持ちえない個人の行動を見ようとしている。

　たとえば，日本的経営の特徴としても指摘されてきた家族主義なども，長期的な系列取引を支えてきた組織ルーティンとして捉えられるかもしれない（桑原, 2014）。このように制度として組織ルーティンを捉えれば，青木 (1992) が指摘するように，比較制度分析による多様な企業間取引の解明が可能になろう。だが，他方で進化論を背景とした彼らの議論においては，比較制度分析によっ

て明らかになった企業間取引は，市場原理のもとで技術的に淘汰されたものとして捉えられることになる。つまり，人々の合理性を限定している組織ルーティンがゆえに，ある時点において企業間取引に多様性が見られるかもしれないが，最終的には一般化された効率的な取引がめざされていることには違いない。この点で，進化経済学もまた，ワルラスの一般均衡を前提とした新古典派経済学の域を出るものではなく，経営学者が注目してきた系列取引の動態的側面は，ここでも見失われている。

　系列取引の動態的側面を捉える鍵は，Nelson and Winter (1982) に引用されていた Cyert and March (1963) が，同じカーネギー学派でもあったサイモンの限定合理性をどのように捉えていたのかにある。実は，企業の中で行われる経済学的意思決定を組織ルーティンを前提とした企業行動として捉え直そうとしたサイアートらの議論は，方法論的個人主義にとどまったものではなかった。そこにはすなわち，個人は，（通説的にいわれているように）経済学的な意味での合理性が限定されているということではなく，限定的な意思決定前提，すなわち組織ルーティンが与えられることによって，計算可能な合理的行動が生まれるというニュアンスが込められていたのである[1]。それゆえ，のちに，マーチらも組織ルーティン概念を制度と呼び直しつつ，その見過ごされがちな点として[2]，組織ルーティンは状況に応じて多様な行動を可能にする遂行性 (performativity) を持ち，主体的あるいは戦略的に振る舞う計算根拠を与えているということが指摘されるに至った (Pentland and Rueter, 1994；Pentland and Feldman, 2005；Becker, Knudsen and March, 2006)。

　このように考えると，経営学者が注目してきた系列取引の動態的側面も見えてくるであろう。たとえば，ほんらい計算不可能な品質を計算可能にする価値

1　経済学においても，古典派経済学を継承するホジソン (Hodgson, G. M.) をはじめとする新制度学派経済学や，フランスのレギュラシオン学派などでは，新古典派経済学が前提としてきた方法論的個人主義を克服するために，組織ルーティンに相当する制度的先行要件を所与とする動きもある。Hodgson (1988) によれば，「各システム（あるいはサブ・システム）には，システム全体を支配はしないとしても，そのシステムが機能するためには不可欠な『非純粋性』が含まれている」（邦訳176頁）。

2　サイモンは，ウィリアムソンが限定合理性の概念を効用最大化モデルの中に封入することで，自分のモデルを正当化しようとしたことに不満を抱いており，ウィリアムソンを自らの生徒ではあるが弟子ではないと明言していたという (Augier and March, 2008, pp.99-100)。

分析（value analysis）や価値工学（value engineering），QCD（quality, cost, delivery）などといった効率性基準は，大手メーカーの側がサプライヤー同士を競争させるために設けたように見えるが，他方ではサプライヤーがそれらの効率性基準を利用した積極的な提案を行うことで，長期的な取引における有利な地位を獲得し，過度なコスト競争に陥らないようにしてきたと見ることもできるのである（植田, 2004, 83-86頁）。実際，「承認図」によってサプライヤーが大手メーカーの製品開発力の一翼を担う存在となる中で（藤本, 1998, 46頁），サプライヤー間の技術競争を避けて大手メーカーに自社の技術を売り込む「逆選択」を生み出しているという指摘もある。また，需要のバラツキによるメーカーにとっての不安定性を低減するために設けられた「平準化生産」も，ディーラーにとっては販売数量の交渉権が認められているとはいえ同時にリスクと販売促進コストの負担を強いるものとして機能していた（浅沼, 1995, 318頁）。

このように系列取引の動態的側面は，組織ルーティンのもとで計算可能となった，企業間取引の政治的駆け引きとして捉えることも可能なのである。事実，圧倒的な力を持つ大手メーカーによるサプライヤーの支配と，その支配に対するサプライヤーの抵抗によって，戦後からの系列取引の変遷は導かれてきたともいえる（矢寺・浦野・松嶋, 2015）。そして，こうした関係は現代でも続いていると推測される。

本章では，金属切削加工業を営む株式会社山本金属製作所（以下，山本金属）に焦点をあて，彼らが切り拓こうとしていた新たな企業間取引を検討していく。山本金属は，1965年に現在の大阪市平野区に創業し，関西を中心とした大手メーカーを顧客とする，典型的なサプライヤーである。1965年の創業当時，資本傘下にあったわけではないが，松下電器産業株式会社（現，パナソニック株式会社）を主要顧客とした広義の系列取引に属する三次・四次サプライヤーとして，大阪市東住吉区（当時）に1工場を構えていた。しかし2014年9月時点で資本金1億4000万円[3]，従業員数は160名の規模へと成長，より多様な企業を顧客とし，大阪府八尾市と大阪市平野区に計12の工場および2つの技術

---

[3] 山本金属工業株式会社および山本精密株式会社を含む，山本金属グループの総資本金額である。

開発センター，岡山県に研究開発センターを擁するまでになった。同社は近年とくに，計測機器の開発・製作に力を入れており，同社が開発した4連式回転曲げ疲労試験機（YRB300L）は，2014年度「グッドデザイン・ものづくりデザイン賞（中小企業庁長官賞）」および「グッドデザイン・ベスト100」（日本デザイン振興会主催）の2冠に輝いた。

　山本金属の取り組みに関して本章が注目するのは，彼らが開発した計測機器が，従来の系列取引とは異なる新たな企業間取引を生み出そうとしていたことである。上述のように，大手メーカーとサプライヤーの政治的駆け引きの背景には，基本的なルールとしての効率性基準があった。かつてウェーバー（Weber, M.）は，資本主義の本質を「形式的には平等な手段による資本の蓄積」（ヴェーバー／大塚ほか訳，1972, 10-11頁）と喝破したが，近代以降の企業間取引は，こうした形式的な手続きそれ自体に合理性を認めることで成り立っている。

　とりわけ効率性は，企業にとって死活問題といえるほどに厳守すべきルールにほかならない。だからといって，日本の「ものづくり」産業もまた，ひたすらに効率性を追求しつつ政治的駆け引きに明け暮れてきただけなのだろうか。私たちは，むしろ，ウェーバーが資本主義の起源にプロテスタンティズムの禁欲主義を指摘したように，今日の系列取引が純粋によいモノを作りたいという職人的な「ものづくり」の精神を発端としていることにこそ，目を向けなければならない。[4]「ものづくり」に込められた強力な価値が，人々に働きかけ，効率的にモノを扱うだけでなく，モノから効率性を学ぶような心性を触発してきたのではないだろうか。そうであるならば，そこでは，生産現場における物質的実践を梃子に，新たな効率性基準をめぐる政治的駆け引きが行われてきたとも考えられるのである。

　山本金属の開発した金属切削加工を可視化する計測機器は，まさにモノから効率性を学ぶ心性を具象化したものであり，サプライヤーが大手メーカーに対して新たな品質評価の基準を提示することや，さらには他のサプライヤーとの提携関係を結ぶことによって従来の系列関係とはまったく異なった企業間取引

---

[4] このことは，新古典派経済学が一般均衡概念の着想を得ることになった「見えざる手」の議論において，アダム・スミスが，欲求充足を最大化しようとする功利主義的な個人ではなく，フェアな競争を支える道徳感情を前提としていたことを想起させよう。

をデザインすることを可能にしたのである。

2 物質的実践としての企業間取引が備える動態的側面

　前節に述べたような，今日的な企業間取引における政治的駆け引きを分析する理論的視座は，ウェーバーの資本主義論を再訪した Friedland（2014）に求められる。Friedland（2014）によれば，ウェーバーが資本主義の起源として着目した超越神を信仰するプロテスタンティズムの価値合理性と，その対照とされる道具的に内在神を掲げるカトリックの手続き合理性は，実は入れ子（nested）の構造になっているという（p. 220）。というのも，近代における手続き合理性は，新たな超越的ルールとして人々に受容され，かつての宗教倫理に反するようなさまざまな経済実践を生み出す「鉄の檻」になっているからである。

　以下では，金属切削加工業を営む山本金属による「脱系列」への軌跡に関する事例を，入れ子構造の2つの側面に分けて分析していく。超越から内在を分析する 2.1 項では，系列取引によって超越的ルールとして捉えられた効率性基準から派生した多様な企業間取引に注目する。こうした入れ子構造は，効率性基準のもとに過渡な競争と経営の不安定化に晒されてきた山本金属が，取引相手を分散することで受注量を安定化するという計算の過程で，生産体制の変更を余儀なくされる一方（2.1（1）），超越的ルールとしての効率性基準達成のために，加工の物質性に着目することで，中ロット化などの生産体制を合理化する仕組みを見出していったことを示す（2.1（2））。

　続いて，内在から超越を分析する 2.2 項では，同社が，加工に関する計測機器が生み出すさまざまなデータを利用して，内在的に他社の生産体制をも合理化していく「ソリューション・ビジネス」へ展開していった点に注目する。熟練工のノウハウを社内向けにパッケージ化したことに始まるソリューション・ビジネスの提供が，川下の大手メーカーや（2.2（1）），川上の材料メーカー（2.2（2）），他のサプライヤー（2.2（3））との利害関係の再編をもたらし，系列取引とは異なるサプライヤー主導の企業間取引（脱系列）がつくり込まれていった。このことは，かつての系列取引で超越的ルールとされた効率性基準が失われたということに限らず，物質的実践に寄り添いながら「ものづくり」の心

性を学んできたという意味では，今なお同じ超越的価値が人々に働きかけていることを示唆するものである。

2.1 効率性を追求して合理化される物質的実践——超越から内在へ

今日の山本金属は，金属切削加工技術をコア技術として，多様な産業分野（建設機械，油圧，産業機械，自動車，半導体製造装置部品，高圧継手，ホース金具，精密機械，医療機器など）からの発注を受けている。すなわち，特定の顧客と長期的な企業間取引を結ぶ系列関係にはない。他方，創業当時の山本金属は，特定顧客との企業間取引を中心とした経営を行いながらも，状況に応じて異なる業界を渡り歩くという変動の時期にあった。

山本金属が取引する主要な顧客を変更してきたのには，サプライヤーとしての苦悩があった。1960年代，カラーテレビや電子レンジといった家電の需要が，高度成長に伴う所得の増加により飛躍的に高まった。成長著しい花形産業であった同業界は，サプライヤーとしても魅力的であった。しかしながら，特定の顧客との関係だけに特化すると，結果として顧客に対する交渉力を失ってしまう。特定の顧客への依存関係は，最終的には顧客からのコスト圧力につながる。実際に，QCDをはじめとした超越的な効率性基準を大手メーカーが採用し始めたころから，顧客からのコスト圧力は格段に高まっていた。

そこで山本金属は，関係を特化する顧客を，成長産業ではなかったがコスト圧力が比較的緩やかだった自転車産業のメーカーへとシフトさせた。しかし，自転車の需要は不安定で，クリスマスのプレゼントなどとして贈られるためか冬場に向けて需要が高まり，年が明ければ激減した。それに伴って，山本金属でも，夏から冬にかけては猛烈に忙しくなり，年が明けるとともに工場が閑散となるという不安定な操業状態が繰り返された。このように，特定の顧客から長期にわたって発注を受け続けることは，その顧客に対する依存関係をつくり出す。そのことが交渉力の低下を招き，それゆえに過剰なコスト圧力に苛まれ，また顧客の都合によって受注量が不安定化するという厄介な問題を引き起こしていた。

(1) 効率性を求めるサプライヤーの企業間取引

　特定の顧客からの発注を受けるサプライヤーでは，どうしても顧客側の事情に依存するために経営が不安定化する。こうした経営課題を解消する糸口が見えたきっかけは，それまでの山本金属では加工できなかった部品を手掛け始めたことであった。あるとき同社は，取引先の材料メーカーから，倒産したホース金具部品を扱う企業の仕事を引き継がないかと相談を受ける。ところが，その企業が加工していたホース金具部品は大型の部品であった。当時の山本金属は，比較的小型の部品を加工する機械しか持ち合わせておらず，大型部品の加工を行うためには，新たに機械を購入する必要があった。この設備投資によって借り入れが増大する懸念はあったものの，新たに導入した機械によって生産設備が整い，さらに新しい受注を獲得できればよいと考え，山本金属は結局1985年にホース金具部品企業の仕事の引き継ぎに合意した。

　新しい機械の購入によって，山本金属には，当初予想されなかった企業間取引の変化が生じた。その変化とは，大型部品の加工が可能になったのはもちろんのこと，小型部品と大型部品を組み合わせた加工も新たに受注できるようになったことである。系列取引で分業化されていた当時の製造業においては，大型から小型まで，さらには組み合わせの加工でも引き受けられるサプライヤーはほかにあまり存在していなかった。そうした中で山本金属は，一般的なサプライヤーのように特定の業界に縛られることなく，複数の業界と幅広く企業間取引を行えるようになったのである。そして，受注が増えることによって，また新たな加工を可能にする生産設備に投資することもできるようになり，それがさらに加工の幅を広げることにつながっていった。

　しかし，ここで好循環が回り出したがゆえに，新たな問題が生じた。新たに購入した機械を置くためのスペースが不足し始めたのである。当時，同社の近隣に大規模な工場を建設する用地はなかった。同社の所在地は1974年の区画整理で平野区となり，準工業地域[5]に指定されたことによって，近隣には戸建て

　5　準工業地域とは，都市計画法による用途地域の1つで，おもに環境悪化の恐れのない工場の利便を図る地域である。

やマンションなどの住宅が多く建設されていた。そのために同社は，機械を購入しては小規模な工場内の空きスペースに機械を押し込め，それ以上機械が配置できなくなると，近くに購入できる土地を探して，そこに小規模な工場を建てるようになる。

　順調に受注を増大し，そこから生じた問題を工場数を増やすことで解決していった山本金属は，さらなる受注拡大をめざし1990年を境に急激に成長し始めた自動車産業に目を付けた。しかし，自動車産業は需要が高く受注量も多いという魅力がある反面，積極的にジャストインタイム生産方式を導入している業界でもあり，顧客からのコスト圧力は他の産業に比べて厳しかった。こうした顧客を相手に収益を上げていくためには，加工単位あたりの利益は小さくともトータルでは利益を上げられるような量産体制が必要になる。だが，小規模な工場を多く抱えた山本金属の生産体制は量産に向いていなかった。そこで，1990年におもに自転車の部品加工を扱う知り合いの鍛造業者との共同出資によって，滋賀県に切削加工と塑性加工の両方を行える500坪の大規模工場（以下，滋賀工場）を建て，自動車部品加工を専門に行うサンツアー精密株式会社を設立した。大規模工場を設立することで，山本金属は新しい顧客を獲得するとともに，量産体制も確立しようとしたのである。これは顧客にとっても，魅力的な話であった。というのも，山本金属が受注していた自動車部品に対して，まずは鍛造業者が塑性加工を行い，塑性された材料に山本金属が切削加工を施す，という一連の作業を同じ場所で行うことで，物流や在庫コストを下げ，納期までも短縮することが可能となったためである。顧客にとっても魅力的で，山本金属と鍛造業者は互いの技術を生かしながら順調に生産を行うことができる，この事業が軌道に乗っていくことを誰も疑わなかった。

　しかし，滋賀工場が設立されて1年がすぎたころ，バブル崩壊の影響を受けて，協同出資者の鍛造業者が倒産した。その後，別の鍛造業者がこの塑性加工作業を引き継いだが，バブル崩壊の長期的な影響により急成長を遂げていた自動車産業の成長にも陰りが見え始め，自動車部品の受注量それ自体も減少していった。受注が少なくなってしまえば，工場の規模が大きかったことが却って足かせになる。1994年3月には滋賀工場を閉鎖し，サンツアー精密株式会社は事実上倒産した。結果，山本金属に残ったのは，先行投資してしまった大量

のNC旋盤をはじめとする切削加工機械と多額の借金だけであった。同社は生産体制の立て直しを迫られることとなった。

このときにまず問題になったのが，行き場を失っていた機械を置くスペースであった。当時の平野区にあった山本金属の工場はどれも小規模で，滋賀工場に配置されていた機械を置くスペースは残されておらず，新しい土地を見つけようにも準工業地域である平野区に500坪という広大な土地は空いていなかった。そこで目を付けたのが，平野区に隣接する大阪府八尾市であった。八尾市の土地単価は平野区よりはるかに安く，すでに多額の借金を抱えていた山本金属には魅力的であった。滋賀工場閉鎖1カ月後の1994年4月，山本金属は大阪府八尾市に山本精密株式会社（以下，八尾工場）を設立し，大量の機械をすべて設置するスペースを確保した。

このように，山本金属はサプライヤーとして大手メーカーとの取引の安定化を求めつつ，効率的な取引をめぐって，さまざまな変転を余儀なくされてきた。系列取引は受注量の確保という意味では安定的かもしれないが，その受注量を確保するためには，大手メーカーからの要求に応える必要がある。だが，大手メーカーの要求に応えようとするとコスト圧力に苛まれ，そこから逃げようとすると，景気や先行した設備投資に苛まれ，山本金属の経営そのものを不安定化させる。

(2) 効率性を達成する生産体制の多様な合理化

系列取引の不安定性を解消するために工場の新設・閉鎖を繰り返してきた山本金属であったが，工場の数が7を超えたころに，新たな取引安定化の方法を見出していくこととなる。八尾工場を設立した1994年ごろから2000年にかけ，ITバブルの到来により半導体製造装置に関する大ロット[6]受注を獲得した金属加工業は上り調子であったが，山本金属は赤字を続けていた。滋賀工場から持ち込まれた大量の機械が，半導体の生産に合わせて用意されたものではなかったためである。そのため，半導体製造装置に関する大ロット受注を得ても，当

---

6 ロットとは，製品ごとにある一定量をまとめ，その数量単位で生産を行うロット生産において，1回で生産する製品数量のまとまりを指す。数量単位の大小により，大ロット，中ロット，小ロットと呼ばれる。

該部品の加工に必要な機械以外は結局のところ稼働させられない状態が続いた。それどころか，大ロット受注によって，特定の機械が占有されてしまい，残された機械だけでは他の業界の顧客が求める加工に対応できなくなってしまっていた。もともと機械稼働率を上げるために積極的に受注していた大ロットの仕事が，結果として稼働している機械と稼働していない機械の二極化を招いてしまったのである。

　この二極化を改善しつつ生産性を向上させるために2つの方法が実施された。第1が，工場全体の機械稼働率を向上させるために，中ロット受注をする企業間取引の提携である。八尾工場にすでにある機械の稼働率を上げるためには，特定の機械の稼働率を向上させる大ロット受注よりも，稼働していない機械を動かすことが先決であった。そのためには，それまでの受注とは異なる機械を必要とする部品の加工を受注しなければならない。そこで，山本金属が目を付けたのは，それまで断っていた中ロット受注であった。ただし，受注のターゲットとする顧客を明確に定めて先読みしたとしても，中ロット発注を行う顧客は限られており，必ずしも理想的な受注を獲得できるとは限らなかった。実際，ITバブルの崩壊とともに，半導体業界の顧客からの発注はめっきりと減ってしまっていた。

　第2に，こうした顧客の動向による不安定性を解消するために八尾工場で考えられたのが，小ロット受注の加工に注目した括り出しであった。これはすなわち，小ロット受注を類似した加工でまとめることにより，中ロット化するという発想である。それまでは同じ生産ラインに流していなかった建設機械や農機具部品でも，シリンダーやピストンなどの駆動部分（機能パーツ）の基本的な構造が同形なものは，同じ加工技術を使って生産することができた。そこで，受注ごとではなく類似した加工ごとに同じ生産ラインを利用することで，機械稼働率を落とすことなく，計画に沿った形で中ロット化を行うことができるようになったのである。また，もともと小規模な工場で対応可能な小ロット受注をしていた山本金属では，中ロットに括り出せる加工を見出すことができた。

　こうして，同種の加工で対応できるような仕事を複数の小規模工場で担っていた，それまでの生産体制に対し，それらを八尾工場でまとめて加工することで，山本金属グループ全体の効率化に寄与する生産体制が新たに構築されるこ

とになった．これは，顧客にとっても都合がよかった．山本金属グループで括られた加工方法に合わせて発注を行えば，顧客としても大幅なコスト削減を期待できたからである．そのため，山本金属が中ロット化することによって安価な加工を実現できていることを知った顧客から，山本金属の加工に合わせる方法を訊ねられることも多くなっていった．

　このように，八尾工場は，中ロット受注による機械稼働率の向上と，類似した加工の小ロット受注を括り出す中ロット化という，独自の内在的な合理化を見出すことによって，自らの生産体制をより効率的なものへと変えていったのである．後年，滋賀工場で購入した機械の7割は老朽化によって，より生産性の高い汎用的な機械に入れ替えられたが，その際にはリースが利用された．また，より多くの機械を使って生産性を高めるため，2002年には工場の敷地面積も500坪から1000坪にまで拡張された．八尾工場が立ち直ったことは，売上高からも窺うことができる．当初，月間1200万（年間2億）円ほどだった売り上げは，2007年には約6倍の7000万（同9億）円まで引き上げられ，山本金属グループのお荷物から最も収益率が高い工場として生まれ変わったのである．

　以上のような八尾工場における生産体制の変化によって，大阪市平野区に点在していた11の小規模工場の役割も大きく変わることになった．2004年当時，製造業ではより安価な海外サプライヤーへの発注が進み，日本で金属加工業を営むサプライヤーたちは激しい価格競争に巻き込まれていた．山本金属も例外ではなく，さらに厳しくなった顧客からのコスト圧力により，利益は最も高かったときの半分以下にまで落ちていた．このときに問題になったのは，中ロットに集約可能な加工を八尾工場で行う一方で，11工場には中ロットとして括り出せない加工が残されていたことであった．つまり，11工場には八尾工場とは異なった生産体制の合理化の方法を見出していかなければならなかった．

　改めて注目されたのは，11工場には八尾工場に比べ，高い技術力を有する従業員が配属されていたことだった．基礎的な加工を括ることは八尾工場の技術者でも可能であったが，特殊な加工を必要とする受注に対応することは八尾工場ではできなかった．また，八尾工場のように量産に向いた大規模なスペースはなかったが，11工場はそれぞれが空間的ないし時間的に独立している．こうした工場ごとの特性を活かした効率的なやり方を求めていかねばならない．

点在する小規模工場として独自の効率性を求める取り組みは，長岡工場から始められた。具体的には，長岡第一工場に，ステンレスの加工を集約させた。同じ材料の加工を集約させることは，小さな規模の長岡工場が向いていたからである。まず，同じ材料であれば，加工の際に使用する治具や刃物も限定されるため，大きなスペースを必要としなかった。次に，それまでは複数の工場で扱っていた半導体製造装置部品のステンレス加工を1カ所にまとめることで，小規模の工場としては適当な作業量が確保できた。さらに，より重要なポイントは，ステンレスは他の素材と分けて加工しなければならないということであった。というのも，当時の山本金属では，そもそも腐食しないことが長所であるステンレスが，なぜか腐食してしまうという事態が生じていた。生産工程にも不備は見られなかった中で思い当たることといえば，同じ工場でステンレス以外にも複数の材料を扱っていたことであった。鉄や鋼といった材料を削る際には，どうしても空気中に金属粉が舞い，切削油に混じったり，ステンレスに付着したりしてしまう。腐食の原因はそこにあった。つまり，金属粉がステンレスに付着することで，ステンレス自体ではなくその付着した部分が腐食してしまうという事態を引き起こしていたのである。ステンレス加工用の切削油を使うなどして相当に注意深く扱ったとしても，実際それまでは，同じ工場で複数の材料を加工していたために空気中に舞う金属粉や切削油に混じる金属粉を排除することができず，腐食を防ぐことができていなかった。ところが，ステンレス加工に特化するという生産体制の合理化によって，空間的に隔離された小規模工場では，内在的にその可能性を未然に防ぐことができるようになったのである。

小規模工場の空間的特性を活用した長岡第一工場に対して，時間的特性を活用したのが2007年に設立された長岡第三工場であった。半導体製造装置部品をはじめとするステンレス加工に特化した長岡第一工場に対し，長岡第三工場では，中途半端になってしまう半導体製造装置部品の取り扱いを思い切って止め，別の工場が担当していた油圧部品を一手に引き受けることにした。油圧部品の特徴は，他の部品に比べて消耗が少ない（それゆえ，発注スパンが長い）ということである。他方で，メンテナンスのタイミングの際にはまとめて交換される。したがって，油圧部品の加工は，他の部品加工とは異なった生産スケジ

ュールになり，いったん加工に入ると比較的ロットが大きいため，他の加工ができなくなる。そのため，油圧部品の受注は工場間でたらいまわしにされることが多く，そのつど臨機応変な対応が求められる厄介者でさえあった。しかし，このように複数の工場が扱っていた油圧部品の受注も，小規模であってもどこか1つの工場でとりまとめてしまえば，それだけを担当する専用工場が成立する。油圧部品には，他の加工部品に対して，ほとんど形状が変わらないという特徴もあった。油圧部品に加工を絞り込んでしまえば，技術者が1人でも扱えるような簡単な生産ラインを設計することができる。結果，従来は3人で分担していた加工を，その半分の1.5人まで減らす，大幅なコスト削減をもたらした。

このように，山本金属は小規模工場の空間的・時間的特性を活かした専門化を進めていったが，他の小規模工場が抱える加工すべてに対してこの方法で対応できるわけではなかった。山本金属が必要とする加工だけを発注する顧客はほとんどおらず，仮に必要とする加工だけを受注しようとすると，顧客の多様性を維持できなくなってしまうからであった。しかし，顧客の多様性は，特定の顧客に対する依存から脱却しながら同じ加工を括り出すことによってコスト削減を図ってきた八尾工場にとっても，必要な条件であったため，同社は残る長岡第二工場に独自の役割を与えることにした。もともと長岡第二工場は，長岡第一工場と第三工場の間にあった倉庫であり，物流のバッファとしての位置づけが与えられていた。ところが長岡第一工場と第三工場の専門化が進めば，抱える在庫も少なくなり，倉庫それ自体は必要がなくなる。その代わりとして長岡第二工場には生産バッファという位置づけが与えられ，2008年5月の改装をもって文字どおり第二「工場」となったのである。

2.2 多様な企業間取引を再編する計測機器——内在から超越へ

前項で検討してきたように，特定の業界からの受注に頼らないことをめざした山本金属における効率性は，各工場の空間的・時間的特性を活かした専門化を通じて達成されてきた。しかし，こうした生産体制の変化は，顧客から発注された加工をこなすという基本的な企業間取引のもとにある。したがって，山本金属全体を効率化していこうとすれば，顧客となる大手メーカーをはじめ，

外部の利害関係者との関係をつくり替えていかなければならない。

　このとき，山本金属が注目したのが，本社工場であった。本社工場は，八尾工場に次ぐ大規模工場であり，それまでも，各工場が効率性を追求するための加工方法の開発や課題の解決をサポートしていたが，2007年に同工場内に新たに設立されたツールセンターによって，その役割がより明示的になった。ツールセンターでは，実際の生産工程に入るまでの準備工程をパッケージ化し，各工場に提供する。パッケージ化とは，それまで各工場で行われていた刃物や消耗品工具の選定などといった実際の生産工程に入るまでの準備工程を，ツールセンターで一括して引き受け，各工場がすぐに生産に取り掛かれる状況をつくり出すことである。そうすれば，急な仕事が舞い込んできても，より早く生産に取り掛かることができる。たとえば，ボルトとスパナの置く位置を変えるだけでも，生産効率が向上する場合もあり，こうした知識・ノウハウを集約・体系化しようとしたツールセンターは，現場の知識だけに頼らないで効率性をつくり出していこうとしていた山本金属の，新たな生産体制の萌芽であったといえる。

　もちろん，本社工場にはパッケージ化が難しい工程や技術もある。だからといって，それらを各工場の熟練工が持つ知識だけに頼ってしまえば，従来までの生産体制を変えることができない。そこで同社は，10名の熟練技術者がそれぞれマシニングセンタ[7]を1台ずつ使いながら仕事を行う，山本金属工業株式会社（以下，山本金属工業）を新たに設立し，熟練工の知識も本社工場で管理する工夫を施した。山本金属工業だけに設置されている10台のマシニングセンタは，NC旋盤などに比べて複雑な加工が可能な分，独特のノウハウを必要とする。だからこそ，こうした加工技術を本社工場に統合することは，パッケージ化のために必要な熟練工の知識を本社に集結させることを意味し，各工場の加工がパッケージ化しやすくなることにつながる。そのために，山本金属工業に所属する10名程度の技術者は定期的に入れ替えられ，それぞれの知識・技術がパッケージ化された後に，再び各工場に配置された。

　7　マシニングセンタとは，自動で工具を交換する機能を持ち，目的に合わせてフライス加工・中ぐり加工・ねじ立てなど複数の異なる加工を1台で行うことができる工作機械である。

この本社工場のツールセンターで行われたパッケージ化は，その後の山本金属を象徴するものになった。山本金属における加工方法の多様化は，もともとは系列取引において大手メーカーに提示された厳しい効率性基準を満たすために，いわば受け身の対策として行われてきたものであった。パッケージ化は，こうした対策が多様化していることによって可能になったものであり，それが特定の大手メーカーに依存しない生産体制を築くことになったわけである。こうした取引関係の再構築は，大手メーカーとの間だけにとどまらない。加工をめぐる取引相手は，川上，川下，さらには水平的な関係も含めれば多様に存在する。山本金属がめざしたのは，もちろん顧客である大手メーカーも含め，そうした多様な取引関係を全体として再構築することであった。このときに鍵となったのは，既存の系列取引で準拠してきた効率性基準ではなく，金属切削加工を可視化する計測機器によって示された加工をめぐる基準であった。

(1)　パッケージ化と顧客の取り込み――川下の顧客とのかかわり

　社内の各工場のためのパッケージ化を企図して本社工場にツールセンターが設けられたことに対し，顧客との関係を再構築するために設けられたのが，2つの技術開発センター（1号館，2号館）である。1号館は2006年に設立され，おもに研究加工のデータを蓄積する。その2年後に設立された2号館では，実際にモノ（試作品）を製作する。加工の試作や研究開発を集中的に行うことで顧客に提案できる材料を揃えつつ，材料の選定や設計変更，納期短縮によるコストの低減など，同社が抱える課題が模索されていた。

　こうした提案型の技術開発センターが設立された理由は，第1に，各工場が操業しながら顧客からの相談に乗ることは困難であり，またその工場単体で獲得できる情報の範囲でしか顧客を取り込めなかったこと。第2に，山本金属の加工技術を顧客がしっかり理解できるような仕組みをつくる必要があったこと。第3に，いずれは大企業の研究開発の一部を担えるようになろうと考えていたこと，である。つまり，技術開発センターは顧客に積極的に働きかけ，顧客を取り込んでいくための事業戦略を本格化していくために必要であったのである。以下で，設立理由について詳述していこう。

　第1に，顧客からの相談窓口の拡大である。そのために，加工に関するあり

とあらゆる情報を一極集中した。これまで検討してきたように，山本金属が独自の生産体制を構築したことによって，八尾工場や長岡工場などでは顧客から加工方法の相談を受けるケースが急激に増加した。しかし，各工場が操業しながら試作を行ったり，顧客の相談に十分な時間をとることは困難であったため，そうした案件に対応する専用のデータセンターをつくろうというわけである。そこには，試作から得る研究加工のデータだけでなく，各工場で行われた実際の加工の情報がすべて集約されている。したがって，顧客に対し，各工場が自らの工場で有する情報だけに基づいた提案を行う場合に比べ，山本金属グループ全体として可能な提案を行えるようになるため，企業間取引の幅が劇的に広がることが期待できる。このように，データセンターにおいて集中的に情報を蓄積するという構想は，当然ながら本社工場のツールセンターにおいてパッケージ化を行うためにさまざまな情報を蓄積するようになったことと関係している。

第2に，顧客の理解促進である。たとえ山本金属が有する加工技術がどれほど優れたものであったとしても，顧客のすべてがその技術を理解できるわけではない。たとえば，山本金属に加工技術の相談を持ちかける顧客の多くは，製品開発を専門とする大手メーカーの研究所が多かった。そもそも大手メーカーの技術者の大半は，工作機械を操るCADの技術を有し，研究加工のような純粋な技術の開発は行うが，実際の生産という意味でのモノづくりに必要な技術の開発は行わない。ただし，CADの技術や情報だけでは，思いどおりに実際の生産が行えないことも承知している。さらに，金属切削加工に重点を置いていない大手メーカーは，最先端とはいえない旧型の設備しか有しておらず，加工の幅にも限界がある。つまり，大手メーカーでは，研究のデータは有するものの，実際の加工データを持っていないため，いくら技術を研究しても実際の加工に落とし込むことができない。この問題に対し，技術開発センター1号館では，実際の加工データを提供することで顧客の理解促進を図ろうとしたのである。顧客は山本金属が提供する加工データを利用することで，製品開発や設計を行うことができる。また，技術開発センター2号館では，実際に切削加工を施したモノを提示するモデリングが行われることで，加工データとは別の形で顧客の理解促進を図ろうとした。加工データを顧客に売るだけでなく，加工

データを使い，試作品を制作することで，山本金属の技術を目に見える形にすることで，顧客の理解が促進されれば，より積極的に顧客に売り込む企業間取引ができると考えたのである。そして実際にも，加工データ提供の依頼と同様，モデリングの依頼についても，件数の増加が見られた。

　第3に，これらの取り組みの延長線上に同社は，顧客の研究開発の一部を担うことを見据えていた。実際，山本金属に対して顧客が委託する研究開発費の総額は月2000万円に上っていた。顧客にとっても，山本金属に研究開発の一部を委託するメリットが大きくなっていたのである。たとえば，インコネル718という耐熱合金やチタン合金などといった高価な材料は，自社の試作開発のためにだけに購入することはなかなか難しいが，山本金属が複数の顧客からその材料を使った試作を請け負えば可能となる。さらに，顧客は山本金属が蓄積する多様な材料の加工データから，めざす加工により適した材料を選び，それに合った加工データも得ることができる。たとえば，顧客がチタン合金を使った試作を依頼しても，それが量産加工に適していなかった場合，山本金属から過去の加工データに基づきながらチタン合金に代わる材料を提案してもらうことができる。加えて，山本金属に試作を依頼すれば，量産するときに必要となる加工データやアドバイスも得ることができる。しかもそれは，実際にさまざまな顧客の仕事を受注し，さまざまな加工に携わっている山本金属ならではの情報である。山本金属が自社で収集した加工データを用いて顧客の研究開発の一部を担うようになれば，顧客はデータどおりの加工を行うために山本金属に頼ることになっていくのである。

　このように，山本金属は自社の効率的な生産体制に加え，蓄積した加工データを技術開発センターで加工し販売する。この内在的仕組みを利用した事業を山本社長は，「ソリューション・ビジネス」と呼ぶ。このソリューション・ビジネスによって，顧客が山本金属に依存せざるをえない体制はより確実なものとなっていた。

(2)　材料メーカーの取り込み──川上の利害関係者の説得

　このように，山本金属は加工の物質性に着目した戦略を構築してきた。だが，その取り組みは顧客を取り込むことにとどまらない。垂直的に利害関係を見て

いけば，川下の顧客だけではなく，川上にも利害関係者が存在する。まずは，最も川上に近い企業，たとえば材料メーカーを取り込めば，企業間取引から無用の競争を排除することができる。そこで山本金属は，大手材料メーカーの1つ，株式会社住友軽金属工業（以下，住友軽金属）の100％子会社である株式会社住軽テクノの大阪支店（以下，住軽テクノ）に目を付けた。[8]

2006年ごろ，アルミ押出材料の販売を担う住軽テクノは，新しく開発した「エコマシナル」の不具合の原因に関する証明ができないという問題を抱えていた。エコマシナルとは，これまで合金形成には必須であった鉛を使わない，鉛フリーの新素材である。環境問題により鉛使用に規制がかかったことで，鉛の代わりに錫を混ぜることで対応したのである。だが，錫の使用は比較的無害であったものの，鉛が有するほどの切削性や強度を合金に出すことができなかった。そのため，加工メーカーから「加工の際に割れる」という，材料としては致命的なクレームが出てきたのであった。この割れの原因は，鉛よりも低融点である錫入りのアルミ押出材に対しても，鉛入りのアルミ押出材と同じ加工方法で切削していたことにあった。ただし，住軽テクノは，割れの原因が加工方法にあることを証明できなかった。材料自体の性能や品質は調べることができても，加工段階における材料を計測しそこで得たデータを評価する技術は持ち合わせていなかったのである。それは，強いブランド力を有していた住友軽金属でさえも同様であった。これは決して住友軽金属だけの課題ではなく，材料の研究開発を行う技術チームは擁していても，そうした計測・評価を行う技術者を抱える材料メーカーは，当時の国内には存在しなかったのである。そのため，鉛が使われていない合金材での割れ問題は，どこの材料メーカーでも抱えていた。

この割れ問題を解決するために住軽テクノが話を持ちかけたのが，山本金属だったのである。技術開発センターを設立して約2年が経っていた山本金属では，それまでに蓄積された自社の加工データの整理・分析だけでなく，それらのデータを用いた取引先の加工条件に対するコンサルティングや大学との連携

---

8 住軽テクノは，2013年10月1日に古河スカイ株式会社との経営統合により，株式会社UACJのアルミニウム押出事業を担うグループ会社として，株式会社UACJ押出加工となった。

による加工方法や計測式の共同開発など，加工の計測と評価に関する取引の幅を広げていた。この両社の話し合いは，2008年5月に分析上の企業間提携という形で実を結んだ。住軽テクノが有する材料そのものの研究開発力と，山本金属が有する加工を計測し評価する力を合わせることで，割れの原因が加工方法にあるということを証明し，さらには割れを防ぎながらも高い切削性を出す，エコマシナルに合った加工条件を提示することができる。

　この提携は山本金属にとっても非常に有益であった。たしかに加工データは自社の生産工場において蓄積可能であり，それを分析する技術開発センターも持ち，材料が変わるごとに新たな分析依頼を受けることができた。だが，分析依頼を受けるのはあくまでも加工段階での有用性であり，材料に振り回されていることに変わりなかった。材料とともに自らの加工データを販売すれば，エコマシナルを使う企業は，自社に合った加工条件を出すために山本金属に分析を依頼せざるをえなくなる。こうして両社の連携により試行錯誤が繰り返された結果，割れを防ぎながら加工できるエコマシナルとその加工条件が成功裡に編み出された。

　さらに山本金属は，エコマシナルを利用する企業の取り込みをより強固なものにするために，新たな加工条件をつくり出すことに着手した。「割れにくい」エコマシナルにその加工条件が揃うことで，次は「絶対に割れない」エコマシナルと加工条件をつくり出そうとしたのである。割れにくいエコマシナルでは，高い切削性と強度を出すための加工条件と材料を合わせて販売したが，それだけではまだ割れる可能性が残る。そこで次は，高い表面処理を可能にするための加工条件を加えた。そうすることで，絶対割れないうえに表面処理が可能なアルミ押出材をつくり出すことができたが，この材料を使う際には山本金属に分析を依頼せざるをえない。この絶対に割れないエコマシナルは，その特性が活かされ，デザイン性や表面処理が重視される製品に数多く利用されている。

(3)　計測機器の開発──新たな利害関係の構築

　材料メーカーとの共同開発を成功させた山本金属は，次は切削工具や切削油のメーカーとの共同開発に狙いを定めていた。材料が売れれば，山本金属はその加工に必要な技術を紹介したり，データを販売したり，加工条件の分析を担

うことができる．材料に加えて，加工に最適な切削工具や切削油も共同開発すれば，材料や加工データと合わせてパッケージで販売することができる．そこで，山本金属は，切削工具メーカーや切削油メーカーに対して共同開発を持ちかけた．だが結果として，具体的に工具や油を共同で開発するには至らなかった．同社は，新しい工具や油を共同で開発するより，材料メーカーとの共同開発を通して見出した，技術を利用したサービスの新しい売り方を強化することが先決であると考えたからである．それが，被削性を計測し評価すること（被削性評価試験）であった．

被削性とは，切削加工時の削られやすさを示す．これは，決して材料のみにかかわることではない．切削加工にかかわるすべての金属の被削性を計測し，分析し，評価する．それには，加工される材料はもちろんのこと，工具や油剤，給油方法，加工条件に至るまで，切削加工にかかわるすべてのモノが対象となる．つまり，工具や材料の特性やそれらの相性を計測することで現状の加工条件を評価し，被削性や品質が最も高い状態で加工するための条件設定や金属疲労による問題の解決など，研究開発から製造に至るまで幅広い多様なサービスを展開することができる．これが，山本金属が2010年より本格的に始めた「被削性評価試験事業」なのである．

そもそも被削性評価試験の事業化は，2006年ごろより進められていたが，本格的には展開できていなかった．その理由は，金属疲労度を計測する機器（疲労試験機）の開発・製造にあった．当然のことながら，この事業は被削性の計測が要となるが，この事業を展開しようとした当初，山本金属は疲労試験機を保有していなかったのである．これは，疲労試験機が非常に高価で，購入が採算に合わなかったからであるが，そのため山本金属は，大学などへの外注によってそれを補っていた．しかし，いくら顧客が保有する材料や工具の疲労特性などに対して，山本金属が蓄積してきたデータや技術を用いて被削性向上に対する計測や評価を行っても，肝心な部分が外注では顧客の加工に合った正確な計測や評価を行うことができない．

そこで山本金属は，2008年ごろより疲労試験機の開発に着手した．そして翌年，金属疲労や疲労破壊を計測する機器として，4連式回転曲げ疲労試験機「GIGA QUAD®」の第一号機が開発された．グッドデザイン賞を受賞した

YRB300L は，この疲労試験機に改良を加え，省スペース・高効率・高負荷荷重の対応を考慮して設計されたものである。疲労試験機は，山本金属が蓄積してきた加工技術や方法をもとに設計されているが，加工技術そのものは決して複雑ではない。そのため，一方で汎用性が高く，他方で山本金属の加工技術に担保された計測や評価を行うことが可能な機器を開発することができたのだといえよう。

このように，金属疲労度を計測する機器から開発すれば，山本金属は加工技術や加工条件，データをパッケージとして販売する方法をより強固なものとすることができる。未だに金属疲労試験は国際標準化されておらず，経験則で補われることが多い分野であるため，それまでは一方で，それぞれの鉄鋼メーカーが経験則をもとにした疲労試験機を作るか，他方で島津製作所などが疲労試験機のみの開発や製作を行っていた。しかし，金属疲労度と加工方法には相関関係があり，加工方法とセットで開発しなければ，正確な計測や評価を行うことはできない。この点に注目し，山本金属は，自社の加工技術をベースに，疲労試験機と疲労試験，さらには被削性向上のための加工方法の提案までをトータルパッケージとして提供できる事業を展開したのである。

こうした計測や評価を行う試験サービスや疲労試験機の開発を事業として確立していくことで，新たな顧客の獲得にもつながっていった。住軽テクノと同様の割れの問題をはじめとする品質保証問題を抱えていた鉄鋼メーカーや医療器具メーカーなど，それまでは取引のなかった企業からの問い合わせが増えてきたのである。問い合わせが増えれば，金属疲労だけでなく，被削性にかかわる温度や溶接など，その他の項目に関しても計測や評価を求められるようになる。山本金属では，そうした顧客からの要求が，新たなニーズを見出す場としても活用されている。そうして見出されたニーズとして，各生産現場に合った工具や設備の設計・製造をあげることができる。つまり，山本金属の加工技術を使い，疲労試験機をはじめとした計測機器を使い，計測および評価するには，それに合った自社製品を製造するための工具や設備が必要となるわけである。中でも工具は，一度設計すれば消耗品であるため，必ず買い替え需要を見込むことができる。このようにして，前述のような経緯で一度は途切れていた工具メーカーや切削油メーカーとの共同開発が再稼働しているのも興味深い。

3 おわりに

　日本の製造業は，しばしば「ものづくり」という一語にその価値を託す形で評価がなされてきた。それを支える仕組みとして，とりわけ経済学的な説明を好む研究者に注目されてきた系列取引に綻びが見え始めている今もなお，「ものづくり」自体は輝きを放つ信仰対象であり続けている。製造業の企業間取引に関する既存研究では，サプライチェーン全体の効率性を議論しているようでいながら，その実は大手メーカーを中心とした固定的な取引関係が想定されていることが多かった。もちろん，現実には，こうした企業間取引が恣意性を含んでいることは周知されており，大手メーカーは一方でサプライヤーに関係特殊的技能を蓄積させつつ，他方で系列内での競争に晒してきたわけである。こうした恣意性が，その必然としてサプライヤーの脱系列への志向性を生み出してきたことはいうまでもない。だが，脱系列への志向性は，必ずしも大手メーカー支配への反発のみで説明できるものではない。既存研究がほんらい目を向けるべきだったのは，恣意的な企業間取引の中でもサプライヤーの技術的専門化を支えてきた，「ものづくり」という語に託された近代的な精神なのではないだろうか。

　本章では，「ものづくり」を担う物質的実践としての企業間取引を動態的に分析するために，その超越と内在が入れ子構造になっているさまを，超越から内在，内在から超越という順で，両方向の変化を見ていく方法をとった。

　まず，超越から内在に注目した分析を行った。すなわち，事例となった山本金属は，当初，典型的なサプライヤーであった。大手メーカーの都合によって不安定な経営を余儀なくされる系列取引の中にあって，山本金属は，サプライヤーの多くが順守してきた超越的な効率性基準の達成のために，さまざまな設備や工場への投資を繰り返した。大型加工のための新しい機械は，既存の小型加工との相乗効果によって，複数の取引先からの受注を可能にしたが，機械を置くスペースの不足などの状況の変化には，そのつど内在的に対応しなければならなかった。遊休施設の問題では，中ロット受注のための新規顧客の開拓や，同一加工の括り出しによる中ロット加工のための顧客の細分化といった，生産

体制の合理化を通じた効率的な企業間取引が模索された。加えて，企業間取引の多様性は，必然的に組織内の内在的な専門化を促した。扱う素材の特性，点在する工場間の空間的・時間的特性に着目しつつ，各工場に独自の専門性が見出されていったのである。

次に，内在から超越に注目して分析を行った。複数の専門工場を抱えるに至った山本金属は，空間的・時間的特性を活かし専門化を通じた効率性を求めるようになる。このとき，大手メーカーを主要顧客とする多様な利害関係者とのかかわりにも変化が生じた。以前より，組織内の作業プロセスを改善するために設立されたツールセンターには，加工の物質的実践に関するあらゆるデータが集約されていた。このデータによって可視化された「ものづくり」の真髄が，超越的な価値として顕在化することで，山本金属は，取引相手の生産体制をも合理化する事業を展開するようになった。具体的に，川下・川上企業へのソリューション・ビジネスの展開では，顧客の開発プロセスや材料の選定プロセスなどにも山本金属のデータが不可欠となる関係性が構築された。グッドデザイン賞を受賞した計測機器は，山本金属が扱っていない材料や取引先の加工に関するデータも収集できるため，それまで取引のなかった企業あるいは大学とも，受託研究や共同開発といった形の新しい企業間取引も結べるようになった。

最後に，私たちは「ものづくり」を手放しで賛辞しているわけではないことに留意されたい。周知のとおり，「ジャパン・アズ・ナンバーワン」のころに比べて，日本の「ものづくり」産業が低迷してしまったと嘆く声を聞くようになって久しい。そのような状況にあって，あえて「ものづくり」が製造業を象徴する超越的な価値であり続けてきたと指摘する本章の意義は，むしろ，それが内在的ともなりうる入れ子構造のもとにあるという理解に示唆されている。すなわち，「営利精神」への行きすぎた傾倒によって「経営の精神」を見失ってしまうように（加護野，2010），私たちが「ものづくり」の精神を見失う可能性もまたあるのである。価値の議論とは，こうした超越と内在が織りなす危うさに向き合うことにほかならないのである。

* 本章は，JSPS 科研費 JP 26780234 による研究成果の一部である。

参考文献

序章

桑田耕太郎（2015）「制度と実践の学としての経営学」桑田耕太郎・松嶋登・髙橋勅徳編『制度的企業家』ナカニシヤ出版，413-442 頁。

ゲーテ，J. W. ／山崎章甫訳（2000）『ヴィルヘルム・マイスターの修業時代（上）』岩波書店。

千葉準一（1980）『会計の基礎構造』森山書店。

堂目卓生（2008）『アダム・スミス――「道徳感情論」と「国富論」の世界』中央公論新社。

ブルデュー，P. ／今村仁司・港道隆訳（1988）『実践感覚（1）』みすず書房。

松嶋登・水越康介（2008）「制度的戦略のダイナミズム――オンライン証券業界における企業間関係と市場の創発」『組織科学』第 42 巻第 2 号，4-18 頁。

Augier, M., and March, J. G. (2008) "Realism and comprehension in economics: A footnote to an exchange between Oliver E. Williamson and Herbert A. Simon," *Journal of Economic Behavior & Organization*, Vol. 66, No. 1, pp. 95-105.

Babbage, C. (1832) *On the Economy of Machinery and Manufactures*, Charles Knight.

Chapman, C. S., Cooper, D. J., and Miller, P. (2009) "Linking accounting, organizations and institutions," in C. S. Chapman, D. J. Cooper and P. Miller eds., *Accounting, Organizations and Institutions*, Oxford University Press, pp. 1-29.

Clegg, S., and Lounsbury, M. (2009) "Weber: Sintering the iron cage; Translation, domination and rationality," in P. S. Adler ed., *The Oxford Handbook of Sociology and Organization Studies: Classical Foundations*, Oxford University Press, pp. 118-145.

Crosby, A. W. (1997) *The Measure of Reality: Quantification and Western Society, 1250-1600*, Cambridge University Press.（小沢千恵子訳『数量化革命――ヨーロッパに覇権をもたらした世界観の誕生』紀伊国屋書店，2003 年。）

Feldman, M. S., and Pentland, B. T. (2003) "Reconceptualizing organizational routines as a source of flexibility and change," *Administrative Science Quarterly*, Vol. 48, No. 1, pp. 94-118.

Littleton, A. C. (1933) *Accounting Evolution to 1900*, American Institute Publishing.（片岡一郎訳『リトルトン会計発達史 増補版』同文舘出版，1978 年。）

Miller, P., and Power, M. (2013) "Accounting, organizing and economizing: Connecting accounting research and organization theory," *Academy of Management Annals*, Vol. 7, No. 1, pp. 557-605.

Miller, P., and Power, M. (2014) "Connecting accounting research and organization theory," OMT Web (Organization and Management Theory Division of the Academy of Management), Last update Wednesday, 17 December 2014 (http://omtweb.org/omt-blog/53-main/599-diane-laure-arjales-and-mia-raynard).

Pentland, B. T., and Rueter, H. H. (1994) "Organizational routines as grammars of action,"

Administrative Science Quarterly, Vol. 39, No. 3, pp. 484-510.

Porter, T. M.（1995）*Trust in Numbers: The Pursuit of Objectivity in Science and Public Life*, Princeton University Press.（藤垣裕子訳『数値と客観性――科学と社会における信頼の獲得』みすず書房, 2013 年。）

Taylor, F. W.（1911）*The Principles of Scientific Management*, Harper & Brothers.（上野陽一訳『科学的管理法』産能大学出版部, 1969 年。）

第 *1* 章

アガンベン, J./高桑和巳訳（2006）「装置（ディスポジティフ）とは何か？」『現代思想』第 34 巻第 7 号, 84-96 頁。

上野直樹・土橋臣吾編（2006）『科学技術実践のフィールドワーク――ハイブリッドのデザイン』せりか書房。

ウェーバー, M./富永健一訳（1975）「経済行為の社会学的基礎範疇」尾高邦雄責任編集『ウェーバー』（世界の名著 50）中央公論社, 295-484 頁。

ヴェーバー, M./大塚久雄訳（1989）『プロテスタンティズムの倫理と資本主義の精神』岩波書店。

國部克彦（1999）『社会と環境の会計学』中央経済社。

國部克彦（2002）「プログラムとテクノロジーの視点からみたネットワーク社会とディスクロージャー」『會計』第 161 巻第 4 号, 102-120 頁。

國部克彦（2011）「マネジメントできないリスクにどのように対処するか――東京電力福島第一原発事故を受けて」八田進二・柴健次・青木雅明・藤沼亜起編『会計専門家からのメッセージ――大震災からの復興と発展に向けて』同文舘出版, 128-132 頁。

國部克彦（2014）「社会環境会計と公共性――新しい会計学のディシプリン」『国民経済雑誌』第 210 巻第 1 号, 1-23 頁。

國部克彦（2015）「複数評価原理の会計学と公共性――価値多様化と管理会計の役割」『會計』第 187 巻第 2 号, 169-180 頁。

ゴルツ, A./真下俊樹訳（1997）『労働のメタモルフォーズ 働くことの意味を求めて――経済的理性批判』緑風出版。

塩沢由典（1981）『近代経済学の反省』日本経済新聞社。

塩沢由典・有賀裕二編（2014）『経済学を再建する――進化経済学と古典派価値論』中央大学出版部。

デリダ, J./堅田研一訳（1999）『法の力』法政大学出版会。

ドゥルーズ, G.= ガタリ, F./宇野邦一ほか訳（2010）『千のプラトー――資本主義と分裂症』上・中・下, 河出書房新社。

ナンシー, J-L./渡名喜庸哲訳（2012）「民主主義の実相」『フクシマの後で――破局・技術・民主主義』以文社, 113-168 頁。

ハーバーマス, J./細谷貞雄・山田正行訳（1994）『公共性の構造転換――市民社会の一カテゴリーについての探究 第 2 版』未来社。

フーコー, M./田村俶訳（1977）『監獄の誕生――監視と処罰』新潮社。

フーコー, M./松浦寿輝訳編（2000）『セクシュアリテ/真理』（ミシェル・フーコー思考集

成 6）筑摩書房。

フーコー，M./慎改康之訳（2008）『生政治の誕生——コレージュ・ド・フランス講義 1978-1979 年度』（ミシェル・フーコー講義集成 8）筑摩書房。

ブルデュー，P./原山哲訳（1993）『資本主義のハビトゥス——アルジェリアの矛盾』藤原書店。

美濃島広人（2013）「会計計算の遂行性——公正価値会計を中心に」『六甲台論集』第 59 巻第 4 号，39-57 頁。

American Accounting Association (1966) *A Statement of Basic Accounting Theory*, AAA.（飯野利夫訳『基礎的会計理論』国元書房，1969 年。）

Barry, A., and Slater, D. (2002) "Technology, politics and the market: An interview with Michel Callon," *Economy and Society*, Vol. 31, No. 2, pp. 285-306.

Beckert, J. (2014) "Capitalist dynamics: Fictinal expectations and the openness of the future," MPIFG Discussion Paper 14/7.

Caliskan, K., and Callon, M. (2009) "Economization, part 1: Shifting attention from the economy towards processes of economization," *Economy and Society*, Vol. 38, No. 3, pp. 369-398.

Caliskan, K., and Callon, M. (2010) "Economization, part 2: A research programme for the study of markets," *Economy and Society*, Vol. 39, No. 1, pp. 1-32.

Callon, M., ed. (1998a) *The Laws of the Markets*, Blackwell.

Callon, M. (1998b) "An essay on framing and overflowing: Economic externalities revisited by sociology," in M. Callon ed., *The Laws of the Markets*, Blackwell, pp. 244-269.

Callon, M. (2005) "Why virtualism paves the way to political impotence: A reply to Daniel Miller's critique of the laws of the markets," *Economic Sociology*, Vol. 6, No. 2, pp. 3-20.

Callon, M. (2007) "An essay on the growing contribution of economic markets to the proliferation of the social," *Theory, Culture and Society*, Vol. 24, Nos. 7-8, pp. 139-163.

Callon, M. (2009) "Civilizing markets: Carbon trading between in vitro and in vivo experiments," *Accounting, Organizations and Society*, Vol. 34, Nos. 3-4, pp. 535-548.

Callon, M., Lascoumes, P., and Barthe, Y. (2009) *Acting in an Uncertain World: An Essay on Technical Democracy*, MIT Press.

Callon, M., and Law, J. (2005) "On qualculation, agency, and otherness," *Environment and Planning D: Society and Space*, Vol. 23, No. 5, pp. 717-733.

Callon, M., and Muniesa, F. (2005) "Economic markets as calculative collective devices," *Organization Studies*, Vol. 26, No. 8, pp. 1229-1250.

Chapman, C. S., Cooper, D. J., and Miller, P. B., eds. (2009) *Accounting, Organizations and Institutions: Essays in Honour of Anthony Hopwood*, Oxford University Press.

Czarniawska, B. and Hernes, T., eds. (2005) *Actor-network Theory and Organizing*, Liber & Copenhagen Business School Press.

Foucault, M. (1979) "Governmentality," *I&C*, 6, pp. 5-21.

Friedman, M. (1953) *Essays in Positive Economics*, University of Chicago Press.（佐藤隆三・長谷川啓之訳『実証的経済学の方法と展開』富士書房，1977 年。）

Hodgson, G. M. (1988) *Economics and Institutions: A Manifesto for a Modern Institutional Economics*, Polity Press.（八木紀一郎・橋本昭一・家本博一・中矢俊博訳『現代制度派経済学宣言』名古屋大学出版会，1997 年。）

Hopwood, A. G. (1988) *Accounting from the Outside: The Collected Papers of Anthony G. Hopwood*, Garland.

Hopwood, A. G. (2007) "Whither accounting research?" *The Accounting Review*, Vol. 82, No. 5, pp. 1365-1374.

Huber, C., and Scheytt, T. (2013) "The dispositif of risk management: Reconstructing risk management after the financial crisis," *Management Accounting Research*, Vol. 24, No. 2, pp. 88-99.

Justesen, L., and Mouritsen, J. (2011) "Effects of actor-network theory in accounting research," *Accounting, Auditing and Accountability Journal*, Vol. 24, No. 2, pp. 161-193.

Kahneman, D. (2011) *Thinking, Fast and Slow*, Farrar, Straus and Giroux.（村上章子訳『ファスト＆スロー――あなたの意思はどのように決まるか？』上・下，早川書房，2012 年。）

Latour, B. (1987) *Science in Action: How to Follow Scientists and Engineers through Society*, Harvard University Press.（川﨑勝・高田紀代志訳『科学が作られているとき――人類学的考察』産業図書，1999 年。）

Latour, B. (2005) *Reassembling the Social: An Introduction to Actor-network-theory*, Oxford University Press.

Latour, B., and Callon, M. (2011) " 'Thou shall not calculate!' or how to symmetricalize gift and capital," *Athena Digital: Revista de Pensamiento e Investigación Social*, Vol. 11, No. 1, pp. 171-192.

Latour, B., and Lépinay, V-A. (2009) *The Science of Passionate Interests: An Introduction to Gabriel Tardes's Economic Anthropology*, Prickly Paradigm Press.

Lépinay, V-A., and Callon, M. (2009) "Sketch of derivations in Wall Street and Atlantic Africa," in C. Chapman, D. Cooper and P. Miller eds., *Accounting, Organizations and Institutions*, Oxford University Press, pp. 259-289.

MacKenzie, D. (2009) *Material Markets: How Economic Agents Are Constructed*, Oxford University Press.（岡本紀明訳『金融市場の社会学』流通経済大学出版会，2013 年。）

MacKenzie, D., Muniesa, F., and Siu, L., eds. (2007) *Do Economists Make Markets?: On the Performativity of Economics*, Princeton University Press.

Miller, P. (1991) "Accounting innovation beyond the enterprise: Problematizing investment decisions and programming economic growth in the U. K. in the 1960s," *Accounting, Organizations and Society*, Vol. 16, No. 8, pp. 733-762.

Miller, P. (1998) "The Margins of accounting," in M. Callon ed., *The Law of the Markets*, Blackwell, pp. 174-193.

Miller, P. (2001) "Governing by numbers: Why calculative practices matter," *Social Research*, Vol. 68, No. 2, pp. 379-396.

Miller, P. (2008) "Calculating economic life," *Journal of Cultural Economy*, Vol 1, No. 1, pp. 51-64.

Miller, P., Kurunmäki, L., and O'Leary, T. (2008) "Accounting, hybrids and the management of risk," *Accounting, Organizations and Society*, Vol. 33, Nos. 7-8, pp. 942-967.

Miller, P., and O'Leary, T. (1987) "Accounting and the construction of the governable person," *Accounting, Organizations and Society*, Vol. 12, No. 3, pp. 235-265.

Miller, P., and O'Leary, T. (1994) "Accounting, 'economic citizenship' and the spatial reordering of manufacture," *Accounting, Organizations and Society*, Vol. 19, No. 1, pp. 15-43.

Miller, P., and O'Leary, T. (2007) "Mediating instruments and making markets: Capital budgeting, science and the economy," *Accounting, Organizations and Society*, Vol. 32, No. 7-8, pp. 701-734.

Miller, P., and Power, M. (2013) "Accounting, organizing and economizing: Connecting accounting research and organization theory," *The Academy of Management Annals*, Vol. 7, No. 1, pp. 557-605.

Miller, P., and Rose, N. (2008) *Governing the Present: Administering Economic, Social and Personal Life*, Polity Press.

Muniesa, F., Millo, Y., and Callon, M. (2007) "An introduction to market devices," in M. Callon, Y. Millo and F. Muniesa eds., *Market Devices*, Blackwell, pp. 1-12.

Porter, T. M. (1995) *Trust in Numbers: The Pursuit of Objectivity in Science and Public Life*, Princeton University Press.（藤垣裕子訳『数値と客観性——科学と社会における信頼の獲得』みすず書房，2013年。）

Power, M., ed. (1994a) *Accounting and Science: Natural Inquiry and Commercial Reason*, Cambridge University Press.

Power, M. (1994b) *The Audit Explosion*, Demos.

Power, M. (1997) *The Audit Society: Rituals of Verification*, Oxford University Press.（國部克彦・堀口真司訳『監査社会——検証の儀式化』東洋経済新報社，2003年。）

Power, M. (2004) "Counting, control and calculation: Reflections on measuring and management," *Human Relations*, Vol. 57, No. 6, pp. 765-783.

Power, M. (2007) *Organized Uncertainty: Designing a World Risk Management*, Oxford University Press.（堀口真司訳『リスクを管理する——不確実性の組織化』中央経済社，2011年。）

Power, M. (2009) "The risk management of nothing," *Accounting, Organizations and Society*, Vol. 34, Nos. 6-7, pp. 849-855.

Power, M. (2010) "Fair value accounting, financial economics and the transformation of reliability," *Accounting and Business Research*, Vol. 40, No. 3, pp. 197-210.

Power, M. (2013) "The apparatus of fraud risk," *Accounting, Organizations and Society*, Vol. 38, Nos. 6-7, pp. 525-543.

第 *2* 章

江頭進・澤邉紀生・橋本敬・西部忠・吉田雅明編（2010）『進化経済学基礎』日本経済評論社。

Abeysekera, I. (2004) "The role of emotional assets and liabilities in a firm," *Journal of Human Resource Costing & Accounting, Vol. 8, No. 1, pp. 35-44.

Ahrens, T., and Chapman, C. S. (2007) "Management accounting as practice," *Accounting, Organizations and Society*, Vol. 32, No. 1, pp. 1-27.

Bolton S. C. (2000) "Emotion here, emotion there, emotional organisations everywhere," *Critical Perspectives on Accounting*, Vol. 11, No. 2, pp. 155-171.

Brundin, E., and Melin, L. (2006) "Unfolding the dynamics of emotions: How emotion drives or counteracts strategizing," *Journal of Work Organisation and Emotion*, Vol. 1, No. 3, pp. 277-302.

Chua, W. F. (2007) "Accounting, measuring, reporting and strategizing - re-using verbs: A review essay," *Accounting, Organizations and Society*, Vol. 32, No. 4-5, pp. 487-494.

Collins, R. (2004) *Interaction Ritual Chains*, Princeton University Press.

Financial Services Agency (金融庁) (2009) "Comprehensive measures to facilitate financing for small and medium-sized enterprises (SMEs), etc.," (http://www.fsa.go.jp/en/refer/diet/173/01.pdf).

Fineman, S. (1993) *Emotion in Organizations*, Sage Publications.

Huy, Q. N. (2002) "Emotional balancing of organisational continuity and radical change: The contribution of middle managers," *Administrative Science Quarterly*, Vol. 47, No. 1, pp. 31-69.

Japan Small Business Research Insitute (中小企業庁) (2010) "2010 White paper on small and medium sized enterprises in Japan," (http://www.chusho.meti.go.jp/pamflet/hakusyo/h22/h22_1/2010hakusho_eng.pdf).

Jarzabkowski, P., and Wilson, D. C. (2002) "Top teams and strategy in a UK university," *Journal of Management Studies*, Vol. 39, No. 3, pp. 355-381.

Jørgensen, B., and Messner, M. (2010) "Accounting and strategising: A case study from new product development," *Accounting, Organizations and Society*, Vol. 35, No. 2, pp. 184-204.

Kahneman, D. (2011) *Thinking, Fast and Slow*, Farrar, Straus and Giroux.

Morris, J. A., and Feldman, D. C. (1996) "The impact of emotional dissonance on psychological well-being: The importance of role internalisation as a mediating variable," *Management Research News*, Vol. 19, No. 8, pp. 19-28.

Mouritsen, J. (1999) "The flexible firm: Strategies for a subcontractor's management control," *Accounting, Organizations and Society*, Vol. 24, No. 1, pp. 31-55.

Schatzki, T. R. (1996) *Social Practices: A Wittgensteinian Approach to Human Activity and the Social*, Cambridge University Press.

Schatzki, T. R. (2001) "Introduction: Practice theory," in T. R. Schatzki, K. Knorr Cetina and E. von Savigny eds., *The Practice Turn in Contemporary Theory*, Routledge, pp. 1-14.

Schatzki, T. R. (2002) *The Site of the Social: A Philosophical Account of the Constitution of Social Life and Change*, Pennsylvania State University Press.

Schatzki, T. R. (2005) "The sites of organizations," *Organization Studies*, Vol. 26, No. 3, pp. 465-484.

Strauss, A., and Corbin, J. (1998) *Basics of Qualitative Research: Techniques and Procedures for Developing Grounded Theory*, Sage.
Thomson, K. (1999) *Emotional Capital: Capturing Hearts and Minds to Create Lasting Business Success*, Capstone Publishing.
Vaivio, J. (1999) "Examining 'the quantified customer'," *Accounting, Organizations and Society*, Vol. 24, No. 8, pp. 689-715.
Vosselman, E. G. J., and Van der Meer-Kooistra, J. (2009) "Accounting for control and trust building in interfirm transactional relationships," *Accounting, Organizations and Society*, Vol. 34, No. 2, pp. 267-283.
Whittington, R. (2006) "Completing the practice turn in strategy research," *Organization Studies*, Vol. 27, No. 5, pp. 613-634.

第 *3* 章
ウェーバー，M. ／尾高邦雄訳（1936）『職業としての学問』岩波書店。
ヴェーバー，M. ／大塚久雄・生松敬三訳（1972）『宗教社会学論選』みすず書房。
ヴェーバー，M. ／大塚久雄訳（1989）『プロテスタンティズムの倫理と資本主義の精神』岩波書店。
ウェーバー，M. ／大久保和郎訳（1987）『マックス・ウェーバー』みすず書房。
桑田耕太郎・松嶋登・高橋勅徳編（2015）『制度的企業家』ナカニシヤ出版。
コント，A. ／田辺寿利訳（1938）『実証的精神論』岩波書店。
バーガー，P. L. = バーガー，B. = ケルナー，H. ／高山真知子・馬場伸也・馬場恭子訳（1977）『故郷喪失者たち――近代化と日常意識』新曜社。
パーソンズ，T. ／稲上毅・厚東洋輔・溝部明男訳（1974）『社会的行為の構造』木鐸社。
ボルタンスキ，L. = シャペロ，E. ／三浦直希・海老塚明・川野英二・白鳥義彦・須田文明・立見淳哉訳（2013）『資本主義の新たな精神』ナカニシヤ出版。
ボルタンスキ，L. = テブノー，L. ／三浦直希訳（2007）『正当化の理論――偉大さのエコノミー』新曜社。
Alford, R. R., and Friedland, R. (1985) *Powers of Theory: Capitalism, the State and Democracy*, Cambridge University Press.
Beckert, J. (1996) "What is sociological about economic sociology?: Uncertainty and the embeddedness of economic action," *Theory and Society*, Vol. 25, No. 6, pp. 803-840.
Beckert, J. (1999) "Agency, entrepreneurs and institutional change: The role of strategic choice and institutionalized practices in organizations," *Organization Studies*, Vol. 20, No. 5, pp. 777-799.
Beckert, J. (2014) "Capitalist dynamics: Fictional expectations and the openness of the future," MPIfG Discussion Paper 14/7.
Berger, P. L. (1999) "The desecularization of the world: A global overview," in P. L. Berger ed., *The Desecularization of the World: Resurgent Religion and World Politics*, Ethic and Public Policy Center and Wm. B. Eerdmans Publishing, pp. 1-18.
Biggart, N. W., and Delbridge, R. (2004) "Systems of exchange," *Academy of Management*

Review, Vol. 29, No. 1, pp. 28-49.
Clegg, S., and Lounsbury, M. (2009) "Sintering the iron cage: Translation, domination and rationality," in P. S. Adler ed., *The Oxford Handbook of Sociology and Organization Studies: Classical Foundations*, Oxford University Press, pp. 118-145.
DiMaggio, P. J. (1988) "Interest and agency in institutional theory," in L. G. Zucker ed., *Institutional Patterns and Organizations: Culture and Environment*, Ballinger, pp. 3-21.
DiMaggio, P. J., and Powell, W. W. (1983) "The iron cage revisited: Institutional isomorphism and collective rationality in organizational fields," *American Sociological Review*, Vol. 48, No. 2, pp. 147-160.
DiMaggio, P. J., and Powell, W. W. (1991) "Introduction," in P. J. DiMaggio and W. W. Powell eds., *The New Institutionalism in Organizational Analysis*, University of Chicago Press, pp. 1-40.
Eisenstadt, S. N. (1968) "Social institutions," in D. L. Sills ed., *International Encyclopedia of the Social Sciences, Vol. 14*, Macmillan, pp. 409-429.
Friedland, R. (2002) "Money, sex and god: The erotic logic of religious nationalism," *Sociological Theory*, Vol. 20, No. 3, pp. 381-425.
Friedland, R. (2009) "Institution, practice and ontology: Toward a religious sociology," in R. E. Meyer, K. Sahlin, M. J. Ventresca and P. Walgenbach eds., *Institutions and Ideology* (Research in the Sociology of Organizations, 27), Emerald Group Publishing, pp. 45-83.
Friedland, R. (2013) "God, love and other good reasons for practice: Thinking through institutional logics," in M. Lounsbury and E. Boxenbaum eds., *Institutional Logics in Action* (Research in the Sociology of Organizations, 39), Emerald Group Publishing, pp. 25-50.
Friedland, R. (2014) "Divine institution: Max Weber's value spheres and institutional theory," in P. Tracey and N. Phillips and M. Lounsbury eds., *Religion and Organization Theory* (Research in the Sociology of Organizations, 41), Emerald Group Publishing, pp. 217-258.
Friedland, R., and Alford, R. R. (1991) "Bringing society back in: Symbols, practices and institutional contradictions," in W. W. Powell and P. J. DiMaggio eds., *The New Institutionalism in Organizational Analysis*, University of Chicago Press, pp. 232-263.
Gorski, P. S. (2011) *The Protestant Ethic Revisited*, Temple University Press.
Gouldner, A. W. (1955) "Metaphysical pathos and the theory of bureaucracy," *American Political Science Review*, Vol. 49, No. 2, pp. 496-507.
Granovetter, M. (1985) "Economic action and social structure: The problem of embeddedness," *American Journal of Sociology*, Vol. 91, No. 3, pp. 481-510.
Greenwood, R., Raynard, M., Kodeih, F., Micelotta, E., and Lounsbury, M. (2011) "Institutional complexity and organizational responses," *Academy of Management Annals*, Vol. 5, No. 1, pp. 317-371.
Hardy, C., and Maguire, S. (2008) "Institutional entrepreneurship," in R. Greenwood, C. Oliver, K. Sahlin and R. Suddaby eds., *The Sage Handbook of Organizational Institutionalism*, Sage Publications, pp. 198-217.

Holm, P. (1995) "The dynamics of institutionalization: Transformation processes in Norwegian fisheries," *Administrative Science Quarterly*, Vol. 40, No. 3, pp. 398-422.
Layder, D. (1998) *Sociological Practice: Linking Theory and Social Research*, Sage Publications.
Lounsbury, M., and Boxenbaum, E. (2013) "Institutional logics in action," in M. Lounsbury and E. Bozenbaum eds., *Institutional Logics in Action* (Research in the Sociology of Organizations, 39), Emerald Group Publishing, pp. 3-22.
Lounsbury, M., Tracey, P., and Phillips, N., eds. (2014) *Religion and Organization Theory* (Research in the Sociology of Organizations, 41), Emerald Group Publishing.
Meyer, J. W. (2008) "Reflections on institutional theories of organizations," in R. Greenwood, C. Oliver, K. Sahlin and R. Suddaby eds., *The Sage Handbook of Organizational Institutionalism*, Sage Publications, pp. 790-811.
Meyer, J. W., and Hannan, M. T., eds. (1979) *National Development and the World System: Education, Economic and Political Change 1950-1970*, University of Chicago Press.
Meyer, J. W., and Jepperson, R. L. (2000) "The 'actors' of modern society: The cultural construction of social agency," *Sociological Theory*, Vol. 18, No. 1, pp. 100-120.
Meyer, J. W., and Rowan, B. (1977) "Institutionalized organizations: Formal structure as myth and ceremony," *American Journal of Sociology*, Vol. 83, No. 2, pp. 340-363.
Miller, P., and Power, M. (2013) "Accounting, organizing and economizing: Connecting accounting research and organization theory," *Academy of Management Annals*, Vol. 7, No. 1, pp. 557-605.
Miller, P., and Power, M. (2014) "Connecting accounting research and organization theory," OMT Web (Organization and Management Theory Division of the Academy of Management), Last update Wednesday, 17 December 2014 (http://omtweb.org/omt-blog/53-main/599-diane-laure-arjales-and-mia-raynard).
Orrù, M., Biggart, N. W., and Hamilton, G. G. (1997) *The Economic Organization of East Asian Capitalism*, Sage Publications.
Seo, M. G., and Creed, W. E. D. (2002) "Institutional contradictions, praxis and institutional change: A dialectical perspective," *Academy of Management Review*, Vol. 27, No. 2, pp. 222-247.
Swidler, A. (1986) "Culture in action: Symbols and strategies," *American Sociological Review*, Vol. 51, No. 1, pp. 273-286.
Swidler, A. (2001) "What anchors cultural practices," in T. R. Schazki, K. K. Cetina and E. von Savingny eds., *The Practice Turn in Contemporary Theory*, Routledge, pp. 74-92.
Thornton, P. H. (2008) "The value of classics," in P. Adler ed., *The Oxford Handbook of Sociology and Organization Studies: Classical Foundations*, Oxford University Press, pp. 20-38.
Thornton, P. H., and Ocasio, W. (1999) "Institutional logics and the historical contingency of power in organizations: Executive succession in the higher education publishing industry 1958-1990," *American Journal of Sociology*, Vol. 105, No. 3, pp. 801-843.

Thornton, P. H., and Ocasio, W. (2008) "Institutional logics," in R. Greenwood, C. Oliver, K. Sahlin and R. Suddaby eds., *The Sage Handbook of Organizational Institutionalism*, Sage Publications, pp. 99-129.

Thornton, P. H., Ocasio, W., and Lounsbury, M. (2012) *The Institutional Logics Perspective: A New Approach to Culture, Structure and Process*, Oxford University Press.

Williamson, O. E. (1975) *Markets and Hierarchies, Analysis and Antitrust Implications: A Study in the Economics of Internal Organization*, Free Press.

第4章

Bloomfield, B., and Combs, T. (1992) "Information technology, control and power: The centralization and decentralization debate revised," *Journal of Management Studies*, Vol. 29, No. 4, pp. 459-484.

Briers, M., and Chua, W. F. (2001) "The role of actor-networks and boundary objects in management accounting change: A field study of an implementation of activity-based costing," *Accounting, Organizations and Society*, Vol. 26, No. 3, pp. 237-269.

Callon, M. (1998) *The Law of the Market*, Blackwell.

Callon, M., and Muniesa, F. (2005) "Economic markets as calculative collective devices," *Organization Studies*, Vol. 26, No. 8, pp. 1229-1250.

Chua, W. F. (1995) "Experts, networks and inscriptions in the fabrication of accounting images: A story of the representation of three public hospitals," *Accounting, Organizations and Society*, Vol. 20, No. 2-3, pp. 111-145.

Cochoy, F. (2008) "Calculation, qualculation, calqulation: Shopping cart arithmetic, equipped cognition and the clustered consumer," *Marketing Theory*, Vol. 8, No. 1, pp. 15-44.

Dambrin, D., and Robson, K. (2011) "Tracing performance in the pharmaceutical industry: Ambivalence, opacity and the performativity of flawed measures," *Accounting, Organizations and Society*, Vol. 36, No. 7, pp. 428-455.

Hopwood, A. (1983) "On trying to study accounting in the contexts in which it operates," *Accounting, Organizations and Society*, Vol. 8, No. 2-3, pp. 287-305.

Johns, A. (1998) *The Nature of the Book: Print and Knowledge in the Making*, University of Chicago Press.

Justesen, L., and Mouritsen, J. (2011) "Effects of actor-network theory in accounting research," *Accounting, Auditing and Accountability Journal*, Vol. 24, No. 2, pp. 161-193.

Latour, B. (1987) *Science in Action*, Harvard University Press. (川﨑勝・高田紀代志訳『科学が作られているとき――人類学的考察』産業図書，1999年。)

Latour, B. (1999) *Pandora's Hope: Essays on the Reality of Science Studies*, Harvard University Press. (川崎勝・平川秀幸訳『科学論の実在――パンドラの希望』産業図書，2007年。)

Latour, B. (2005) *Reassembling the Social: An Introduction to Actor-network-theory*, Oxford University Press.

MacKenzie, D. (2009) "Making things the same: Gases, emission rights and the politics of carbon markets," *Accounting, Organizations and Society*, Vol. 34, No. 3-4, pp. 440-456.

Mouritsen, J., Hansen, A., and Hansen, C. Ø. (2009) "Short and long translations: Management accounting calculations and innovation management," *Accounting, Organizations and Society*, Vol. 34, No. 6-7, pp. 738-754.

Quattrone, P. (2009) "Books to be practiced: Memory, the power of the visual, and the success of accounting," *Accounting, Organizations and Society*, Vol. 34, No. 1, pp. 85-118.

Quattrone, P., and Hopper, T. (2001) "What does organizational change mean? Speculations on a taken for granted category," *Management Accounting Research*, Vol. 12, No. 4, pp. 403-435.

Quattrone, P., and Hopper, T. (2005) "A 'time-space odyssey': Management control systems in two multinational organisations," *Accounting, Organizations and Society*, Vol. 30, No. 7-8, pp. 735-764.

Roberts, J. (2009) "No one is perfect: The limits of transparency and an ethic for 'intelligent' accountability," *Accounting, Organizations and Society*, Vol. 34, No. 8, pp. 957-970.

Robson, K. (1992) "Accounting numbers as 'inscription': Action at a distance and the development of accounting," *Accounting, Organizations and Society*, Vol. 17, No. 7, pp. 685-708.

Varela, F. J., Thompson, E., and Rosch, E. (1991) *The Embodied Mind, Cognitive Science and Human Experience*, Massachusetts Institute of Technology Press.

Vollmer, H. (2009) "How to do more with numbers: Elementary stakes, framing, keying, and the three-dimensional character of numerical signs," *Accounting, Organizations and Society*, Vol. 32, No. 6, pp. 577-600.

第 5 章

安城泰雄 (2003)「環境経営とマテリアルフローコスト会計」『環境管理』第 39 巻第 7 号, 28-32 頁。

安城泰雄 (2006)「職場拠点型環境保証活動ツールとしてのマテリアルフローコスト会計」『環境管理』第 42 巻第 2 号, 46-50 頁。

安城泰雄 (2007)「キヤノンにおけるマテリアルフローコスト会計の導入」『企業会計』第 59 巻第 11 号, 40-47 頁。

大蔵省企業会計審議会編 (1962)『原価計算基準——中間報告 (昭和 37 年 11 月 8 日)』大蔵財務協会。

北田皓嗣 (2013)「計算の銘刻としての会計数値」『日本情報経営学会誌』第 33 巻第 4 号, 31-39 頁。

経済産業省 (2002)『環境管理会計手法ワークブック』経済産業省。

國部克彦 (2013)「経済活動と計算実践」『日本情報経営学会誌』第 33 巻第 4 号, 4-18 頁。

國部克彦編著 (2008)『実践マテリアルフローコスト会計』産業環境管理協会。

シュムペーター, J. A.／塩野谷祐一・中山伊知郎・東畑精一訳 (1977)『経済発展の理論——企業者利潤・資本・信用・利子および景気の回転に関する一研究 (上)』岩波書店。

武石彰・青島矢一・軽部大 (2012)『イノベーションの理由——資源動員の創造的正当化』有斐閣。

中嶌道靖 (2006)「環境管理会計によるイノベーション促進の可能性――マテリアルフローコスト会計のサプライチェーンへの拡張と環境配慮型原価企画の展開」天野明弘・國部克彦・松村寛一郎・玄場公規編著『環境経営のイノベーション』生産性出版, 159-173 頁。

中嶌道靖・國部克彦 (2008)『マテリアルフローコスト会計――環境管理会計の革新的手法 第 2 版』日本経済新聞出版社。

Abernethy, M. A., and Brownell, P. (1999) "The role of budgets in organizations facing strategic change: An exploratory study," *Accounting, Organizations and Society*, Vol. 24, No. 3, pp. 189-204.

Bisbe, J., and Malagueño, R. (2009) "The choice of interactive control systems under different innovation management models," *European Accounting Review*, Vol. 18, No. 2, pp. 371-405.

Bisbe, J., and Otley, D. (2004) "The effects of the interactive use of management control systems on product innovation," *Accounting, Organizations and Society*, Vol. 29, No. 8, pp. 709-737.

Dávila, A., Foster, G., and Oyon, D. (2009) "Accounting and control, entrepreneurship and innovation: Venturing into new research opportunities," *European Accounting Review*, Vol. 18, No. 2, pp. 288-311.

Dávila, A., and Oyon, D. (2009) "Introduction to the special section on accounting, innovation and entrepreneurship," *European Accounting Review*, Vol. 18, No. 2, pp. 277-280.

Davila, T. (2000) "An empirical study on the drivers of management control system's design in new product development," *Accounting, Organizations and Society*, Vol. 25, No. 4/5, pp. 383-409.

Galbraith, J. R. (1977) *Organization Design*, Addison-Wesley.

ISO (International Organization for Standardization) (2011) *ISO14051: Environmental Management: Material Flow Cost Accounting: General Framework*, International Organization for Standardization.

Justesen, L., and Mouritsen, J. (2011) "Effects of actor-network theory in accounting research," *Accounting, Auditing and Accountability Journal*, Vol. 24, No. 2, pp. 161-193.

Latour, B. (1987) *Science in Action: How to Follow Scientists and Engineers through Society*, Harvard University Press. (川崎勝・高田紀代志訳『科学が作られているとき――人類学的考察』産業図書, 1999 年。)

Latour, B. (2005) *Reassembling the Social: An Introduction to Actor-network-theory*, Oxford University Press.

Miller, P., and O'Leary, T. (2005) "Capital budgeting, coordination, and strategy: A field study of interfirm and intrafirm mechanisms," in C. S. Chapman ed., *Controlling Strategy: Management, Accounting, and Performance Measurement*, Oxford University Press. (浅田拓史訳「資本予算, 調整, 戦略――企業間・企業内メカニズムに関するフィールド研究」澤邉紀生・堀井悟志監訳『戦略をコントロールする――管理会計の可能性』中央経済社, 2008 年。)

Mouritsen, J., Hansen, A., and Hansen, Ø. C. (2009) "Short and long translations: Manage-

ment accounting calculations and innovation management," *Accounting, Organizations and Society*, Vol. 34, No. 6/7, pp. 738-754.
Revellino, S., and Mouritsen, J. (2009) "The multiplicity of controls and the making of innovation," *European Accounting Review*, Vol. 18, No. 2, pp. 341-369.
Schmidt, M., and Nakajima, M. (2013) "Material flow cost accounting as an approach to improve resource efficiency in manufacturing companies," *Resource*, Vol. 2, No. 3, pp. 358-369.
Simon, H. A. (1997) *Administrative Behavior: A Study of Decision-Making Process in Administrative Organizations 4th Edition*, Free Press. (二村敏子・桑田耕太郎・高尾義明・西脇暢子・高柳美香訳『経営行動――経営組織における意思決定過程の研究』ダイヤモンド社, 2009年。)
Simons, R. (1987) "Accounting control systems and business strategy: An empirical analysis," *Accounting, Organizations and Society*, Vol. 12, No. 4, pp. 357-374.
Simons, R. (1990) "The role of management control systems in creating competitive advantage: New perspectives," *Accounting, Organizations and Society*, Vol. 15, No. 1/2, pp. 127-143.
Simons, R. (1995) *Levers of Control: How Managers Use Innovative Control Systems to Drive Strategic Renewal*, Harvard Business School Press. (中村元一・黒田哲彦・浦島史恵訳『ハーバード流「21世紀経営」4つのコントロール・レバー』産業大学出版部, 1998年。)
Snow, D. A., Rochford, E. B., Jr., Worden, S. K., and Benford, R. D. (1986) "Frame alignment processes, micromobilization, and movement participation," *American Sociological Review*, Vol. 51, No. 4, pp. 464-481.
Teece, D. J., Pisano, G., and Shuen, A. (1997), "Dynamic capabilities and strategic management," *Strategic Management Journal*, Vol. 18, No. 7, pp. 509-533.

第6章
北田晧嗣・天王寺谷達将・岡田斎・國部克彦 (2012)「会計計算を通じた知識形成に関する研究――日本電気化学におけるMFCA導入事例を通じて」『原価計算研究』第36巻第2号, 1-24頁。
國部克彦 (2007)「マテリアルフローコスト会計の継続的導入に向けての課題と対応」『国民経済雑誌』第196巻第5号, 47-61頁。
國部克彦編著 (2008)『実践マテリアルフローコスト会計』産業環境管理協会。
國部克彦 (2011)「マテリアルフローコスト会計における生産と環境のマネジメント」『日本情報経営学会誌』第31巻第2号, 4-10頁。
中嶌道靖 (2011)「環境配慮型生産を支援する環境管理会計――マテリアルフローコスト会計の経営システム化」國部克彦編著『環境経営意思決定を支援する会計システム』中央経済社, 27-50頁。
中嶌道靖・國部克彦 (2008)『マテリアルフローコスト会計――環境管理会計の革新的手法第2版』日本経済新聞出版社。
東田明 (2011)「マテリアルロス削減活動の課題の克服に向けて――サンデンの事例を中心に」

『社会関連会計研究』第 23 号, 71-83 頁.
Barter, N., and Bebbington, J. (2013) "Actor-network theory: A briefing note and possibilities for social and environmental accounting research," *Social and Environmental Accountability Journal*, Vol. 33, No. 1, pp. 33-50.
Briers, M., and Chua, W. F. (2001) "The role of actor-networks and boundary objects in management accounting change: A field study of an implementation of activity-based costing," *Accounting, Organizations and Society*, Vol. 26, No. 3, pp. 237-269.
Chua, W. F. (1995) "Experts, networks and inscriptions in the fabrication of accounting images: A story of the representation of three public hospitals," *Accounting, Organizations and Society*, Vol. 20, No. 2/3, pp. 111-145.
Hopwood, A. G. (1987) "The archeology of accounting systems," *Accounting, Organizations and Society*, Vol. 12, No. 3, pp. 207-234.
Justesen, L., and Mouritsen, J. (2011) "Effects of actor-network theory in accounting research," *Accounting, Auditing and Accountability Journal*, Vol. 24, No. 2, pp. 161-193.
Robson, K. (1992) "Accounting numbers as 'inscription': Action at a distance and the development of accounting," *Accounting, Organizations and Society*, Vol. 17, No. 7, pp. 685-708.

第 7 章
阿部正浩 (2005)『日本経済の環境変化と労働市場』東洋経済新報社.
ウィリアムソン,O. E./浅沼萬里・岩崎晃訳 (1980)『市場と企業組織』日本評論社.
カロン,M./川床靖子訳 (2006)「参加型デザインにおけるハイブリッドな共同体と社会・技術的アレンジメントの役割」上野直樹・土橋臣吾編著『科学技術実践のフィールドワーク――ハイブリッドのデザイン』せりか書房, 38-54 頁.
盛山和夫 (1995)『制度論の構図』創文社.
豊田義博 (2007)「採用メディアの変化――多様化する中途採用メディア・経路」『日本労働研究雑誌』第 567 号, 32-38 頁.
西村孝史・守島基博 (2009)「企業内労働市場の分化とその規定要因」『日本労働研究雑誌』第 586 号, 20-33 頁.
樋口美雄・児玉俊洋・阿部正浩編著 (2005)『労働市場設計の経済分析――マッチング機能の強化に向けて』東洋経済新報社.
平野光俊 (2006)『日本型人事管理――進化型の発生プロセスと機能性』中央経済社.
宮本光晴 (2004)『企業システムの経済学』新世社.
Callon, M. (1998) "Introduction: The embeddedness of economic markets in economics," in Callon, M. ed., *The Lows of Markets*, Blackwell.
Callon, M. (2008) "Economic markets and the rise of interactive agencements: From prosthetic agencies to habilitated agencies," in T. Pinch and R. Swedberg eds., *Living in a Material World: Economic Sociology Meets Science and Technology Studies*, MIT Press, pp. 29-56.
Callon, M., and Muniesa, F. (2005) "Economic markets as calculative collective devices," *Organization Studies*, Vol. 28, No. 8, pp. 1229-1250.

Cochoy, F. (2008) "Calculation, qualculation, calqulation: Shopping cart arithmetic, equipped cognition and clustered consumer," *Marketing Theory*, Vol. 8, No. 1, pp. 15-44.
Fligstein, N., and Dauter, L. (2007) "The sociology of markets," *Annual Review of Sociology*, Vol. 33, pp. 105-128.
Fourcade, M. (2007) "Theories of markets and theories of society," *American Behavioral Scientist*, Vol. 50, No. 8, pp. 1015-1034.
Kjellberg, H., and Helgesson, C. (2006) "Multiple version of markets: Multiplicity and performativity in market practice," *Industrial Marketing Management*, Vol. 35, No. 7, pp. 839-855.
Lepak, D. P., and Snell, S. A. (1999) "The human resource architecture: Toward a theory of human capital allocation and development," *Academy of Management Review*, Vol. 24, No. 1, pp. 31-48.
MacKenzie, D., Muniesa, F., and Siu L., eds. (2007) *Do Economists Make Markets?: On the Performativity of Economics*, Princeton University Press.
Muniesa, F., Millo, Y., and Callon, M. (2007) "An introduction to market devices," in M. Callon, Y. Millo and F. Muniesa eds., *Market Devices*, Wiley-Blackwell, pp. 1-12.

第 8 章
小野有人 (2007)『新時代の中小企業融資——貸出手法の再構築に向けて』東洋経済新報社。
金融庁 (2003)「リレーションバンキングの機能強化に関するアクションプログラム——中小・地域金融機関の不良債権問題解決に向けた中小企業金融の再生と持続可能性（サステナビリティー）の確保」金融庁。
金融庁 (2008a)「渡辺内閣府特命担当大臣閣議後記者会見の概要」金融庁。
金融庁 (2008b)「株式会社新銀行東京に対する行政処分について」金融庁。
新銀行東京 (2005)「中期経営目標」新銀行東京。
新銀行東京 (2007)「新中期経営計画」新銀行東京。
新銀行東京 (2008a)「新銀行東京調査委員会調査報告書（概要）」新銀行東京。
新銀行東京 (2008b)「新銀行東京再建計画（平成 20～23 年度）」新銀行東京。
東京地方裁判所 (2010)「民事第一訴訟記録東京地方裁判所民事第 8 部 平成 22 年（ワ）第 3411 号〈平成 23 年 2 月 22 日〉」東京地方裁判所。
東京都 (2003)「新銀行基本スキーム」東京都。
東京都 (2004)「新銀行マスタープラン」東京都。
東京都議会 (2004)「東京都議会 平成 16 年度 第 1 回定例会 財政委員会 速記録」東京都議会。
東京都議会 (2008a)「東京都議会 平成 20 年度 第 1 回定例会 議事録」東京都議会。
東京都議会 (2008b)「東京都議会 平成 20 年度 第 1 回定例会 予算特別委員会 速記録」東京都議会。
東京都議会 (2008c)「東京都議会 平成 20 年度 第 1 回定例会 経済・港湾委員会 速記録」東京都議会。
西岡公一・木村公昭・圷雅博・山藤昌志・藤原佳代・河内善弘・藤田健太 (2002)「信用リスクに関する研究」『三菱総合研究所所報』第 40 号，34-47 頁。

『日経ベンチャー』2004 年 6 月 1 日, 159 頁,「トヨタ式の銀行なら債務超過の相手にも貸せる（新銀行東京 仁司泰正 社長）」.

益田安良・小野有人（2005）「クレジット・スコアリングの現状と定着に向けた課題——邦銀案アンケート調査と米国での経験を踏まえて」『みずほ総研論集』2005 年第 1 号, 1-41 頁.

ルイス, E. M.／アコム・プロジェクト・チーム訳（1997）『クレジット・スコアリング入門』金融財政事情研究会.

Barnes, B. (1983) "Social life as bootstrapped induction," *Sociology*, Vol. 17, No. 4, pp. 524-545.

Callon, M. (1986) "Some elements of a sociology of translation: Domestication of the scallops and the fishermen of St Brieuc Bay," in J. Law ed., *Power, Action and Belief: A New Sociology of Knowledge?* Routledge, pp. 196-233.

Callon, M. (1991) "Techno-economic networks and irreversibility," in J. Law ed., *A Sociology of Monsters: Essays on Power, Technology and Domination*, Routledge, pp. 132-161.

Callon, M. (1998a) "Introduction: The embeddedness of economic markets in economics," in M. Callon ed., *The Laws of the Markets*, Blackwell, pp. 1-57.

Callon, M. (1998b) "An essay on framing and overflowing: Economic externalities revisited by sociology," in M. Callon ed., *The Laws of the Markets*, Blackwell, pp. 244-269.

Callon, M., and Latour, B. (1992) "Don't throw the baby out with the bath school!: A reply to Collins and Yearley," in A. Pickering ed., *Science as Practice and Culture*, University of Chicago Press, pp. 343-368.

Callon, M., and Muniesa, F. (2005) "Economic markets as calculative collective devices," *Organization Studies*, Vol. 26, No. 8, pp. 1229-1250.

Garcia, M. (2007) "The social construction of a perfect market: The strawberry auction at Fontaines-en-Sologne," in D. MacKenzie, F. Muniesa and L. Sui eds., *Do Economists Make Markets?: On the Performativity of Economics*, Princeton University Press, pp. 20-53.

MacKenzie, D. (2006) *An Engine, Not a Camera; How Financial Models Shape Markets*, MIT Press.

MacKenzie, D. (2007) "Is economics performative?: Option theory and the construction of derivatives markets," in D. MacKenzie, F. Muniesa and L. Siu eds., *Do Economists Make Markets?: On the Performativity of Economics*, Princeton University Press, pp. 54-86.

第 9 章

エイコフ, R. L. ＝ サシーニ, M. W.／松田武彦・西田俊夫訳（1970）『現代 OR の方法』日本経営出版会.

尾近裕幸（1990）「市場プロセスの理論について——オーストリア理論の批判的考察」『大阪市大論集』第 59 巻, 27-57 頁.

尾近裕幸・橋本努編著（2003）『オーストリア学派の経済学——体系的序説』日本経済評論社.

バイグレイブ, W. D. ＝ ザカラキス, A.／高橋徳行・田代泰久・鈴木正明訳（2009）『アントレプレナーシップ』日経 BP 社.

原谷直樹（2004）「急進的主観主義と制度——ルードウィッヒ・ラックマンの経済思想」『一橋

大学社会科学古典資料センター年報』第24巻,62-76頁।
ベルクソン,H./合田正人・松井久訳(2010)『創造的進化』筑摩書房。
Allinson, C., Chell, E., and Hayes, J. (2000) "Intuition and entrepreneurial behabior," European Journal of Work and Organizational Psychology, Vol. 9, pp. 31-43.
Brinckmann, J., Grichnik, D., and Kapsa, D. (2010) "Should entrepreneurs plan or just storm the castle?: A meta-analysis on contextual factors impacting the business planning-performance relationship in small firms," Journal of Business Venturing, Vol. 25, No. 1, pp. 24-40.
Castrogiovanni, G. J. (1996) "Pre-startup planning and the survival of new small businesses: Theoretical linkages," Journal of Management, Vol. 22, No. 6, pp. 801-822.
Chwolka, A., and Raith, M. (2012) "The value of business planning before start-up: A decision-theoretical perspective," Journal of Business Venturing, Vol. 27, No. 3, pp. 385-399.
Gruber, M. (2007) "Uncovering the value of planning in new venture creation: A process and contingency perspective," Journal of Business Venturing, Vol. 22, No. 6, pp. 782-807.
Karlsson, T., and Honig, B. (2009) "Judging a business by its cover: An institutional perspective on new ventures and business plan," Journal of Business Venturing, Vol. 24, No. 1, pp. 27-45.
Lachmann, L. M. (1970) *The Legacy of Max Weber*, Glendassary Press.
Mintzberg, H. (1994) *The Rise and Fall of Strategic Planning*, Free Press.(崔大龍・中村元一・黒田哲彦・小高照男訳『戦略計画——創造的破壊の時代』産能大出版部,1997年。)
O'Driscoll, G. P., and Rizzo, M. J. (1985) *The Economics of Time and Ignorance: With a New Introduction*, Basil Blackwell.(橋本努・井上匡子・橋本千津子訳『時間と無知の経済学——ネオ・オーストリア学派宣言』勁草書房,1999年。)
Vaughn, K. I. (1994) *Austrian Economics in America: The Migration of a Tradition*, Cambridge University Press.(渡部茂・中島正人訳『オーストリア経済学——アメリカにおけるその発展』学文社,2000年。)

第10章

青木昌彦/永居浩一訳(1992)『日本経済の制度分析——情報・インセンティブ・交渉ゲーム』筑摩書房。
浅沼萬里(1995)「グローバル化の途次にある企業ネットワークの中での生産と流通のコーディネーション——日本の自動車産業で達成されたフレキシビリティの評価」青木昌彦=R.ドーア編『国際・学際研究——システムとしての日本企業』NTT出版,273-326頁。
植田浩史(2004)『現代日本の中小企業』岩波書店。
ヴェーバー,M./大塚久雄・生松敬三訳(1972)『宗教社会学論選』みすず書房。
大野慎治・花田昌宣・平野泰朗(1998)「企業組織と市民社会」八木紀一郎・山田鋭夫・千賀重義・野沢敏治編著『復権する市民社会論——新しいソシエタル・パラダイム』日本評論社,185-210頁。
加護野忠男(2010)『経営の精神——我々が捨ててしまったものは何か』生産性出版。
桑原哲也(2014)「協働システムの形成——鐘紡武藤山治の組織革新」神戸大学大学院経営学

研究科ディスカッション・ペーパー，2014・14。

下川浩一（1992）「系列取引の日米比較」清成忠男・下川浩一編『現代の系列』日本経済評論社，54-74頁。

藤本隆宏（1998）「サプライヤー・システムの構造・機能・発生」藤本隆宏・西口敏宏・伊藤秀史編『リーディングス サプライヤー・システム——新しい企業間関係を創る』有斐閣，41-70頁。

ホームズ（上西）聡子（2009）「わが国における製造業のビジネス・イノベーション——株式会社山本金属製作所」首都大学東京 GSB リサーチ・ペーパー，VB-08-06。

ホームズ聡子・早坂啓・松嶋登（2015）「物質的実践と企業間取引のダイナミズム——株式会社山本金属製作所の脱系列化への取り組みを通して」『九州産業大学経営学論集』第26巻第1号，41-58頁。

矢寺顕行・浦野充洋・松嶋登（2013）「効率性の追求が生み出す系列の内生的変化——二つの新制度派の葛藤を超えて」『経営と情報』第25巻第2号，21-44頁。

矢寺顕行・浦野充洋・松嶋登（2015）「新制度派組織論と新制度派経済学の葛藤を超えて——系列取引における効率性の追求を通じた歴史的変遷」桑田耕太郎・松嶋登・高橋勅徳編『制度的企業家』ナカニシヤ出版，137-173頁。

Alchian, A. A., and Demsetz, H. (1972) "Production, information, costs, and economic organization," *American Economic Review*, Vol. 62, No. 5, pp. 777-795.

Augier, M., and March, J. G. (2008) "Realism and comprehension in economics: A footnote to an exchange between Oliver E. Williamson and Herbert A. Simon," *Journal of Economic Behavior & Organization*, Vol. 66, No. 1, pp. 95-105.

Becker, M. C., Knudsen, T., and March, J. G. (2006) "Schumpeter, Winter, and the sources of novelty," *Industrial and Corporate Change*, Vol. 15, No. 2, pp. 353-371.

Coase, R. (1937) "The nature of the farm," *Economica*, Vol. 4, pp. 386-405.（宮沢健一・後藤晃・藤垣芳文訳「企業の本質」『企業・市場・法』東洋経済新報社，1992年，39-64頁。）

Cyert, R. M., and March, J. G. (1963) *A Behavioral Theory of the Firm*, Prentice-Hall.（松田武彦監訳／井上恒夫訳『企業の行動理論』ダイヤモンド社，1967年。）

Friedland, R. (2014) "Divine institution: Max Weber's value spheres and institutional theory," *Religion and Organization Theory* (Research in the Sociology of Organizations, 41), Emerald Group Publishing, pp. 217-258.

Hodgson, G. M. (1988) *Economics and Institutions: A Manifesto for a Modern Institutional Economics*, University of Pennsylvania Press.（八木紀一郎・橋本昭一・家本博一・中矢俊博訳『現代制度派経済学宣言』名古屋大学出版会，1997年。）

Jensen, M. C., and Meckling, W. H. (1976) "Theory of the firm: Managerial behavior, agency costs and ownership structure," *Journal of Financial Economics*, Vol. 3, No. 4, pp. 305-360.

Nelson, R. R., and Winter, S. G. (1982) *An Evolutionary Theory of Economic Change*, Harvard University Press.（後藤晃・角南篤・田中辰雄訳『経済変動の進化理論』慶應義塾大学出版会，2007年。）

Pentland, B. T., and Feldman, M. S. (2005) "Organizational routines as a unit of analysis," *Industrial and Corporate Change, Vol. 14, No. 5, pp. 793-815.

Pentland, B. T., and Rueter, H. H. (1994) "Organizational routines as grammars of action," *Administrative Science Quarterly*, Vol. 39, No. 3, pp. 484-510.

Roberts, P. W., and Greenwood, R. (1997) "Integrating transaction cost and institutional theories: Toward a constrained-efficiency framework for understanding organizational design adoption," *Academy of Management Review*, Vol. 22, No. 2, pp. 346-373.

索　引

── 人名索引 ──

A

Abernathy, M. A.　102
Ackoff, R. L.　181
Agamben, J.　37
Ahrens, T.　46-49
Alchian, A. A.　205
Alford, R. R.　68, 69, 71, 72, 79
Allinson, C.　183
Arendt, H.　39
Aristotle　14
Augier, M.　9, 206

B

Babbage, C.　5
Barnes, B.　161
Barney, J. B.　102
Barry, A.　39
Barter, N.　118
Barthe, Y.　39
Bebbington, J.　118
Becker, M. C.　206
Beckert, J.　11, 18, 69, 76, 77
Berger, B.　79
Berger, P. L.　79
Bergson, H.-L.　186, 187
Biggart, N. W.　11, 77, 78
Bisbe, J.　102
Bloomfield, B.　90
Böhm-Bawerk, E. von　182
Boltanski, L.　65
Bourdieu, P.　1, 17, 25
Boxenbaum, E.　71
Briers, M.　85, 90, 117
Brinckmann, J.　183
Brownell, P.　102

Brundin, E.　61
Bygrave, W. D.　184, 190

C

Caliskan, K.　29-31
Callon, M.　9, 12, 22, 23, 27-35, 37-41, 83-87, 117, 142, 143, 159-162
Calvin, J.　74, 75
Castrogiovanni, G. J.　184
Chapman, C. S.　2, 3, 23, 46-49
Chell, E.　183
Chiapello, E.　65
Chua, W. F.　47, 84, 85, 90, 117
Chwolka, A.　183
Clegg, S.　13, 67
Coase, R. H.　203, 204
Cochoy, F.　83, 143
Collins, R.　44
Combs, T.　90
Comte, A.　67, 75
Cooper, D. J.　3, 23
Corbin, J.　49
Creed, W. E.　69, 73
Crosby, A. W.　4
Cyert, R. M.　7, 205, 206
Czarniawska, B.　27

D

Dambrin, D.　91, 92
Dauter, L.　141
Davila, A.　100, 102
Delbridge, R.　77
Deleuze, G.　31
Demsetz, H.　205
Derrida, J.　37
DiMaggio, P. J.　66, 68, 69, 71

Durkheim, É.   65

E

Edison, T. A.   103, 104
Eisenstadt, S. N.   69

F

Fair, B.   164
Feldman, D. C.   61
Feldman, M. S.   7, 206
Fligstein, N.   141, 160
Foster, G.   102
Foucault, M.   25, 26, 33, 34, 37
Fourcade, M.   141
Friedland, R.   11, 64-66, 68-73, 75-79, 209
Friedman, M.   23, 26

G

Galbraith, J. R.   101, 102
Garcia, M.   160
Goethe, J. W.   5
Goffman, E.   115
Goldstein, A.   160
Gorski, P. S.   75
Gorz, A.   24, 25
Gouldner, A. W.   71
Granovetter, M.   69
Greenwood, R.   70, 204
Gruber, M.   183, 184
Guattari, P.-F.   31

H

Habermas, J.   39, 41
Hamilton, G. G.   78
Hannan, M. T.   68
Hansen, A.   88, 99, 100, 105, 106, 110, 114
Hansen, Ø. C.   88, 99, 100, 105, 106, 110, 114
Hardy, S.   69
Hayek, F. A. von   182
Hayes, J.   183
Helgesson, C.   158
Hernes, T.   27
Hodgson, G. M.   20, 23, 206

Holm, P.   69
Honig, B.   183
Hopper, T.   85, 89-95
Hopwood, A. G.   22, 23, 32, 33, 117
Huber, C.   37

I・J

Isaac, E.   164
Jensen, M. C.   205
Jepperson, R. L.   71
Johns, A.   94
Jørgensen, B.   46, 49
Justesen, L.   27, 83, 88, 90, 116, 117

K

Kahneman, D.   20, 44
Karlsson, T.   183
Kellner, H.   79
Kirzner, I. M.   182
Kjellberg, H.   158
Knudsen, T.   206
Kurunmäki, L.   34

L

Lachmann, L. M.   182, 185-189, 201
Lascoumes, P.   39
Latour, B.   17, 18, 22, 26-28, 32, 35, 37, 39, 41, 84, 85, 87, 89-94, 97, 100, 103, 112, 117, 160
Law, J.   29
Layder, D.   78
Lepak, D. P.   140
Lépinay, V.-A.   23, 29, 32
Lewis, E. M.   165, 166
Littleton, A. C.   5
Lounsbury, M.   13, 67, 70, 71, 79

M

MacKenzie, D.   12, 20, 31, 39, 83, 158, 161, 177
Maguire, S.   69
Malagueño, R.   102
March, J. G.   9, 205, 206
Marx, K.   72

Meckling, W. H. 205
Melin, L. 61
Menger, C. 182
Messner, M. 46, 49
Meyer, J. W. 66, 68, 71, 75
Miller, P. 3, 6-10, 18, 22, 23, 33, 34, 36, 37, 40, 41, 63-65, 115
Millo, Y. 31, 143
Mintzberg, H. 186
Mises, L. H. E. von 182
Morris, J. 61
Mouritsen, J. 11, 27, 47, 83, 88, 90, 99, 100, 105, 106, 110, 114-117
Muniesa, F. 20, 29-31, 38, 83-86, 142, 143, 158, 160, 161

N

Nancy, J.-L. 37
Nelson, R. R. 205, 206
Newton, I. 186

O

Ocasio, W. 69, 70, 75, 79
O'Driscoll, G. P. 186
O'Leary, T. 33, 34, 115
Orrù, M. 78
Otley, D. 102
Oyon, D. 100, 102

P

Pacioli, L. 4
Parsons, T. 65, 72, 77
Pentland, B. T. 7, 206
Phillips, N. 70
Pisano, G. 116
Porter, T. M. 2, 31
Powell, W. W. 66, 68
Power, M. 6-10, 18, 22, 23, 33-37, 40, 41, 63, 64

Q・R

Quattrone, P. 85, 89-95
Raith, M. 183

Rawls, J. B. 39
Revellino, S. 115
Rizzo, M. J. 186
Roberts, J. 88
Roberts, P. W. 204
Robson, K. 85, 89, 91, 92, 117
Rosch, E. 94
Rose, N. 34
Rowan, B. 66, 75
Rueter, H. H. 7, 206

S

Sasieni, M. W. 181
Schatzki, T. R. 10, 46, 47, 54
Scheytt, T. 37
Schmidt, M. 109
Schumpeter, J. A. 99, 182
Seo, M.-G. 69, 73
Shuen, A. 115
Simon, H. A. 7, 9, 13, 112, 204, 206
Simons, R. 101-104, 106, 111
Siu, L. 20, 158
Slater, D. 39
Smith, A. 10, 205, 208
Snell, S. A. 140
Snow, D. A. 115
Sombart, W. 4
Strauss, A. 49
Swidler, A. 72

T

Tarde, G. 29
Taylor, F. W. 5
Teece, D. J. 116
Thévenot, L. 65
Thompson, E. 94
Thornton, P. H. 68-70, 74, 75, 79
Tracey, P. 70

V

Vaivio, J. 47
Van der Meer-Kooistra, J. 60
Varela, F. J. 94

Vaughn, K. I.   185, 186, 188
Vollmer, H.   84
Vosselman, E. G.   60

W・Z

Walras, M. E. L.   203, 205, 206
Weber, Marianne   67
Weber, Max   10, 11, 13, 23-26, 63, 65, 66, 71-77, 186, 208, 209
Whittington, R.   46
Wieser, F. von   182
Williamson, O. E.   9, 79, 140, 204, 206
Winter, S. G.   205, 206
Wittgenstein, L.   1
Zacharakis, A.   184, 190

あ行

青木昌彦   205
青島矢一   100, 111, 112, 115
浅沼萬里   207
阿部正浩   139
有賀裕二   20
安城泰雄   109
植田浩史   207
上野直樹   27
浦野充洋   207
江頭進   43
大野慎治   204
尾近裕幸   182, 186
小野有人   165, 167

か行

加護野忠男   227
軽部大   100, 111, 112, 115
北田皓嗣   118
桑田耕太郎   4, 67
桑原哲也   205
國部克彦   18, 34, 36, 37, 41, 103, 109, 118, 132
児玉俊洋   139

さ行

澤邉紀生   50

塩沢由典   20
篠原巨司馬   50
下川浩一   204
盛山和夫   141

た行

高橋勅徳   67
武石彰   100, 111, 112, 115
千葉準一   4
堂目卓生   10
土橋臣吾   27
豊田義博   145

な行

中嶌道靖   109, 118, 132
西岡公一   165
西村孝史   140

は行

橋本努   182
花田昌宣   204
原谷直樹   186
東田明   132
樋口美雄   139
平野光俊   140
平野泰朗   204
藤本隆宏   207

ま行

益田安良   166
松嶋登   8, 67, 207
水越康介   8
宮本光晴   140
守島基博   140

や行

矢寺顕行   207
吉川晃史   50

事項索引

あ行

アクターネットワーク理論〔ANT〕　9, 22, 46, 84, 112, 118, 142, 160
アーニングス・マネジメント　21
アルゴリズミックな布置〔計算アルゴリズムによる布置，計算されたアルゴリズミックな布置〕　30, 161, 163, 174, 178
アレンジメント　6, 31, 143-145, 155
イノベーション　99, 111
入れ子　64, 66, 73, 74, 76, 79, 209, 226
インタラクティブ・コントロール・システム　101, 102
エコジャストインタイム〔ECO-JIT〕　130
エージェンシー〔行為能力，行為主体性〕　29, 46, 112, 144, 145, 160
オーストリア学派　182, 185
オーバーフロー　30, 162

か行

会計
　——計算　4, 34, 36, 37, 93, 99
　——実践　43, 50, 54, 58, 60, 90
　——情報の意思決定有用性　32
　——複合体　36
　コトとしての——　47
　モノとしての——　47
外部性　161
限られた合理性　9
拡張　189, 198
可視化　89-91, 99, 133
可視性　84, 87, 89, 117, 118, 125, 131, 136
価値
　——合理性　64, 73-75, 77
　——評価　7, 64
　——領域　71, 75
活動的受動性　64, 73
神々の闘争　11, 64, 66, 71-73
環境管理会計　117, 118, 136
感情
　——性　49, 57
　——論　48-50, 54, 59, 60
機会主義の脅威　204
企業
　——間取引　203, 207, 209, 226
　——再生　44, 52, 59
　——者　182, 185
　——特殊技能　138, 140, 141
逆選択　207
虚構の期待　76
均一性　95
金融市場　160
金融理論　159, 163, 179
クレジット・スコアリング　163, 179
経営の指針　184, 189
計画　182, 184-186, 189
　——の書き足し　187
経済
　——化（の実践）　8, 159
　——合理性〔——合理的な計算〕　24, 44, 45, 54, 57, 59, 111
　——人〔ホモ・エコノミクス〕（モデル）　2, 19, 20, 141
計算
　——可能（性）　29, 30, 66, 142
　——（のための）空間　6, 86, 89, 91, 139, 142, 144, 145
　——実践　9, 18, 25, 26, 28, 30, 31, 38, 40, 41
　——人モデル　22
　——（的）装置　21, 38, 41, 117, 136, 160
　——中心点〔の中心〕　27, 87, 92
　——的エージェンシー　160
　——（行為遂行）能力　29, 30, 160
　——の会計学派　9, 22, 41
　——の社会学派　9, 22, 26, 31, 41
　——の物質性〔物質的な側面〕　86, 88
　——の方程式　100, 103, 104, 106, 107, 110, 112, 114, 116
形式的合理性〔形式合理主義〕　24-26
形而上のパトス　71

254　索　引

計測機器　208, 223
継続的ふらつき　75
系列取引　203, 206, 207, 209, 213
決定論的な組織間　68
原価〔計算〕　5, 106
限定合理性　8, 204, 205
権力・知識の構造　85, 90
ゴーイング・コンサーン　5
行為能力〔行為主体性〕→エージェンシー
効用最大化　2, 24
効率性　207-209, 219, 226
雇用ポートフォリオ　140

さ　行

再生支援　53, 59
裁　定　36
参照点　185, 186
事業計画　182-184, 186, 188, 190, 193, 198, 200, 201
資　源
　——生産性　107, 112
　——動員の正当化　110, 115
　——ベース理論　21
指　示　85, 92
市　場　30, 77-79, 137, 157, 160
　——の社会学　9, 138, 141, 144
　——の装置　9, 31
実質的合理性　25
実　践
　——の理論化　162, 174, 175
　——理論　46, 47, 49
　理論の——　161, 174
社会技術〔社会的〕アレンジメント　30, 31, 38, 142, 144
集合的（計算）装置〔諸装置の集合体〕　29-31, 138
主体化　36
進化経済学　205
新古典派経済学　19
人　材
　——アーキテクチャ　140
　——紹介　137, 157
　——の特殊性　140

神性所有　72, 74, 77
診断的コントロール・システム　101
慎重性の原則　39
人的資本の価値　140
遂行性〔遂行的〕　7, 20, 26, 37, 64, 75, 160, 179, 206
　カウンター——　161
　バーンジアン——　161, 177
スコアリング・バンキング　51
ステイクホルダーへの説得材料　184, 189
整合化　189, 198
制　度
　——的企業家　69
　——的実践　3, 67, 71
　——的装置　76
　——的矛盾　68, 69, 73, 76
　——の入れ替えモデル　68, 70
　——派経済学　182
　——派組織論　2, 4, 8, 63, 66-68, 71
　——への埋め込み　69
　——変化　67
　——ロジックス　10, 63, 68, 69, 71, 78
正当化　100, 111, 113
正当性　112, 114, 116
全社的リスク管理〔ERM〕　36
装　置　37
測　定　35
組織ルーティン　7, 205

た　行

ダイナミック・ケイパビリティ　115
脱連結　67, 75
中途採用　147, 150, 153, 155, 157
超　越　11, 66, 73, 74, 79, 209, 226
長期継続的雇用　138
超合理性　204
手続き合理性　64, 66, 68, 72-75, 77, 209
鉄の檻　66-68, 71, 72, 74
統治〔統治性〕　33, 34, 36, 40
　——構造　204
　——のテクノロジー　26
　——のプログラム　34
　——の文法　37

解きほぐし　　30, 162, 174, 175
取引コスト（理論）　　140, 203, 205

な 行

内　在　　11, 66, 73, 74, 79, 209, 215, 226
二律背反　　66, 67, 73, 78

は 行

場　　47
媒　介　　34, 36
ハイブリッド　　34
比較制度分析　　205
不確実性　　101, 103, 184, 187, 198
複式簿記　　4, 29, 43
物　質　　75
　――性　　46, 85-87, 221
　――的　　8, 11, 47, 64, 75, 78, 113, 208, 209, 226
ブラックボックス（化）　　20, 21, 28, 36
フレーム化　　30, 162
フレーム整合プロセス　　115
分散された計算的エージェンシー　　143, 156
方法論的個人主義　　206
ホモ・エコノミクス　→経済人
翻　訳　　27, 84, 90, 94, 117

ま 行

マテリアルフローコスト会計〔MFCA〕　　100, 106, 107, 109, 113, 114, 118
マネジメント・コントロール・システム　　48, 49
万華鏡的世界　　185
民主化　　39
無限の合理性　　19
銘　刻　　85, 87, 89, 90, 92, 94, 96
目　的
　――感情構造　　10, 47, 48, 50, 54, 60
　――合理性〔合理的〕　　46, 61, 73
　――志向性　　44-46, 48-50
　――論　　48, 54, 58, 60
もつれ〔もつれた網の目〕　　30, 36, 162, 175
ものづくり　　203, 208, 210, 226

や 行

予定調和　　78
　――な制度変化　　68, 69

ら 行

リスク・マネジメント　　34, 35
領土化　　36
理　論
　――化〔実践の――化〕　　162, 174, 175
　――の外部性　　174
　――の実践　　161, 174
労働市場　　137-139
論理合理性　　73, 74

計算と経営実践──経営学と会計学の邂逅
Calculation and Organizing Practices:
Reconnecting Accounting Research and Organizational Theory

2017年2月20日　初版第1刷発行

編　者	國　部　克　彦
	澤　邉　紀　生
	松　嶋　　　登
発行者	江　草　貞　治
発行所	株式会社　有　斐　閣

郵便番号 101-0051
東京都千代田区神田神保町 2-17
電話 (03) 3264-1315〔編集〕
　　 (03) 3265-6811〔営業〕
http://www.yuhikaku.co.jp/

印刷・大日本法令印刷株式会社／製本・大口製本印刷株式会社
© 2017, Katsuhiko Kokubu, Norio Sawabe, Noboru Matsushima.
Printed in Japan
落丁・乱丁本はお取替えいたします。
★定価はカバーに表示してあります。

ISBN 978-4-641-16489-5

本書の無断複写（コピー）は、著作権法上での例外を除き、禁じられています。複写される場合は、そのつど事前に、(社)出版者著作権管理機構（電話03-3513-6969, FAX03-3513-6979, e-mail:info@jcopy.or.jp）の許諾を得てください。